特权

圣保罗中学精英教育的幕后

The Making of an Adolescent Elite at St. Paul's School

西莫斯·可汗 著

蔡寒韫 译

华东师范大学出版社
·上海·

图书在版编目（CIP）数据

特权：圣保罗中学精英教育的幕后／（美）可汗著；蔡寒韫译 .—上海：华东师范大学出版社，2015.3

ISBN 978-7-5675-3269-4

Ⅰ.①特 ... Ⅱ.①可 ... ②蔡 ... Ⅲ.①中学教育—研究—美国Ⅳ.① G639.712

中国版本图书馆 CIP 数据核字（2015）第 061012 号

上海市版权局著作权合同登记图字：09-2013-441 号

特权：圣保罗中学精英教育的幕后

著　　者	西莫斯·可汗	
译　　者	蔡寒韫	
责任编辑	顾晓清	
封面设计	卿　松	

出版发行	华东师范大学出版社	
社　　址	上海市中山北路 3663 号　邮编　200062	
网　　址	www.ecnupress.com.cn	
邮购电话	021‐62869887	
网　　店	http://hdsdcbs.tmall.com/	

印　刷　者	苏州工业园区美柯乐制版印务有限公司	
开　　本	890×1240　32 开	
印　　张	9.25	
字　　数	160 千字	
版　　次	2016 年 1 月第 1 版	
印　　次	2024 年 3 月第 9 次	
书　　号	ISBN 978-7-5675-3269-4/C. 231	
定　　价	55.00 元	

出　版　人	王　焰

（如发现本版图书有印订质量问题，请寄回本社市场部调换或电话 021‐62865537 联系）

致我的父母，我一生都有幸享有你们的爱和支持

目录 Contents

————————

民主不平等

一个人最初受教育的方向决定了他的未来。

——柏拉图

我的故事只是众多美国故事中的一部分。

——巴拉克·奥巴马

我被黑人和拉丁裔男孩们包围了。

环顾新宿舍的公共活动室，这是我唯一能想到的。那是1993年9月，我还是一个初次离家的14岁少年。我的父母刚帮我收拾好房间，正准备说再见，也注意到了这点。大家缄默不语。但我们脸上有一模一样的惊诧表情。没想到，在圣保罗中学这样的一个地方念书，竟会面对这样的场景。我以为会跟大家都不一样呢。以为我的名字和那只是比橄榄色深一点儿的肤色会令我成为学生中最触目的异类。尽管我的父母分别在巴基斯坦和爱尔兰的偏远村落里长大，父亲也不是白人，但他们已经变得很富有了。我父亲是一个成功的外科大夫；我母亲是一个护士。我从初一就开始念私立学校，但来自印度次大陆的这个背景让我不能算是被压迫的少数族裔。而我周围的其他男孩，来自美国城市中心的贫困街区，圣保罗学校的经历带来的冲击性要强得多。

很快我意识到，圣保罗离种族多元化这个概念十万八千里。

这儿黑压压一片的唯一原因是我们都住在一个地方：少数族裔学生宿舍。一栋是女生的，一栋是男生的。校园里的其他十八栋楼里，塞满了形形色色意料之中的学生群体。这可是一所为洛克菲勒或是范德比尔特家族里的人提供教育的学校。这样的隔离并非是学校故意的种族歧视。事实上，校方对此还颇为重视，几年前曾尝试把学生按照肤色平均分配到校园的各栋宿舍楼里。但那些非白人学生抱怨了起来。虽然他们居住的哈林区和上东区①彼此接壤，但一条深深的鸿沟阻隔着精英与非精英的学生。他们很难住到一起去。一年不到，学校又恢复了少数族裔宿舍。非白人学生被隔绝在他们自己的空间里，就跟大多数人回家后住的少数族裔街区一样。

我成长过程中住过许多不同的街区，但跟大多数美国人的经历一样，这些街区很少是各种族混杂的。在我父母遇见对方以前，他们过的日子差不多一样。很大程度上是因为他们都是穷乡僻壤里出来的人。我父亲的老家由勉强糊口的农民组成；供水和供电系统是在我小时候回乡时才建起来的。我母亲的家乡是常年遭日晒雨淋的爱尔兰西岸上的某个小农场。她出生的时候，她家的人自个儿从地下泵水，也没有电，烧饭用的是露天灶台。直到她渐渐长大，才慢慢享受到了现代化的舒适生活。

我父母的故事听起来并不陌生。他们的抱负和理想指引他们追逐美国梦。早年我生活在纽约州乡村的阿勒格尼郡，为了

---

① 哈林区和上东区（Harlem and Upper East）：美国纽约曼哈顿北部的两个区，前者以涂鸦、街头篮球和说唱著称，后者是最富有的纽约人居住的地方。——译注

追求尽可能多的美国式机会，我的父母搬到了波士顿郊区，那里的学校更优秀，提供给我和我兄弟的机会也更多。搬家带来的不只是新学校。我们家原来的美国农村标准车的旁蒂克换成了一辆欧洲豪华轿车。原来的爱尔兰和巴基斯坦的探亲之旅，也升级成在欧亚和南美各地的环游。我父母做了许多移民都在干的一件事：在文化方面迎头赶上。我的星期六都是在新英格兰音乐学院度过的。我也不再去公立学校而改去私校，而且没空继续接受宗教教育。我们与大都会生活接轨。

变化归变化，我父亲从未舍弃过属于一个巴基斯坦农村人的文化印记，许多在波士顿的老乡也让他不忘自己的根。无论是做手术还是在土地上劳作，靠双手奋斗，他幸福至极。他闲暇时修剪着会被收录在园艺展名单上的花园时，被游客错认为是雇来的帮手。有一次他的同事来我们家参观时惊呼："你的书都到哪儿去了？"我这辈子从未见过父亲读哪怕是一本小说；他最喜欢的音乐仍是那些，要么来自他童年时看的印度电影，要么是他在 70 年代早期到底特律时迎接他的曲子。从巴赫到肖恩伯格他统统不知道。我父亲对新英格兰贵族文化的斥责很有先见之明："有一天，我的孩子可以拥有任何他们想要的书。"我父母对一切所得有一种毋庸置疑的自豪感，并在孩子身上灌输自己从未有机会培养的文化品位。我们会去高档食府就餐。在其中一家餐厅，我目睹了在穆斯林教义熏陶下的父亲，啜饮人生中的第一滴葡萄美酒。他人的势利行径总是刺到我——服务生把一张葡萄酒单递给我或我的兄弟而不是给我父母，但他们两位明显才是为这顿饭买单的人。可是我父母却似乎毫不介意。与他们的成就相比，小小细节何足挂齿。

　　在我生活的中产阶级郊区的世界里，就读一所精英高中是成功的终极标志，而我也已下定决心这样做。父母对我将要离家一事并无满腔热情，但他们知道寄宿制学校的好处。也许是想到了自己的人生，他们尊重我独自扬帆起航的心愿。圣保罗中学是我新英格兰寄宿学校之旅的其中一站。我对这学校一无所知，但在访校的时候被迷住了。学校的外观令人叹为观止——世界上最美的校园之一。幸运的是，我被录取了。

　　新生活令我措手不及。在圣保罗的头几天里受到的震惊，简直是当初从纽约穷乡下搬到波士顿富郊区时的翻版。这所学校长久以来都是这个国家的社会精英的摇篮。这里的人都属于美国的上层阶级，远远超过我郊区老家周围居民的职业阶层。校园的砖石小道上遇到的孩子，动辄在几块地方都有家，旅个游就周末包机出国，出身显赫家族，继承了不可思议的优势。我父母才富起来不久，与这所学校里的许多人相比不足挂齿。这几天，欧洲游、小提琴课、私人家教都无法让我和同学们平起平坐。我在新人群中不能适应，于是在躲回寝室，远离那些高高在上的同学后，才有点家的感觉。

　　在圣保罗的整段学生生涯里，我都住在少数族裔宿舍。但在学校里渐渐适应后，我开始理解这个地方和这个地方的学生。我也找到了融入的门路。临近毕业，我被同学们选举为校友管理层的代表。来自同辈的尊重令我自豪，要走向人生下一站了，我也不怎么伤心。我故意没去申请同学们趋之若鹜的常春藤盟校。圣保罗是一个我学会去融入的世界，也是一个我并不感到特别开心的地方。

我的不满源于日渐意识到的不平等的存在。每每回到最初的那几天：对少数族裔宿舍的吃惊和在精英同学们中的不适感一齐袭来。这段经历加剧了我的好奇心。但是为什么接受精英教育这件事，对一些美国人来说是与生俱来的权利，对另一些人却要遍历千辛万苦？为什么有特定背景的学生在此如鱼得水，而另一些却似龙搁浅滩，面临无尽的挣扎？最重要的是，虽然反复有人告诉我们，这儿的学生是万里挑一，好上加好，但是为什么那么多"好学生"都从有钱人家来？这些都是关于不平等的问题，是它们驱使我离开了圣保罗的世界。但对不平等这件事愈深的认识也把我带了回来。

民主不平等、精英教育和英才教育的崛起

不会有绝对平等的社会。关于不平等的问题不是"不平等存在吗？"而是"有多少不平等存在，特点是什么？"，如果看上去是"公平的"，不平等更能令人容忍下去。系统化的、持久的不平等 ①——优势和弱势代代相传的地方——触犯我们当代人的敏感神经。如果贫穷的永远贫穷，有钱的聚财不散，大家肯定不乐意。像种族这类先天特征决定了我们生命的机遇，这个

① 这个词来源于查尔斯·提利（Charles Tilly）。他认为，在人类社会中造成严重不平等的因素主要是诸如黑人／白人、男性／女性、公民／外国人、穆斯林／犹太人这样的社会分类，而不是个体在能力、天赋或表现上的差别……社会分类间会有持续的不平等出现以及存在，是因为控制了资源生产的人在解决紧迫社会问题的时候，仍然利用类别间差异的手段。

说法也相当令人反感。不平等的程度也是一个有点争议性的话题。如果穷人的收入足以维生，而富人通过革新创造财富的机会更多，我们中的有些人则不介意巨大的贫富差距，但其他人觉得愈来愈大的差距引发着社会问题。证据显示，不平等对社会而言，弊大于利。根据这些数据，我相信过多不平等不仅有伤风化，而且影响效率。

最近几年很多人搞不明白，为什么一边是不同的社会机构对他们过去排挤在外的人群开放起来，一边是不平等的问题仍在加剧。我们生活在一个民主化不平等的世界里，就是说我们的国家一方面信奉开放的民主原则，但另一方面不平等程度也与日俱增。我们倾向于把开放和平等理解成齐头并进，但如果回顾过去五十年的经验，就发现事与愿违。这点在精英大学里最显著，学生群体在种族多样性方面愈加进步，同时也变得更富有。

在 1951 年，黑人在精英大学中大约占 0.8%，今时今日的常春藤盟校里大约 8% 的学生是黑人；哥伦比亚大学 2014 届学生里大约有 13% 的黑人——与美国整体人口中的黑人比例持平。类似的变化也体现在别的种族身上，而且如今女性也多于男性，造成了大学录取中倾向女性的性别落差。毋庸置疑，我们的精英教育机构对女性和少数族裔人士越来越开放了。这是一个惊人的变革，与革命无异。这种变革不仅仅发生在学校里，也发生在我们的政治和经济生活中。

与此同时，整体的不平等程度也在剧烈上升。当我们想到不平等时，又会联想到贫穷。而当社科学者们研究不平等时，往往着力于不利因素。这样做是很有道理的——理解穷人的境地应可帮我们缓和一些贫穷的痛楚。但如果我们想理解近年日益严重的发生在美国的不平等，我们得更多地了解富人，以及那些对他们的产出和维护意义重大的院校。如果我们关注一下过去四十年里美国家庭收入的变化，这点就变得很明朗。从1967 年到 2008 年，一个普通美国家庭的收入增长大约是 25%，数目可观却没什么可称道的。当我们沿着收入阶梯拾级而上，却能看到一些很夸张的东西。美国家庭中最富有的 5% 收入增加了 68%，越往上走，增加的百分比越大。美国家庭中最富有的1% 的收入增加了 323%，而最富有的 0.1% 收入居然增加了令人咋舌的 492%[①]。为什么不平等程度在过去四十年中上升了？这大多要归咎于富人收入的爆炸性增长。

开放性与不平等程度双重增长，与我们关于社会历程的直觉背道而驰。为什么有些我们最精英和最尊敬的院校——为最大经济成就提供了康庄大道的那些——变得对之前排除在外的人群越来越开放，但美国整体不平等程度却加剧了？为什么我们更开放的民主理想转变成少数享有特权的人过得越来越滋润，而大多数美国人的生活质量处于停滞状态？

如果我们留意阶级这件事，能获得一部分解释。我强调的"开放"是种族上的。但如果我们在里面掺入阶级因素，情况就不一样了。我们的私立精英院校接二连三发布新闻稿昭告天下，

① 美国家庭的平均收入从 $40,261 上升至 $50,303。最富有的 5% 的人，他们的收入从 107,091 美元上升至 180,000 美元；最富有的 1% 的人，收入从 422,710 美元上升至 1,364,494 美元；而最富有的 0.1% 的人，收入从 1,447,543 美元上升至 7,126,395 美元（2008 年）。

如何努力让大学成为普通美国人负担得起的项目，而学校的现实是，这是一个被富人统治的地方。我的同事安德鲁·德尔班科（Andrew Delbanco）提到，

　　90% 的哈佛学生来自的家庭，收入高于 55,000 美元的国民收入中位数，而且哈佛的招生办主任定义……哈佛家庭的"中等收入"是介于 110,000 美元和 200,000 美元之间的……如今的学生平均要比他们的前人来得富有。七十年代中期到九十年代中期，在一份关于十一所声名显赫的大学的取样里，收入在全国水平位居下游的学生家庭占全体学生的百分比大致保持稳定——大约 10%。与此同时，收入水平位居上游的百分比扶摇直上，从三分之一多一点到整整一半……如果这个取样扩展到前 150 位的大学，位居下游的只占全部学生的 3%。

　　哈佛的"中等收入"是我们国家最富有的那 5%[①]。单这条就透露了大量关于精英教育院校的信息。一方面他们看上去对我们更开放，很大程度上因为开放意味着多样性，而多样性指的是种族。但另一方面阶级扮演的角色不容小觑。

　　虽然穷学生们经历着一系列的劣势——从低质量学校到没有丰富的课外活动到在遭遇困难时缺乏支持——大学对这类挣

① 只有 8% 的哈佛大学本科生收到了佩尔奖学金（给年收入小于 40,000 美元的家庭）。真实的中等收入在美国精英大学里要低得多。

扎往往视而不见，对穷学生和富学生一视同仁。这与有亲人是校友的学生、运动员、少数族裔学生形成鲜明对比。这三类人被大学给予特别关照，以增加他们被录取的机会，但贫穷的学生负担不起这样的奢侈。他们可能持有疑议，但大学真的对此"盲目"到极点。他们在面对贫穷带来的劣势的态度上存在矛盾。结果是高校招生中蕴含显而易见的阶级偏见。大学教授们，看看我们的教室就能获知这个悲哀的真相。简而言之，好多富家子弟上了大学，却没什么寒门子弟①。

当我在讨论不平等时，我坚持回到教育问题，尤其是精英教育问题。这不是巧合。能预测你收入的最准变量就是你的受教育程度；去一所精英教育机构能进一步拔高你的工资②。教育

---

① 大学里的阶级构成明显受到种族因素的影响。虽然大家在分析问题的时候倾向于剥离阶级和种族的因素，但是它们之间有剪不断的联系。最简单的就是从种族角度看美国家庭的收入。黑人家庭的平均收入只有白人家庭的62%，连亚裔家庭的一半都不到。黑人和拉丁裔要比普通美国人贫困得多，而且这种贫困影响了他们上大学的可能和生活的希望。就是说，在说到阶级的重要性时，种族必须是讨论中的一部分。如威廉姆·伯恩(William Bowen)和他的同事们所说，"少数族裔 [在四年制大学] 的录取落差主要是因为作为弱势群体的少数族裔学生更有可能是来自于低收入家庭。"

② 史黛西·戴尔（Stacy Dale）和亚伦·克鲁格（Alan Krueger）在一篇经常被媒体引用的论文中提出，精英教育不重要——重要的是被录取的能力。然而，这些报告有欺骗性。在记者们写的那些例子里，戴尔和克鲁格控制了诸如学校花费在学费和教学上的变量，但两者都与增长的收入息息相关，而且都是精英学校的标志。在这个研究中，学校质量的产物是 SAT 成绩，而不是特权，但后者是一个对精英身份准确得多的预测手段。从戴尔和克鲁格的研究中，我们至少可以发现，上了竞争最激烈的大学的男性的收入，比上了竞争一般激烈的大学的男性要高23%。这反映了工资上的巨大差距。

与财富息息相关。如果申请大学的竞争之激烈标示着什么，很明显大多数美国人对这个逻辑耳熟能详。考虑到财富的扩张在很大程度上能解释过去五十年越来越严重的不平等，也考虑到成为一个精英的核心是精英教育，我们需要更加了解精英学校是如何培养出那些驱动不平等的人的。

在将精英学校定性为我们故事中的反派前，稍事歇息。在我针对精英学校是财富堡垒的批判之外，大家一定要记住，这些地方绝不是单纯在穷凶极恶地制造有钱人。早在 1940 年，哈佛校长詹姆斯·布莱恩特·柯南特（James Bryant Conant）①就声明，"在生活的赛跑中，为所有人提供一个自由的开始和公平的机会"是国家的责任。柯南特想怀有建构一个杰佛逊式的"自然贵族"理想，基于天赋甄选出精英的地方。柯南特根源上是一个托克维尔主义者②，寄希望于给不成器的精英们重重一击并替代以他想象中让美国伟大的东西：出身平等③。在过去六十年间，精英学校企图从一个特权在握的富家子弟的堡垒转变为全社会天赋秉异者云集的地方。许多学校在民权运动④给他们压力以前，就开始录取黑人学生了。同样地，这些学校转变成一个

---

① 詹姆斯·布莱恩特·柯南特（James Bryant Conant）：美国化学家，于 1933—1953 年间担任哈佛大学第 23 任校长。——译注

② 托克维尔主义者：托克维尔认为，民主可以适当地平衡自由与平等两者，在照顾个人的同时也照顾社会的发展。——译注

③ 身份平等有别于结果平等，指的是社会中的每一个人都有相同的取得成功的机会，有些人可能成功，有些人可能失败。但这样的结果取决于过程，而不是初始设定。

④ 民权运动：第二次世界大战后，美国黑人反对种族隔离与歧视，争取民主权利的群众运动，以马丁·路德·金的演说《我有一个梦想》为标志。——译注

不仅"允许"女性进入的地方；也创造了让女性得以自由成长的环境。这些院校的宗教根基引领他们去想象自身不单单为优势群体的教育提供了场所，也是让社会更美好的一片天地。

在很大程度上，这种引领意味着创造一个英才教育模式。像 SAT[①] 这样的存在——一项谋求评价学生"天资"而不是青睐他们的财富和血统的测验——就从这个理想里诞生了。这个测试的构想者与创制者是亨利·昌西（Henry Chauncey），一个在 17 世纪 30 年代来到美国的清教徒牧师。昌西家族绝对是美国 WASP[②] 的中流砥柱；他们是格罗顿中学（美国顶级寄宿制学校之一）的第一批学生。昌西自己先是毕业于哈佛，后来又当了那里的教务长。虽然昌西追求将竞争环境变得更公平，并在此过程中改变精英学校和里面的精英，但开放与不平等的悖论显示了出来，这个项目取得惊人成功的同时，也是一个惊人的败笔。精英学校中的人群看上去在变，但精英们对我们国家的财富和权力的掌控却越来越牢固。

原因之一是没有与生俱来的"优秀"。虽然我们倾向于认为优秀跟别的特质一样是抽象的、与历史背景无关的，但实际上优秀的标准是与其他因素相连的。许多学者指明，优秀的定义是伴随着时间和当时的文化与制度而变化的。迈克尔·杨

---

① SAT：即 Scholastic Assessment Test 的简称，中文名为学术能力评估测试，相当于中国的高考，是世界各国高中生申请美国学校学习及奖学金的重要参考。——译注
② WASP：即 White Anglo-Saxon Protestant 的简称，意为新教徒的盎格鲁撒克逊美国人，常作贬义，用来嘲讽白人在历史上的种族主义、排外主义和文化种族优越感等心态。——译注

（Michael Young）造了"英才教育"这个词，40年代杨先生受英国工党之托，创立和评估一个新的教育体系，使得所有年轻的英国人有机会得到最好的教育。杨先生迅速对这种技术统治论下教育提倡的人性产生了抵触想法。苦于想出一个描述这个新系统的词，他在"贵族政治"和"民主政治"间难以抉择。不是"被最好的统治"（aristos）也不是"被人民统治"（demos），而是建立"被最聪明的人统治"的系统。即使我们常对这个词钦佩不已，也不能忽略杨先生是为了谴责对才能冰冷无情的科学化和官僚化处理去发明这个词的。

　　"英才教育"的核心是社会工程的一种形式，目标是辨识出社会里的天赋秉异者，让这些个体得以有合适的施展才华的机会。在SAT里的例子里，意味着评估特定的数理、阅读、写作和词汇能力，以此作为学术能力的标志①。向英才教育的转移，旨在对曾经被重视的属性去集体化处理，并对新的"先天"属性个人化处理。这套新系统超越了社会装点性的外在标准，奖赏人们继承的个人天赋，而不是看学生们是否表现出某个良好的继承来的特质以录取他们。当英才教育思想开始进入大学录取工作，哈佛招生办公室的主任威尔伯·本德（Wilbur Bender）表达了焦虑："真的存在什么好的方法来辨认和衡量一个人是否具有善良、人性、个性、同情心、热情、责任感、活力、创

---

① 必须指出，SAT跟大学第一年成绩的相关度很低，而跟考试结果高度挂钩的是诸如家庭财富和种族这样的人口学因素，还有像阶级和高中成绩都是对大学成绩更好的预测方式。

造性、独立性、异性恋等等这些特质吗？我们到底要不要管这些？"杰罗姆・卡拉贝尔（Jerome Karabel）表示，许多特点被用来替代精英身份。本德（Bender）作为来自印第安纳州歌珊的一对门诺派①教徒夫妇的孩子，不属于精英WASP的行列。但是他的担心在50年代和60年代的精英教育界反复回响：标志着旧美国精英的特质会经历什么变化？英才教育的崛起意味着旧精英的消亡吗？

我们好像可以用"优秀"这个词为个体卸下社会纽带和身份的陈旧包袱，替之以个人性格特点——勤奋、守纪、具天分和其他可以脱离社会生活来衡量的人力资本②。采用这种方法导致了事与愿违的结果，削弱了裙带关系，鼓励学校对社会中曾被排除在外的具有天赋的人开放。这也是在质疑如平权法案③这样，考虑了个人表现以外因素来甄选技术机器的政策。这也能用来为富人们持续增长的收入（正因他们拥有如此价值连城、无可替代的能力）证言。对我来说最重要的是，这种衡量方式模糊了一件事：产出不单纯取决于个人素质。我认为，英才教育中关于勤奋和成就的理念将社会构成的差异自然化，将产出取决于是谁在做而不取决于在什么条件下做区分开来。通过观察英才教育的崛起，我们能更好地理解新精英群体以及我们当代

---

① 门诺派（Mennonites）：当代基督新教中一个福音主义派别。——译注
② 人力资本（human capital）：是指存在于人体之中的具有经济价值的知识、技能和体力（健康状况）等质量因素总和。——译注
③ 平权法案（Affirmative action）：指防止对肤色、宗教、性别、性取向或民族出身等少数群体歧视的一种手段，主要集中于教育、医疗、就业等领域。——译注

所经历的不平等的某些运作方式。

　　在探索圣保罗的时候我会展示这所学校是如何制造学生们"优秀"素质的。我们来瞧瞧，这些特点是如何在少数人有条件接触的精英模式中发展。貌似自然的，其实都是人为的，但这个权利被严格限制着。回到我在圣保罗最初的日子，还是可以看见这些紧张关系。学校很努力地去招募少数族裔群体中具有天赋的那些人；与过去相比，校园里有更多这样的人。这些学生作为多样性的代表，也不只是装点门面。在美国追求自由平等这个伟大项目的宏观背景下，圣保罗也想要重视自己的精英角色。但跟所有远大的理想一样，这个项目颇具挑战。入学竞争异常惨烈；精英学校的一个特点就是排外（或至少是排外性）。录取了一些有天赋的少数族裔学生，不代表把他们整合到一起了。开放也不总是意味着平等。家境富裕的学生仍旧占学校里的大部分。围绕新的英才教育结构，个人产出取决于不同的能力，而不是取决于条件。我在圣保罗求学的日子里，美国梦没有兑现。

　　我们要问，为什么。不是精英院校没有努力，也不是因为处在弱势的群体对流动不渴望。要理解这都是怎么回事，这本书不谈社会统计数据，而是探索我以一个教师和研究者的身份回到这所高中的经历，回顾在圣保罗的一年①。在开始构想这个课题的时候，我对自己会有什么发现还是挺有把握的。我以为自己会回到在圣保罗开学第一天的那个世界。我会置身于一个

————————————

① 关于书中使用的方法的详细介绍，请询本书"研究方法与理论反思"章节。

充满着家境殷实、特权在握的学生的校园，看到几个家境贫苦的非裔或拉丁裔的孩子被隔离在他们自己的宿舍里。我会记录下已经来到学校、并注定会成为下一代精英的学生们具备的社会、文化优势。我会看见优势是如何被保护和维持的。但是，如今的圣保罗与我十年前从那儿毕业的那所学校已经大不同了。在圣保罗中学的民族志研究①震惊了我。我没有发现因高高在上的地位而生的自以为是，取而代之的是对拥有特权的心安理得和淡定。这本书讲的是关于新精英们的故事——根据我再次回到圣保罗而想到的群体——了解这些精英也能够让我们对英才教育体制下的不平等有新的理解。

回到圣保罗：特权与新精英

面前有两扇关着的巨门。厚重橡木板做的雕花门上，挂着一对熟铁编制的大门环，很明显，开门都要费上九牛二虎之力。站在外面的走廊里，大家能透过拱形窗户望着无瑕的草坪、池塘、建筑物和包围着我们的砖石路。门后是管风琴低沉的乐音和成百人的喃喃声。我环顾背后连成一排的面孔：兴奋、惊诧、好奇、疲惫。有些学生惴惴不安地聊个不停，其他人则纹丝不动；我周围的青少年正处在星期天的最佳状态，不确定门后是什么。门后是我们的未来。拭目以待。

---

① 民族志研究（ethnography）：运用田野工作来提供对人类社会的描述研究，是文化人类学和文化社会学的重要研究方法之一。——译注

门开了，一阵寂静横扫所有人。一个深沉、平稳的嗓音开始报名字。每报一个名字，我们中的一员就走入门后的黑暗中。队伍越来越短；快轮到我们了。很快我就能瞄到一眼这个建筑的内部构造。站在明亮的室外，我只能依稀辨认出一个洞穴状的轮廓，天花板上高悬的吊灯柔和地发着光，似漂浮在空中。我看见几排模糊的人影。

叫到我的名字了。我一步一个脚印走入巨门。礼拜堂①又长又窄，我的眼睛一时还适应不过来。我告诉自己没什么可紧张的。无论如何，我都是过来人了。可是要镇定下来太难了。穿着一身带有蓝红相间兜帽的黑袍子和新买的鞋，我的鞋底敲击在冰冷的石面上发出响声。一些从我面前走过的新教员们紧张地四顾，像刘姥姥第一次进大观园。还有一些人的目光牢牢盯着远处的圣坛，仿佛那是指引他们安全抵达座位的灯塔。我在长凳间缓缓走着，认出几张熟悉的面孔和学生时代坐过的地方。我是最后一个进门的新教员；在我后面是一连串高一、高二和高三的学生。他们迅速蜂拥而入，毫不掩饰这份急切，直到我就座前都在踩我的脚跟。

这是我们在圣保罗的第一个仪式，"占有一席之地"。通过这个仪式，新成员正式成为学校的一分子，成为集体的一部分。每位新人都有一个指定座位——也是接下来一年里几乎每个早

---

① 礼拜堂（chapel）：由于许多美国大学在建立伊始是教会学校，校园中常有教堂，如今这些教堂不只是祷告和其他宗教活动的场所，也为演讲、音乐会、学校大会等重要活动提供场地。——译注

上他们会坐的地方。就像橄榄球场里的露天看台一样——四排木雕座椅两两相对，中间是我们刚刚通过的走道。我属于后排最高的那个地方，所有教员都坐在那儿。右面是返聘的教员，按资历排列；左面是新来的那些。前面和后面都是一排排的学生。最前面的一排坐满了新学生，紧贴着走道。跟教员们一样，他们的座位也按资历排列，高年级坐在教员下面那排，一年级坐在最低的第一排。

延伸在我面前的，是争破头进圣保罗中学的男孩女孩。长凳因为承受着的重量和对功成名就的渴望，快爆开来了。离我最近的高三学生，知道明年最有可能上的大学就是哈佛——几乎三分之一的人会去常春藤盟校，而大概没有一个人不会去美国的顶尖大学。大学入学只是他们精心经营的生活中的下一步。就像这个就座仪式赋予他们在圣保罗中学中一个特定的位置，从这里毕业也保证他们会在一个更广阔的世界里占有一席之地。热切的家长们无疑都不断提醒他们，你会加入一个更大的集体——一群在世界各地位高权重的毕业生。我身边这些正在与睡眠和青春期荷尔蒙作斗争的学生们，知道他们正坐在这一个半世纪里带领美国商业、政治、文化发展的男男女女的老位子上。我身边的男孩女孩，他们面对的挑战令人望而生畏；他们是新精英。

1855 年来，圣保罗是我国青少年精英最主要的家园之一。知道自己要为塑造这些孩子（他们在将来某一天会成为世界的领袖）的心灵负上一部分责任，有点怪怪的。更奇怪的是，我也曾是学生中的一员，被许多现在与我坐一排的教员们这样的人照顾过。故地重游。区别是我现在的动机更复杂。我不仅是来这塑造这些年轻的先生女士，也是来研究他们的。

　　一所寄宿学校是如何保证它的门生都能走上康庄大道的呢？学生们是不是拥有、培养或学会了什么，使得他们在今后的日子里占优势？几十年前，这些问题可能很好回答。那时的学生们来自于占尽天时、地利、人和的家庭。超过一个世纪的时间里，美国的贵族阶级借助像圣保罗这样的学校稳固他们在经济和政治上领头羊的地位，并把这个权利传到下一代人身上。圣保罗将与生俱来的权利转化成文凭、关系和文化，所有这些都保证他们的毕业生在未来获得成功。

　　今时今日，精英的统治地位变得不再直截了当。我面前的男孩女孩来自世界各地。圣保罗甚至可以被错认为是一所公立高中。很少有地方负担得起或能分享这种蓄意造就的多样性。坐在一个从纽约布朗克斯区来的要是四十年前绝对不会被录取的贫苦拉丁裔男孩身边的，是一个来自世上最富有的 WASP 家族之一的女孩，她表现出令人害怕的镇静。圣保罗对于已经是精英中一员的人仍是来者不拒。访校的家长经常驾着奔驰宝马组成的车海，零星点缀几辆专聘司机驾驶的劳斯莱斯；晴天里，校园里闪耀着随意戴在脖子、手腕和手指上一套套珠宝的光芒。还没完呢。学校是今日世界的缩影。富有和贫穷，黑人和白人，男孩和女孩，都生活在同一片天地里。他们在教室里、操场上、舞池中、宿舍里甚至在床上共享着青春岁月，组成一幅海纳百川的理想社区图景。从礼拜堂的座位上，我看见这样的承诺展现在面前——21 世纪的世界将是多元的。我开始理解圣保罗是如何利用新的手段在学生间灌输属于精英阶级就能拥有种种特权的观念的。

接下来我会描绘这个被我称之为"新精英"的群体——一群得天独厚的年轻人，跟我们通常在脑海中幻想的富家子弟的形象不太吻合。他们不都生于富贵之家，不全是白人，他们的家人未必四百年前就抵达了这片土地，也不都来自美国东北。他们的文化不怎么学院派；不避讳饶舌音乐，相反以"更纯的"各种文化知识丰富自己。

我们对我们的精英知之甚少。虽然我们迫不及待地读着《名利场》杂志里的人物简介、观看晚间新闻里最新的介绍，或是自鸣得意地讥笑电视节目里大腹便便的富人们，但是我们对精英们是如何取得、维持和保护他们的地位这件事，缺乏清晰认识。谁是当代美国精英？他们接受什么样的教育？关于这个世界、别人的处境和人际交流，他们在学些什么？他们如何适应过去五十年瞬息万变的社会环境？他们如何应对在现代历史的大部分章节里都跟财富无关的那些人对开放性的需求呢？

我认为，新精英不是一群靠家族财富和信托基金混日子的高富帅和白富美。新精英们明白，光靠继承是无法占据社会阶级的顶端的，且他们的生活不需要排斥其他人。可是，在一些基本的方面，他们像是21世纪的美国：坚信要在圣保罗这样的地方待下去需要勤奋努力，而持续占据有利地位更需要不懈的努力。像美国的移民和中产者，他们相信种瓜得瓜，向上流动在美国是永远可能的。看着周围各种肤色的同龄人，他们能凭经验相信自己是对的，即使有时所谓经验不过是轶事罢了。

我发现，圣保罗正赋予学生越来越多的特权，而不是高高在上的资质。鉴于过去的精英依靠的都是资质——围绕"正确的"血统、关系和文化建构他们的世界——新精英创造的是特权：一种为他们提供优势的自我认知和交往模式。老派资格的精英们，靠着在给他们提供优势的资源周围建筑护城河和城墙来组成一个阶级。新精英们认为自己更加个性化，相信自己的地位是通过努力得来的。他们淡化了对高尚的情趣和"你认识谁"的重视程度，取而代之关心一个人认识世界的方式和在这个世界里扮演的角色。这条成为精英的道路很特别，奇妙地结合了当代文化习俗和古典美国价值观。新精英们故事的走向是基于一种在美国根深蒂固的信仰，那就是优秀和努力终将为你带来回报。这种信仰驾驭了 21 世纪的国际视野，从任何事物身上吸取和提炼价值、对当下发生的事了如指掌。像圣保罗和常春藤这样的院校看上去越来越不像一个排外的游艇俱乐部，而是越来越接近我们多样性社会的一个缩影——一个尽管是包含细致具体的社会规则的微观世界。这本书会带领我们进入圣保罗的世界，并引出学生在那里学习的关于特权的三堂课。

第一堂课：阶级是非自然的，它们像梯子，而不是天花板

学生在解释他们拥有的财富时，学会强调艰苦奋斗和天生我才的重要性。对一个开放社会的承诺强化了这个框架——只有在这样一个社会里这些特质才能解释一个人的成功。然而，学生们也懂得开放的社会并不意味着平等——差很多。社会等级的存在自然而持久。在一个开放的社会里，有赢家就有输家。但不同于往昔的是，以前的地位是通过继承得到的，现在要靠自己获取。阶级不是限制人的障碍，而是允许流动性的梯子。学会向上爬，必须要跟你上面的（和你下面的）人群互动：一边创造亲密关系，一边又不能表现得大家是平等的。这是一个技术活，又要假装阶级不存在，又要随时随地尊重它的存在。如果阶级太牢固或太明显，是很危险和不正当的——社会封闭且勤奋和天赋无关紧要。因此学生学会在互相交往时使用一种特殊方式并保持某种敏感度，使阶级的存在助他们一臂之力，而不是对他们产生限制——简单说，建立相对的公平。

第二堂课：经历很重要

学生可以通过经历获得教训。很多圣保罗的学生拥有已经特权在握的背景，如果说他们更轻而易举地学会这一切，也并非不可思议。不过适应这所学校里的生活对每个人都有点儿难。如果学生表现得好像胜券在握，就会因这种高高在上的姿态被排斥。在认识自己在学校的位置的过程中，学生靠的不是他们的家族背景而是经历。旧精英——你是谁——的那套逻辑变成了新精英的——你做过什么。特权不是什么你与生俱来的东西；特权是需要你学会去发展和培养的。

第三堂课：特权意味着淡定

学生们培养的是对自己行为举止的一种意识，这种意识的核心是将特权视若平常的锻炼：对付任何社交场合都能游刃有余。在课堂内他们既可以思考《贝奥武夫》[1]也可以探讨《大

---

[1]《贝奥武夫》：古英文叙事长诗，完成于公元八世纪。——译注

白鲨》①。在课堂外他们听古典音乐也听嘻哈。他们在自身品位中展现出一种激进平等主义②，而不是仅仅传递我们认为是"精英知识"的东西——史诗、纯艺术、纯音乐、对古典文献的研习——来彰显自己的不同。特权不是在知识周围划定界限或把这些知识当作资源来利用。学生们的口味很杂，表现出博采众长的架势。讽刺的是，在一个等级分明的开放社会中，排外性是失败者的标志。从这个角度看，不能靠精英们的行为来解释不平等，而是要看处于弱势的人们表现的特点。他们受限（排外）的知识、品位和脾性，意味着他们没有跟上这个开放新世界的脚步。

精英们的淡定也是交际资源的具体形式。在貌似稀松平常的日常生活——从吃饭到跳舞到约会，无处不见特权在学生身上镌刻的印记和学生们通过日常交往来展示特权的各种方式。被具体表现出来后，特权不再被看作是因为机会不均所造成的，而是来自于某一些技术、天赋、能力——"你是谁"。圣保罗的学生好像自然而然就拥有了成功所需要的一切。这种对社会产生的差异的自然化，掩盖了持久的不平等的存在。

这本书是我对理解新精英群体的尝试。通过引出学生对于特权的学习，来理解我们面对的新的不平等。这项研究强调了文化——学生的脾性、交往和在这个世界的存在方式，是如何在定义精英群体的归属性和因此推动的不平等。我们可以把文

---

①《大白鲨》：美国著名惊悚片，由美国导演斯皮尔伯格于1975年执导。——译注
② 平等主义：指所有人在社会上平等，不分种族、不分性别、不分宗教等。——译注

化当作是一种"资本"——像钱一样拥有价值也可以被用来获得社会优势。在了解新精英文化的过程中，我希望阐明在一个英才教育体系下不平等的运转方式。

这趟圣保罗回归之旅给了我很多灵感。我目睹了我们最敬畏的院校是如何重新书写着前人的设想，创造一个更包容的世界。就跟其他的好故事一样，这个故事也有另外一面。圣保罗的学生毫无疑问特权在手。他们在积累惊人的优势，这些学生和其他美国青少年——甚至是同在新罕布什尔州康科德市，仅几英里之外的那些——在生活上的差距大得惊人。精英们对美国梦的追随，无论是否出于善意，都是在社会不平等加剧的大背景下发生的。精英们拥护着一个开放社会，也表现着特权，掩盖了在我们这个世界挥之不去的社会封闭。

贯穿 20 世纪，面向不平等的战役即是机会的战役：女人、黑人和其他被排斥的群体能不能在我们的社会融入最好的院校并获得最高的地位？这些斗争已战果累累。但是结果跟我们想象的不一样。开放社会承诺的应该不只是更多机会，也承诺更多平等，但这个承诺被证实是天方夜谭。二十一世纪的美国越来越开放，但也存在着残酷的不平等。美国的下一个大工程就是要找到方法，走出这个悖论。

第一章

————————

新精英

在一个民族宗教多样化的民主体制中，上层阶级主要由盎格鲁撒克逊人和清教徒组成，他们在未来会扮演什么角色？从许多方面来说，这都是最重要的问题。

——E. 迪格比·波茨尔 [①]

有些人会永远凌驾于其他人之上。今天消灭了不平等，明天它又会重现。

——拉尔夫·瓦尔多·爱默生

我坐在切斯·阿博特的对面。在我的办公室里，这是主校楼一楼某间有木墙板的房间。主校楼是校园里主要的学术建筑。切斯不时地把我的办公室当成自己的地盘。他拉伸一下四肢，在他的椅子上放松地坐下，懒懒散散的。他刚进来时，仔细打量了我书桌上的文件，几乎没怎么忍耐去翻阅它们的冲动。坐下前，他打量着我架子上的书，甚至拿了一本下来随意翻动，放回去的时候把位置搞错了。对话期间他心安理得、自信满满；有一瞬，我觉得好像自己才是客人。抛开超常的自信不谈，他

---

① E. 迪格比·波茨尔（E.Digby Baltzell）：美国社会学家，"WASP"一词的创造者。——译注

还是个青少年。而有时他会避免眼神接触，要么盯着地板，要么向我右手边的窗外张望。这是一个在圣保罗同时体会到归属感和迷失感的高三男孩。

切斯缺少他同学间很普遍的那种棱角分明的马脸特征。他的脸型柔和，肤色苍白，脸颊和鼻子泛红。今年晚些时候，我看到他穿着一件泡泡纱西装配粉红色领带，不穿袜子蹬着双船鞋，戴顶草帽；我从未见他有过比穿着那套衣服时更安适的状态。在厄普尔楼，一个住了很多学生和全校进餐的地方，每个毕业生的名字都会被镌刻在深色的木制走廊里。切斯一日三餐都会经过这些好几代阿博特家族的男性都走过的厅廊。他大多数的人生时光都在圣保罗和其他精英学校的毕业生圈子里度过。自打有记忆开始，去圣保罗上学就是一份期待。至少对他来说，这似乎是与生俱来的权利。但他在学校里过得不算很辉煌。他不是一个强势的学生，人气也不怎么高。他与学校间经久不断的联系没有被置换成一马平川的成功。我惊异地发现切斯——一个从寄宿制学校社会的肚肠里长大的男孩，在学校的各方面，包括情绪、学术、社交上都在挣扎。如果谁应该在圣保罗有如鱼得水的感觉，那一定得是切斯·阿博特啊。

度过极其艰难的第一年，与室友不和睦，跟导师和许多老师也没什么火花，切斯搬进安德鲁斯楼，一些更"像他"的学生们扎堆的地方。这些人显然也与这所学校有长期的联系。他们都挺有钱的，跟切斯家族的许多人在同样的小岛上拥有暑假别墅。很多人在来圣保罗之前就认识了，大多数都是通过朋友和家人。在这里，切斯才开始觉得在学校有了家的感觉。

　　我问切斯，怎么会到圣保罗来的，他好像被这个问题冒犯了。接着，他跟我说了一长串到这个学校来念过书的亲戚名单，小心翼翼地将学校历史和他的家族版图联系在一起。他说到自己的父亲和祖父、叔叔和叔祖父们，这些人都曾是不同管理班子下的学生；他提到学校的一些前任校长时语带亲昵，说得好像传说中的萨穆尔·德鲁瑞（Samuel Drury）在 30 年代掌管校园的时候他也在场。在这段关于学校和他的家族的历史故事的末尾，切斯把问题的矛头急转，口气强硬地问我，"那你是怎么到这儿来的？"在我告诉他，我跟他家好几代人上了同一所学校，我的名字也被镌刻在他家人的旁边时，他流露了一丝故作的惊讶。我的名字和外表瞬间向切斯暴露了我不"像他"——我说不出像他讲的那种故事。我解释着自己相对简短的故事——一个孩子的移民父母变得足够有钱供他上这所学校——切斯不时打断眼神交流，往我的窗子外冷漠地张望，回了个咕哝："嗯。"

　　这种交谈若是发生在十五年前，在我焦躁不安、不尴不尬的青少年时期，我怀疑自己会感到一阵羞辱和愤慨。但那么多年过去了，我年纪大了，学校也不同了，我忍不住咯咯地笑出声来。这让我回忆起罗伯特·德尼罗的电影《特务风云》（*The Good Shepherd*）里，一个意大利裔移民（也是黑手党）约瑟夫·帕尔米（Joseph Palmi）问美国政府里头的一个骷髅会 ① 精英爱德华·威尔逊（Edward Wilson），他和像他一样的人在生活中"拥

① 骷髅会：美国秘密精英社团，成员包括许多美国政界、商界、教育界名人。——译注

有"什么。

"我来问你点事儿,"帕尔米说,"我们意大利人,有家族和教堂;爱尔兰人有祖国,犹太人有他们的传统;甚至黑鬼有他们的音乐。你们这些人呢,威尔逊先生,你们有什么?"

"美利坚合众国。你们这些人只是来这里参观的。"

切斯的"嗯"是他威尔逊式回复的一种尝试。他"拥有"圣保罗;像我这样的人仅仅是来参观的。在把他的生活和血统与学校历史连结成一块版图时,在声称这个历史属于他时,在将这所学校的过去浪漫化时,他努力争取到了学校的拥有权。我咯咯地笑了,不仅因为我更年长和有安全感,也因为他的言行举止里有些古怪和老派的部分。那一段本来显得有些强势的关于校史的表达,此刻回响起来有些空洞。切斯的疑问背后的力度和他对我回答的反应也很空洞。我知道他想把学校据为己有的尝试很失败。他坐在我面前的原因之一是他的那些挣扎。虽然自信和自以为是周期性地向外冒泡,虽然很多时候他生来就隶属于此,却没有感到家的味道。

这所学校的许多成员不会像我这样愉快。在看到我和切斯聊天后,一个跟我相熟的男孩彼得表达了很多其他人屡次提到的想法:"那家伙要不是他的家庭,绝对不会在这个地方……我搞不懂为什么学校还在这样捣鼓。他又带不来任何东西。"单单是我跟切斯交谈这件事,也似乎让彼得不太舒服。了解到我来圣保罗是为了理解这所学校后,彼得反复向我指出,切斯不真正属于那里,且他的参与和想法对我的项目提供不了什么深刻见解。彼得来自于康涅狄格州一个富庶的小镇和一个与精英教育机构有千丝万缕联系的家庭。他的父母是在哈佛认识的；他们不是家里第一批去那所学校的人。不管怎么说，彼得和切斯对他们在学校的位置理解不同。对切斯来说这是与生俱来的权利，对彼得来说，他能在这里上学是因为他的辛勤奋斗。

当作为一个教员和研究者回到这所学校，我意识到一点，当初在学校的经历，如对有色人种的隔离，已成过往云烟。不同肤色的学生如今遍居学校各个角落。当我告诉学生我以前住的是"少数族裔宿舍"时，他们不信我的话。甚至有一个人到图书馆去翻老旧的年鉴查证我的故事。他回来的时候很激动："难以置信！你说的没错。他们以前都住在一起呢！我刚才看到你们宿舍的照片了。"

就跟我当时作为学生被隔离到"少数族裔宿舍"受到的震惊一样，我诧异地了解到有一种不同的隔离正在发生。今时今日切斯·阿博特这样的人住在一个几乎封闭的社会群体中——一群资格最老的学生，其中一些从最有地位的美国家族中来，每一个家族都与圣保罗和整个常春藤联盟有着源远流长的联系。切斯跟其他"像他"一样的人住在一个宿舍。不是所有亲戚中有校友的学生都跟切斯住在一起，只有那些觉得这样的关系对属于这个学校的重要人士——那些觉得有资格的，才跟他住一起。整个学校都广泛意识到这一点。虽然学校允许切斯的宿舍存在下去，部分是因为学生大都可以选择住在那里，且主要是很少有学生想跟切斯这样的人住在一起。并不只有彼得在抱怨。教职工也公开为像切斯这样的学生感到惋惜，这些学生相信他们的家族历史足够有分量以至于自己不需要努力也能鄙视学校里那些通过奋斗取得地位的人。大多数社区成员（教员、职工、学生和校友）将矛头指向切斯这样的人，将他们作为圣保罗很差劲的一个例子。他们质疑为何要录取这些人，怀疑在圣保罗中学是否会有一个属于他们的未来——越来越少的学生有切斯这样的态度，说明这些人的想法是正确的。

美国精英的身上发生了什么？为什么坚信家族血脉重要性的统治社会的老派精英们对像圣保罗这样的院校失去了控制呢？为什么有资格的精英们的境遇愈发接近十五年前的黑人学生——越来越孤单且孤立无援呢？他们丧失了权力吗，还是他们单纯在校园一处高度集中但权力仍牢牢在握？而且像圣保罗这样的学校是如何持续为他的学生制造特权的同时，也排斥着与特权紧密耦合的资格呢？在一个像圣保罗这样的地方的剧烈文化转变，对整个精英群体的未来和对我们这些人来说意味着什么呢？为了回答这些问题，我们把注意力从圣保罗身上暂时挪开，先关注一下精英群体的缓慢变革：从旧制度到旧精英再到新精英。

精英的崛起与消亡

要理解当前的精英，必须首先把他们放在近来迅猛转型的社会框架中。读者可能对我评价 250 年的历史是"迅猛"这一点感到吃惊，但基于在大部分人类历史中精英群体的变化是相对停滞的这一点，我们时代的精英似以指数性的脚步在转型。我们一定要仔细看看那"冗长的十九世纪"：从法国大革命到第一次世界大战。在 1789 和 1914 年间我们经历了三次革命：在法国的一次政治革命，在英格兰的一次工业革命和最重要的美国的全球性崛起。所有这三次革命的影响迅速蔓延到整个地球，改变我们的世界。社会权力的平衡从政治转移到经济，也从旧世界转移到新世界。君主政体陨落，民主政体诞生，资本家们势如破竹。这段时间我们目睹了政治权力和经济可能性的巨大延伸，伴以不平等的急剧上升。旧制度——欧洲那些貌似地位永恒的贵族们——失去了对世界的控制，一类不同的精英，也就是我称之为"旧"精英的人，成为了社会权力和影响力的载体。

虽然不大显著，但这段时期为我们提供了我确信正在我们身边渐渐出现的这群"新"精英的意识形态基础。精英的转变可以直接联系到旧制度的瓦解。旧意识形态下的贵族消亡了。从象征意义上，我们只需在脑海中描绘一幅国王和王后被他们的服从者们（在那个语境里，臣民）断头的画面就能理解这个过程。资产阶级社会成功的一部分是我们自己个人权利的诞生和对可能性的意识：手起刀落，继承的差异像君主们的头颅一般消失了。改变出乎意料地快。在大部分留有记载的文化中，人类社会是受国王、君主或军阀和他们的继承人统治的。从旧制度到旧精英的主要转变是从继承头衔到继承财富，从天生分组①的重要性到个人的重要性。从旧制度到新精英的转变也将这个过程的潜在参与者扩展到了社会的每个人（比如说，女性和有色人种）。

---

① 这种分组可以是基于身份（比如是某贵族一员）、种族、性别或宗教，取决于出身而不是后天因素。

　　我着力于研究美国的情况。这也不是意外。美国为一个国家提供了一种新的模式。漫长的十九世纪，标志着陈旧欧洲模式的陨落和一个更美国化模式的诞生。十八世纪欧洲政治思想家们盛赞的独立和自由，在美国（至少对某些人来说）变得更现实。欧洲也离它的过去越来越遥远，同时越来越接近在美国鲜活起来的独立自由的一个翻版。美国跟欧洲比，有一套不同的精英体系；部分解释了为什么我们的国家如此与众不同：我们的"美国优越主义"①。贵族影响力在 1789 年巴黎发生的资产阶

————————————————

① 这个词是托克维尔创造的，说的是美国的政治宗教体制在本质上有别于欧洲社会。他强调美国的政教体制拥有高度的社会平等主义（没有封建遗毒和牢固的社会阶级以及身份区别）和社会流动性，宗教的力量更强大，而中央政府更羸弱。马克思和恩格斯在他们的《致美国人的信》中评述了美国与众不同的特点。因为这是一个没有封建传统和枷锁的最民主的国家，美国有一个特别现代和资产阶级的文化，以及深深扎根于工人阶级之中的对资产阶级的偏见。社会学家维尔纳·桑巴特（1906）复兴了大部分对美国例外论的分析。他响应了托克维尔的分析，说美国比欧洲更自由和更平等，由于它的民主体制和缺少来自封建传统的固化阶级，使得在美国没有"几乎所有欧洲工人都拥有的阶级烙印"。许多其他学者得出了类似的结论，他们认为虽然美国的财富分配越来越不平等，但工薪阶级的消费和整体生活水平却因巨大的经济增长而持续上涨。所以，相对高的生活水平、平等的社会关系和对社会流动性提供的各种机会的相信，使得美国人的阶级意识被抑制了。西摩·马丁·李普塞特（1996）和他与加里·沃尔菲·马克斯（2001）的著作在这些分析的基础上，强调了美国是一个传统意义上自由的社会，在盛行的资本主义价值观中夹杂着精英主义。紧接着葛兰西（1971）对"美国主义"的分析，这个说法关注的是美国价值观和一个强调了个人主义的宗教传统意识形态，以及反中央集权主义和反教条主义，产生的是自由主义者和工团主义者。美国主义——一个反中央集权主义，自由放任主义、个人主义、平民主义和平等主义的综合体——为社会主义提供了一个意识形态的基础

级革命后仍在欧洲持续了很长一段时间。1815年拿破仑恢复了正统贵族制度并贯穿整个十九世纪，法国在一次民主革命[①]后迎来了数量超乎想象的国王和君王。其中一项主要原因是文化。虽然各君主制度在政治权力的大小上截然不同，在整个欧洲，冉冉升起的众阶级迫使贵族们不能再将文化标志作为他们财富和地位的象征。美国人，正因缺乏这样的一个贵族文化，更有能力用财富作为个体的象征。

从继承荣誉、身份和头衔到继承财富的过渡或许微不足道，特别是考虑到头衔也是能买到的，但这指向一项针对社会生活的至关重要的反思。钱可以赚；头衔是被授予的。相异的核心是严格基于个体行为的流动性的承诺（而不是，比如说，国王的慷慨）。在旧制度下，社会生活质量接近固定不变，特权和贫穷都取决于出身。农民知道他一辈子都是农民。但在旧精英的统治下，仍有潜在向上流动的机会。机会本身，无论多渺小，改变了人与人之间的关系和对自身的理解。向上流动存在；毁灭的危险也存在。对精英来说，穷人和中产阶级的向上流动和由此带来的潜在破坏力相辅相成，改变了社会生活的构造。

离开基于身份的贵族制度经常被解读为对自由平等的迅速接纳。听上去很美好的一件事却是错得离谱。在美国历史的大部分时期，美国法律宣称世界大部分人口没有成为它公民的资格，而且大多数国内的成年人没有公民和完全参与政治的

---

① 确实，中世纪时法国过半以上的贵族都是世袭的。我们只需要记住在世纪之交，欧洲只有两个共和国：（共和体制愿谈不上稳定的）法国和瑞士。

资格。工业化的基本主义进程往往和民主政治的诞生联系在一起，但资本主义的发展不是没有对贵族政治的顾忌。在亚历克斯·德·托克维尔1831年途经美国旅行时，他就预料到民主政治与贵族政治间水火不容的关系。

　　当国家体制下的机会越来越平等，对制造产品的需求也变得广泛；能让普罗大众都买得起的低廉价格成为了成功的关键。富有的受过良好教育的人每天都将财富和知识贡献给整个产业；他们通过运作一些有严格分工的大型车间，来满足所有人的需求。于是，当这个国家的很大一部分人转向民主制度，某些控制工业生产的阶级变得更加贵族化。人们在一个语境下日益相似，而在另一个语境下渐行渐远；不平等在小范围内加剧，但对社会整体来说是降低了。于是，当我们追溯到源头上，民主政治的核心里出现贵族政治是自然而然的结果。①

　　托克维尔构想的这种工业贵族政治，许多人意识到已在镀金时代（由南北战争结束至第一次世界大战开始的这段时间）成真了。虽然美国人跟他们的欧洲同僚比起来没有被贵族政治诱惑得那么厉害，但基于财富的贵族体系看上去依然近在咫尺。直到最近，特定的出生特权仍是一成不变的；让公民放弃他们根深蒂固的种族主义和那种觉得男性在自然权力上应统治女性的

――――――――――
① 托克维尔 [1831]2003: 646-47。

想法，要花几个世纪的时间 ①。

镀金时代中发生的财富和精英的变革与我们最近的社会转型势均力敌。经济和社会生活都在重组。第二次主要的工业革命在东北发生，并创造了第一个真实的现代工业经济。没多久，美国的制造业生产就超过了英格兰、法国和德国的总和。大量财富在东北部的城市中聚集，并被用来成立或资助今天仍存在的那些国家最顶尖的文化和教育机构中的大多数。与此同时，当数以百万计的打工者涌向沿海，并加入到基础设施建设和为工厂制造产品的大军中时，这个进程削弱了作为美国社会主干力量兼土地拥有者的白人公共市民们的公民理想。这些劳工中的很多人被授予公民身份，成为一个重大国家项目的参与者。资本家们利用他们来积聚巨大的财富。通过反竞争和不公商业手段统治了各实业的敛财大亨们，通常直接剥削这些来自不同背景的工人，从他们这种没保障的处境中占便宜，在不同种族和民族集团的拉锯中赚尽好处，付给他们仅可用以苟于生计的工资。镀金时代有点像我们现在的时代：与前几个世纪的社会约束相比，对财富创造相对开放，但这种开放伴随着不平等的急剧递增，大多数时候还关系到种族和民族的维度。如同财富在纽约和费城的银行里堆积起来那样，美国的城市渐渐被贫穷和匮乏占领。

很明显，可能性和局限性难以两全。像种族和民族或是性别和宗教信仰这样的先天特征，抑制或妨碍了人们向上流动的

---

① 美国人遵循着多种政治传统，往往同时兼备自由主义和排外主义的政治。

机会。但"发横财"的机会似乎一直都在。这个时代对自我创造财富的机会，或是霍雷肖·阿尔杰[①]（Horatio Alger）式的白手起家的故事尤其开放；事实上，两个白手起家的人创造了最庞大的财富：约翰·D. 洛克菲勒[②]和安德鲁·卡耐基[③]。在廉价移民劳工（那些带着自己的梦想来到美国的人）的身后，一种不同的精英诞生了，替代了更陈旧、拥有更多土地的贵族们[④]。你不再需要拥有一大片物业以成为美国贵族的一部分。不过你仍必须是白人（或者足够白而不破坏社会和谐）也必须是男性。现在你要么制造、购买或出售一件产品，要么发展新的金融工具，才能参与到逐渐定义着美国的斑斓复杂的资本主义市场里。

---

① 霍雷肖·阿尔杰（Horatio Alger）：美国儿童小说作家，作品大都是讲述穷孩子如何通过勤奋和诚实获得财富和社会成功。——译注

② 约翰·D. 洛克菲勒（John D. Rockefeller）：美国资本家，20 世纪第一个亿万富翁。——译注

③ 安德鲁·卡耐基（Andrew Carnegie）：美国"钢铁大王"。——译注

④ 有一个例子，虽然纽约的范·伦斯勒家族的财富一开始是十七世纪荷兰共和国的商业王国（奇立安·范·伦斯勒是荷兰西印度公司的一位负责人）创造的，但它很快转移到了新的世界。范·伦斯勒家族的领地名为"范·伦斯勒斯维克"，占据惊人的多达 1200 平方英里的土地。这片土地让它的最后一位继承者——史蒂夫·范·伦斯勒——成为史上最富有的人（以今天的标准价值 8800 亿美元）。而且就像很多其他在纽约掌控了社会和经济命脉的荷兰移民家族（史岱文森家族、斯凯乐家族、德派斯特家族、范·温克尔家族、甘斯沃尔特家族、范·达姆家族、杰拉德家族、范沃特家族、戴金克家族和范·戴克家族）一样，财富与地产和诸如"领地之主"或"大庄园主"这样的旧时头衔紧密相联。是早期的荷兰移民们在十七世纪建立了这样的庄园主制度。伴随着镀金时代的工业化转型和相应的金融发展，这些靠土地得权的家族失去了他们对经济和社会的控制。

　　当这些镀金时代的精英们成为了一个显著的阶级，他们把自己与他们的工人们从社交上、文化上甚至空间上隔绝开来。于是，世界变得在经济上更开放的同时，其他形式的社会屏蔽也出现了。精英们滥用"我们"和"他们"的区别来保护自己不受他人向上流动的影响（有时候几年前他们还经历着差不多的挣扎）并产生自我认同感。财富太重要了，也是美国人乐于展示的：只要想一想哈德逊河上下游建的田庄，出现了像弗雷德里克·劳·奥姆斯塔德（Frederick Law Olmstead）这样的规划师，虽然是因为设计公共空间扬名立万的，却花费许多时间为富人的土地作设计，像蒂凡尼这样的公司，因美化了精英们的住宅和穿着，使他们与众不同而获得了成功。流动性让精英们对自身和自身的地位感到不安，所以当精英们在经济上开放后，却增强了精英文化和一股严格控制的社交网络的实力，这种文化和这些社会关系让精英之间变成了一个更加团结和封闭的社会群体。通过这种封闭来理解当时的不平等，精英们安营扎寨、挖河筑墙——从事实和象征意义上——都把自己与大众区分开来。

　　或许最明显的防御措施就是纽约精英们纷纷把家从曼哈顿下城的工厂、黑帮、工人和移民区，搬到现在的上东区这个安全地带。以中央公园的东侧为中心，他们要建造一块属于自己的地方——既在城里又可以避开五点区、下东区和格林威治村①组成的巴别塔。他们的新巢建得和仅距南面几英里之遥的其他

---

① 五点区、下东区和格林威治村：纽约曼哈顿南部地区名。——译注

阶级毫无瓜葛。对此还有一段难以消磨的记忆，在 1877 到 1881 年间，这些精英们居然在上东区为纽约第七民兵军团造了一个兵工厂。原来的兵工厂在下区，随着有钱人迁移到北边，堡垒也要跟着转移。66 街和 67 街与帕克和莱克星敦大道包围着的这块地方，占了整个城市街区，那个兵工厂"铜墙铁壁，以抵挡一切暴徒"。新的兵工厂有足够空间训练他们的军团，它也能在阶级战争爆发时为许多街区里的家庭提供庇护。除保护功能外，它也为他们提供了舒适安逸和生活品位；路益康佛·蒂凡尼（Louis Comfort Tiffany）和萨福德·怀特（Sanford White）设计和装饰了兵工厂的内部，建造了有游戏、会议和社交功能的房间。

除了通过搬家和防御工事来保护自己，精英们也利用文化机构来彰显不同。没错，在镀金时代成立的大都会美术馆跟第五大道的高楼大厦平行而建。19 世纪早期，"纯"艺术被各个阶级的人消费。印刷工们拷贝绘画作品，廉价卖到曼哈顿下区（虽然主要是淫秽内容）。但当精英们致力于在自己和其他人间制造差距时，他们把"纯艺术"阻隔在博物馆的砖墙内，还利用反淫秽的康斯托克法 ① 来禁止它被更广泛地消费。虽然表面上是"公共"机构，早期的博物馆跟公共一点不搭边。这些场馆将低层次的阶级排除在艺术的门外。剧院也经受改造，使得后排的暴徒们越来越难看到演出。劳伦斯·拉文（Lawrence Lavine）指出，通过《哈克贝利·费恩历险记》这本书我们可以得知，

---

① 康斯托克法：美国一项反淫秽法案。——译注

在 19 世纪的大部分时间里，我们今天认为是阳春白雪的文化品位在当时其实稀松平常。在马克·吐温的小说里，公爵和国王因为某次尝试表演莎士比亚的骗局被一个小镇赶出来。小镇居民能辨别不灵光的表演，就是因为他们对莎士比亚的作品滚瓜烂熟。作为今日代表高档品位的终极标志，莎士比亚在当时的阿肯色乡下人间只是常识。歌剧在贫穷的阶级中同样人气极旺，尤受新近移民们的青睐。歌剧公司会在国内巡回，到那些当时被认作是"一潭死水"的地区为懂得欣赏的群众们演出。但当剧院开始垄断戏剧，音乐厅开始垄断交响音乐会和歌剧（纽约开始给艺术从业者们足够多的钱让他们与富庶阶级难舍难分）后，文化差异开始成为阶级间差异的主要标志。

圣保罗中学就是在 19 世纪美国的这些动荡中诞生的。我们将看到，美国新老富人们关心的一大课题就是谁会成为精英，以及他们的精英身份会如何从一代传向另一代。寄宿制学校会成为精英们的原产地。这些学校为构建针对精英们的关系网络和共同经验提供帮助。跟那些制造了差距和地理隔绝的文化机构一样，寄宿制学校帮助精英们把他们的孩子放在一个远离这帮贫穷的少数族裔的危险家伙的地方。

寄宿制学校

圣保罗中学最初只有五个人；1856 年，三个门生、一个领导和他新婚七日的妻子坐马车来到新罕布什尔州康科德镇的一座独栋家庭住宅。小乔治·C. 夏塔克（George C. Shattuck Jr.），一个波士顿婆罗门和著名医师，捐出自己的乡间宅邸米尔维尔成立了这所学校。第一个也是唯一的领导，校长亨利·柯伊特（Henry Coit）当年仅有24岁。在他接受这份工作后，圣保罗刚萌芽的董事会告诉柯伊特，"你可以拥有这片地和这些楼，但我们保证不了一份工资。"这些门生和柯伊特被寄予自食其力的期望。现在对当年那段往事的描述版本是，到达后不久，三个门生中有两个开始学习，第三个被使唤着去钓鱼；不然晚饭拿什么下肚。他们远离城市的喧嚣腐败，在一个家庭式的乡村环境里度日。

　　一周六天，学校最初的这几个成员日出而作，一起祷告、做份内的家务事（打扫、种地、维护）、吃饭、学习、祷告、休息。他们在礼拜堂里度过周日。从这简单的源头里，诞生了一所将来会成为美国精英们最主要家园之一的学校；在柯伊特任期最后的日子里，他对美国教育系统造成的影响之大，堪比托马斯·阿诺德（Thomas Arnold）通过领导英格兰的拉格比中学[①]造成的影响。柯伊特在1895年逝世，直到生命中的最后时光，都牢牢掌握着学校的大权。在他40年任期的末尾，圣保罗中学有着35个教员和345位学生。

---

① 托马斯·阿诺德在1828至1841年间领导着著名的英格兰拉格比中学。在19世纪初期中学进入低谷时，他发起了一系列改革措施。阿诺德参与了维多利亚时期众多教育改革中核心的"强身派基督徒"运动。这项运动的基本纲领是，道德与肉体的健康密不可分，而理想的教育要塑造强壮的人。这个想法最早是卢梭在《爱弥儿》中提出的，而阿诺德想将此理念引入拉格比中学，进而改变学校和整个英国教育。

另外两所美国的著名寄宿制学校，菲利普·安多佛中学和埃克塞特中学，比圣保罗早成立了将近一个世纪。他们更像是英国的寄宿学校，用着一种给予他们的男孩子大量独立和自由的模式。在安多佛和埃克塞特，就像几百年前建立的传统英式学校一样，学生花钱住在校外一些愿意收留他们的家庭里。19世纪早期的英格兰寄宿学校不是什么你会把心肝宝贝送过去的地方——也绝对不是他们会受到教育的地方。正如詹姆斯·麦克拉克伦（James MacLachlan）在他对寄宿学校的描述中说的那样，"在19世纪早期，英格兰的教育触到了底线——大学死气沉沉，中学教育千姿百态没什么足以概括。"[1] 奥古斯特·赫克休（August Heckshcer）指出，这些学校"境遇凄惨，教学松懈，学生们无法无天"。诸如伊顿公学、哈罗公学和拉格比这样的名校，班级大小在一到两百个学生之间。学生不住在校园里（除了几个家境贫困的）而是被分到奢华的私人宅邸中，完全独立于校方，通常过得比较野："一个男孩子有可能在某所这样的学校里获得不错的古典式教育，但这肯定是出自他自强的进取心。"[2]

圣保罗成立后不多久，美国学界向圣保罗的愿景渐渐靠拢，转型为限制学生独立性、鼓励社区建设的地方。50年代以前，

① 麦克拉克伦的研究发现，美国寄宿制学校的雏形是瑞士和德国的学校，而不是英格兰的学校。
② 关于这些学校的记述中往往有惊悚的性虐待、体罚和一种折磨精神的艰难生活的桥段出现。

学校允许年幼的男孩子们以自己的方法去发展成长①。圣保罗没有这样做。它展现了一个基于维多利亚时代理想的新时代学校的特点，是那些已经完善的英美学校没有意识到的。圣保罗的目的不是炮制为国家和为富人们服务的人，而是制造一群"绅士"。把圣保罗当作一个为未来大学生活，经济活动等等作铺垫的预备学校，根本是误导。它的校训"让我们在人间学习，而知识会在天堂继续"②，体现了它超凡脱俗、不求功名的办学方针。最开始的 70 个毕业生里，只有 5 人上了大学："它的理想是讲求人性的博雅教育③，加之宗教教育、体育运动和丰富多彩的社区生活，引领学校走在属于自己的轨迹中。"这通过"温和的家庭式基督教养育"下的天真无邪来实现。学生们被高度管制，

---

① 乔治·班柯罗夫特（George Bancroft）创建了麻省北安普敦市的圆顶山中学。作为一所基于瑞士教育家约翰·裴斯泰洛齐（Johann Pestalozzi）的教育理想的实验性初中，圆顶山中学把学生想象为是拥有内在道德和精神素质的人，所以鼓励他们为了智识上的成长承担许多个人义务（以及自由）。这所学校教育的是精英儿童——收费几乎是当时哈佛的三倍。但它马上失败了，11 年就倒闭了。这所学校在美国先验论主义者中人气很高，而它的一些理念也对之后的学校影响颇深，包括圣保罗中学。作为从圆顶山中学毕业的校友，圣保罗的创办人乔治·夏塔克（George Shattuck）也笃信儿童的纯真和他们能通过与自然之间的联系成长这一点。夏塔克所构想的空间里有"绿色的原野和大树、溪流和池塘……鲜花和矿石"。他也在圣保罗的校园里基本实现了这个梦想，将宗教教育与浪漫主义相结合，非常接近亨利·科伊特（Henry Coit）的构思，也是圣保罗得以如此成功的秘诀。
② 拉丁原文：Ea discamus in terries quorum scientia perseveret in coelis。——译注
③ 博雅教育（liberal arts）：也常被译为"素质教育"，旨在培养具有广博知识、高雅气质和领袖才能的人，鼓励跨学科学习和批判性思考。——译注

放在没有腐化或恶性影响①的封闭、家庭式环境中，并在这个亲密的设置中被灌输基督教价值观。

伴随着漫长的 19 世纪，年轻人被认为是越来越久地依赖于教育他们的家庭和院校。维多利亚时代的人也是靠这样的手段，延伸了男孩们看起来天真无邪的童年的长度。依赖和纯真手拉手；分开来的话任何一方都会迅速垮台。到 60 年代为止，圣保罗的学生与哈佛在 20 年代的大多数学生年龄差不多，课程也跟哈佛一样②。延迟的成人期为优势儿童们提供了三段发展期：第一段在家里和家人们一起，第二段在像圣保罗这样通过隔离来保护他们天真无邪的学校里，最后么是在一所大学里，要么成为学徒，学生在这个时期不是那么封闭了，学会自己照顾自己。人们希望前两段发展阶段会在他们渐渐进入第三个阶段时保护着他们这些年轻人。这个结构也把中上层阶级的孩子和工薪阶层与穷人的孩子们区别开。富人在延长的童年里受到"更好的"道德发展；这个发展提供了差异的标志——一种绅士的道德观。

大家不能低估这种发展中的家长主义思想。如果男孩们被放任在自己的世界里，他们不会成长为品行端正的人。他们需要远离腐败和被严格监视。在他对家庭之社会历史的史诗性研究中，菲利普·阿里叶（Phillippe Aries）指出，男孩们当时给人的印象，就是要对他们的道德操守有诸多管制。父母们

---

① 指的是来自于城里穷人、移民和犹太人的影响。
② 到 1860 年为止，哈佛转变成了今天我们看到的这所大学。毕业生大约都是 20 到 21 岁，但在 1820 年时只有 16 岁。

经常雇用指导员去监管、保护和帮助他们的男孩们在生活中避免道德上的脱轨 ①。引用一个法国贵族 H. 德·梅斯梅思（H. de Mesmes）传记中的一句话，"我的父亲为我雇了一位指导员 J. 阿鲁丹，多拉的门徒之一，一个身家清白、年龄合适、博学多识的人。他被雇来指导年轻的我，直到我能自己管住自己为止。"这种对男孩子的家长式的道德保护，在 16 世纪的法国，在维多利亚时代变得更为严厉。圣保罗成立时，简单的监视是不够的（对梅斯梅思这样的人来说）；隔离是相当必要的。到 19 世纪晚期为止，美国的指导员转化到了寄宿制学校里。

圣保罗的课程和它 150 年前的先驱者们设置的课程相比没有什么不同。学校成立伊始有三门课：拉丁语、希腊语和数学。20 年后增加了英语、法语和历史课。每天都有团体宗教活动。学校运作的第一个百年里，每天都有教堂礼拜仪式、周日的三次祷告和一次周四傍晚院长主持的布道。这些对当时的学校来说都不是新鲜事。对圣保罗来说很重要、被后来的寄宿学校仿效的和直至今日仍占据核心的一点，是在这类学校里的生活性质。一小批学生与柯伊特同进同出、和他们夫妇住在同一屋檐下的画面很有启发性。有别于他们的英国同行或是美国学界先驱的是，圣保罗的学生跟领导们住在一个可以被称为家或社区的环境里。

学生渐渐增加，学校坚持新的领导都住在一起（如果有家人就跟家人一起）来维持学校基本理念上的社区化环境。柯伊

---

① 相比而言，女生在婚前婚后都被隔离在家里。这种隔离是一种保护。

特和后来的校长及董事们都竭力由内而外地维持这个社区。随着时间推移，他们买下了学校周围的所有土地，把原来实打实的 50 英亩扩展到有 2000 英亩规模的现代化物业。所有教员和他们的家眷都被安排住在校园里——许多住在与宿舍相连的家里。他们代替父母发挥功能，常被看作为学生和学校贡献了自己的生命。校徽上有一个图案是一只鹈鹕从自己的胸部啄下肉来哺喂幼鸟，这反映了学生可以对他们高质量的教师所抱有的期望：终极牺牲。今日仍如往昔，学生和教员们不仅住在一起；他们共同度过每天的绝大部分时间。自创始以来，学校的群聚就异常频繁。早年里整所学校一个星期最多要聚三十次：在贵宾桌一起吃每顿饭，每天早上在教堂里和每个星期天的几次集会，还有一周六次在运动场集合。宿舍设计得没什么隐私可言。学生房间的门上到今时今日还是没有锁，还鼓励教员们无论日夜都能随便进出。住宿不是通过把相同年龄的孩子们放在一起这样的方法来安排的。在学校的构想里，学生像兄弟姐们般共同生活，大的照顾小的。

学校仍然沿袭了欧洲系统的一些特征。学校在历史上大部分时候都不是一所高中，而是针对七到十二年级学生的教育机构。仿效英国的学校，学生入校时是第一级，毕业时是第六级。分"级"系统经久不衰。入校的不叫新生而是第三级。高年级毕业班是第六级①。这样一来，在圣保罗的学生和他们公立学校

① 根据分级系统，第三级相当于高中预备班（新生），第四级相当于高一，第五级相当于高二，第六级相当于高三。本书中所有的分级系统已转换为中国读者熟知的名称，以便阅读。——译注

的同龄人间就形成了一个象征性的区别。

假设寄宿制学校保护精英的孩子不受到"邪恶的"影响，就消灭了那耳熟能详的关于种族主义和阶级保护主义的故事。因而美国建国早期，安多佛和艾克赛特两所学校领衔的模式运转顺利——直到十九世纪中晚期，精英们遭遇了一次危机。这次危机来自城市贫困和移民造成的双重威胁，加之旧精英对定义了镀金时代新的经济形势的移民中的幸运儿们创造的财富越来越招架不住。精英的孩子们在城市里的处境不再安全，各个家族寻求经济统治和社交网络以外的方式以稳固自己的地位。他们需要一个避难所，而寄宿制学校正中下怀。

在整个东北岸，当欧洲新移民们涌入纽约、波士顿和费城这些城市，伴随工业化的爆炸性发展和阶级矛盾的日益升级，精英们开始建立能使他们的家人免受一个现代化国家威胁的院校。就像文化机构——博物馆、交响乐、剧院——在精英和其他人之间筑起了象征性的界限，而纽约公园大道的军械库也挡住了不受欢迎分子，其他机构，比如寄宿制学校，则把孩子与贫穷移民们的威胁隔绝开来——既保护了他们的社会地位，又保全了他们的天真单纯。

尼古拉·贝赛（Nicola Beisel）提出，家族关系对精英们来说很重要。事实上，保持有质量的家庭关系有时能比资本带来更大的利益。

　　　资本家的目的不是积攒越多资本越好，而是建立一个为特权阶级所拥护的家族。要混到上层社会一定要有钱，但仅仅富有给不了你的家族一张入场券；此外，一个家族不是通过累积更多财富来保持它的地位，而是通过参与能进一步稳固他们在交际圈里的关系的一些社交活动。

寄宿制学校为家族间互相建立和稳固联系提供帮助，也确保了他们的孩子能整装待发地参与到与其他精英的交际活动中。这些保护主义的学校，它们的目标不仅是提供成功必备的知识，也提供包含了文化、道德、社会关系这些对美国精英们来说至关重要的东西。单纯的资本积累不是这类旧美国精英的唯一兴趣，也是对旧的贵族式精英想通过创设障碍以防止其他人加入他们的行列的一种认可。

寄宿制学校看起来一点都不像是个能用来观察新精英的崛起和我们社会开放的地方。但我们不能忘记对位高则任重的重视——我们的精英们秉持这种信仰，无论是今天还是一百年前，通过他们的优势地位，担负一定的责任和义务为那些不够幸运的人做一些益事。许多人坚信，精英学校是我国道德权威的载体——尤其是从那些学校毕业的人。当国家改变时，在像圣保罗这类地方的精英们不会想着去跟从；他们是领导者。学者们指出，这些学校建立伊始时占据核心的隔离主义和保护主义今天仍在运转。一套标准的理论是，教育机构的作用是为学生面对他们未来社会上和文化上的地位做准备。学生们的个人特征被卸下，而被塑造成"阶级的士兵"。在这个公式下运行的寄宿制学校是一个"全方面院校"，限制成员的生活以塑造一种特别的性格。

自从精英学校出现，它们就承担了将个人主义融聚为坚固的精英集体主义的责任。通过将学生与他们的家园隔开并干涉他们的发展，他们的身上承担着成为阶级士兵的期冀。综合性机构是一个令个体受到压力的道德环境，要放弃一部分的自我去迎合集体的利益……对学生吃在一起、睡在一起和学在一起的要求，是在建立和强调集体意识。

我坚信，这样的描述在一个半世纪前，也就是圣保罗刚开始的几年里，是确切的。但这种标准观点没有考虑到精英寄宿制学校经历的惊人转变和自我变革，给了我们一个对这些地方——还有精英本身——在当下是如何运作的错误印象。例如在五十多年前，圣保罗将自己当作是一个全世界的模范和代表。就像马修·沃伦（Matthew Warren）校长在 1960 年写给校友的信里说的那样，"我们以微观世界的方式与世界接轨。有二十个国家在这里被这样或那样地代表了。美国社会的方方面面都在这里。将近四分之一的学生有正式的奖学金。"这种把学校当作是微观世界的看法，跟任何直接的阶级再制或精英集体主义的观点都背道而驰。在 50 年代民权运动期间社会抗争的分水岭出现以前，圣保罗就聘用了校史上第一位黑人老师，约翰·T.沃克尔（John. T. Walker）。学校的定位不止是要复刻世界，而是要去改变它。这个变革性的过程很缓慢而且问题不断。但是学校的理想是成为现实世界的一个微观缩影——而不是阶级复制的促进者——这标志着基于阶级的旧精英模式的转变。在旧模式下，先天差异把许多人排除在学校以外，高端文化、道德标准和社会关系将这个社会群体与世界上的大部分人隔离开。更严重的是，我在圣保罗目睹了对人力资本越来越多的重视，包括对学生和教员个体价值的不同认可，与标准的阶级抱团倾向背道而驰。

这种对一个人的自我特征和能力的愈发重视，很大一部分是因为占领了精英学校的那些最有钱的美国人积聚财富的方式在变。在 1929 年最富有的 0.01% 美国人的大部分收入来自于资本：70% 所得来自对诸如工厂的物产的所有权，只有 10% 来自工作。到 1998 年这个趋势产生了根本的改变。如今对最富有的美国人来说，仅 17% 的收入是来自资本，超过一半的收入，即 52% 是来自工作[①]。在今天非常重要的是，富人们用付出的劳动阐释他们的地位，而不是靠拥有的资产或是继承的头衔。"我们"和"他们"的区别——拥有工厂比在工厂里工作——不同于往日了。取而代之的是，精英把自己看作跟别人一样：日出而作。经济结构和经济补偿的变化改变了对富人的文化理解，用阶级集体主义解释精英是谁或为什么他们与众不同，不再具有说服力。

我们需要一种新的领悟来理解新精英，而这会帮助我们去叩问，是什么样的新式不平等在扼制美国的进步？我们需要搞明白，英才教育的崛起创造了一批以开放而非保护主义为标志的新精英。

---

① 可以理解为是经济的金融化（即一国或地区国民经济中金融资产总值占国民产出总量的比重处于较高状态并不断提高的过程及趋势——译注）。

新的精英、旧的不平等和英才教育的崛起

镀金时代快要结束的时候，可能性的光辉对很多人来说都暗淡了，工厂和船厂里的苦力活使美国梦不再闪耀。在资本主义的巨大引擎下，个人进步几乎无容身之地，需要的只是无穷无尽的劳力和无名无姓、新旧更迭的齿轮。精英们作为引擎背后的推动者，加强了控制，并在他们的堡垒周围筑起了高高的围墙。社交名人录的第一期，即一份包含了美国两千个精英家族的世系、地址和婚姻状况的选辑，在1887年面世。人数稀少和抱团现象证实了精英群体的排外性——只在自己人中间建立一个网络以稳固地位。三十年以后，路易斯·布兰戴斯（Louis Brandeis）将美国经济力量的中流砥柱归档整理。通过研究主要公司的董事会，布兰戴斯发现一群圈内的经理人"掌握国家的商业动脉和'分赃'"的能力越来越大。

未来的几个世纪，我们对精英的理解会被一小撮紧密相连的人所左右。精英被认为是一群拥有经济实力、封闭人脉和共享文化组成的特殊阶级。虽然早些年还是金融家们的勾结共谋，五十年代时，C.赖特·米尔斯（C. Wright Mills）建议大家摒弃那种认为统治阶级是狼狈为奸的想法，而是去意识到，资本主义背景下，社会经济实力集中化的结构趋势。米尔斯觉得这些人还是拥有某种阶级凝聚力："每个领域——军阀、公司头头、政治首脑——领头羊倾向于凑在一起，组成美国的精英力量。"不过米尔斯反对我们把精英看成十恶不赦的大反派，而是

建议大家关注这样一群人是怎样在资本主义的经济布局中诞生的。学者们的目光越来越凝聚于精英（通常是他们的家族）身上，这群人的聚合也从会议室延伸到了卧室。迪格比·波茨尔（E. Digby Baltzell）探讨了他认为是由"共同利益绑定"在一起的"美国商业贵族"的社会与家庭生活。波茨尔指出，美国上流社会的人通过联姻来维护自己的文化和竖立门槛。

学者们从五花八门的观察中——从谁在什么董事会上，到资本主义结构上的体现，到谁跟谁结亲家——得出了这样的结论，就是不平等是封闭和排斥的产物。最新鲜显著的论调来自威廉·多姆霍夫（William Domhoff），他表示"有充分的证据证明，我国的上层阶级间存在社会凝聚力"，我们对精英甚至是不公平现象的主要看法是有失偏颇的——至少跟不上如今面对的挑战。新精英们对之前被排除在外的群体，表现了开放包容、慷慨大度。

为了理解这些，我选择精英文化为切入点。美国精英的文化重组——从隔绝封闭到包罗万象，为我们如何理解我不停回顾的谜题提供了最好的佐证。法国社会学家皮埃尔·布迪厄（Pierre Bourdieu）用资本做类比，认为文化和社交就像口袋里的钱，促进或限制了一个人的社会进步①。布迪厄的论述将旧精英的故事阐述得更清晰，尤其是独特的精英文化和社会网络创造了优势，使得经济活动中积蓄的财富得以得到补充和保护。但他们也令我们意识到，当世界改变时，文化继续成为精英们

---

① 钱可以有多有少，但在不同情境中不同货币的价值是不同的。

制造差异的工具。今天使精英们与众不同的不再是他们的排他性，而是对一个更开放的世界的包容兼并。社交名人录已死。切斯·阿博特和他的那些贵族味浓郁的同学是孤独的。在这样一个开放社会中，我遇到的一些对道德律令的坚定守护者是圣保罗的教员、招生办和管理人员。学校努力将自己定位成一个包含种族、民族和经济多样性的社区。学校的宗旨是为余下的世界提供典范，而不是成为一幢歧视性的堡垒。

这样的期望并不意味着这些学校就不排外了。粗略浏览一下圣保罗，毫无疑问这所学校是特权在握的年轻人们度过青春年华的地方；三分之二的学生家庭能为孩子上高中支付每年40,000美元以上的费用。圣保罗毕业的学生最有希望去的学校是哈佛，接着是布朗大学、宾夕法尼亚大学、达特茅斯、耶鲁、康奈尔、普林斯顿和斯坦福。这些院校对圣保罗学生的录取率是全国平均值的三倍以上。近年来，圣保罗30%的毕业生都去了常春藤盟校，大约80%的学生在美国前三十的大学和文理学院深造。学校每年超过80,000美元的学生平均支出几乎是大多数高中的十倍。圣保罗收到的捐款也在美国所有院校中排第一（大约每个学生一百万美元）。超过一个世纪的时间里，这所学校都受到了来自全国各地的关注。近年来学校的内务相继登上了《华尔街日报》和《纽约时报》的头版，甚至是像《VOGUE》这样的全国性杂志。但是这些学校的排外性只是一种新的归属的一部分。切斯·阿博特的贵族身份已到了苟延残喘的境地。精英学校依然排外，但今日他们把自己定位成基于天分甄选人才——录取人上人。这些人上人散布在社会各个角落里，所以精英们为了找到和收纳他们，要费一番周折。

新的包容性框架不只是什么精英们发明出来为自己地位证言的梦呓。这个框架得到了美国一些最有声望的学者的支持。诺贝尔经济学奖获得者盖里·贝克（Gary Becker）表达了一个成为大众和学者共识的观点："低收入和高收入不是严格地遵从子承父业的方式传递的。"20世纪末的社会评论家们普遍预示着美国进步的希望。精英们没有被排斥，普遍的看法是，他们的地位是通过"正确的途径"获取的。大卫·布鲁克斯（David Brooks）认为，"所有的社会都有精英，而我国受过教育的精英要比基于血统或财富或军队荣誉的旧精英中的一些人开明得多。"我们的国家可能还不公平，但这是一个你可以被公平对待的地方。努力工作、发展技能，你能变成人中龙凤。结果不是取决于你的世系而是取决于你做了什么。这是一个关于潜力和责任的故事。这是美国的故事，甚至是美国梦。种瓜得瓜，种豆得豆。可能很多人还在底层，但如果他们拥有技能又努力工作，就能混到上流。有些人甚至认为这是一种基本的公平。

大多数美国人想要去相信这样的一个美国式故事。我们想要相信，无论在新闻和报纸里目睹了多少不公现象和骇人事情，我们的世界从根本上公平了。拥有这样的希望，实际上很有可能是精英和大众的共同点之一。然而，这份共同愿望很快会变成痴人说梦。只消看看我们日以蒸发的中产阶级，就可以发现这是妄想。第二次世界大战以后，很多人再也不去担心精英们了。取而代之的是，我们对贫穷和新兴的阶级更感兴趣。开放性创造了一个更公平的世界，普通老百姓的世界。一个拥有政治权力和道德权威的人，他的家庭和工作组成社会的核心。精英们占的比重越来越小。而在民权运动之后，许多人同意，所有美国人在成功路上机会平等，无论是黑人或白人，亚裔还是拉丁裔。民权运动在经济上产生了什么影响？如果女权革命成功了，我们的家庭会产生什么样的变化？这对我们的中产阶级有什么长远的影响？随着社会的开放，我们可以期待一个什么样的新世界？这些都是大家满怀希望所提出的问题——而不是看起来古怪、快绝种的贵族式精英们问出来的。

然而，看上去好像贝克期盼一个人人机会平等的世界的机会越来越渺茫——"有其父，必有其子"的情况可能比我们想象的还要严重。我选择相信这是一种"阶级"效果——父母的出身对孩子的未来是很好的指标①。有许多证据显示，一个人的机遇很大程度上取决于父母的财富——后代多半会继承优势或贫穷，而且更重要的是，战后的乐观主义不是美国漫长艰难的进步之路的高潮，也不是中产阶级将美国占为己有。当富人的财富堆积得越来越高，无情的不平等现象或许真的在美国历史上画下了令人好奇与不解的一笔。

世界更开放了，但仍然不平等。阶级严重影响着未来的收入，而精英院校们却强调，他们对弱势群体的接纳度之高史无前例。为什么看上去不合拍的事情会一起发生呢？我们提供不

---

① 如果你对数据感兴趣的话，我们观察到的隔代之间的弹性指数大约有 0.62 那么高。这个数字表示的是父母和孩子的收入两者关系的一个比值。0.62 表示，父母这一辈 10% 的收入差距会造成孩子这一辈 6.2% 的收入差距。所以这个数值越接近 0，"机会公平"就越可能实现；反之如果越接近 1，社会板结的可能性就越大。

了令人满意的回答。新精英的行为与他们之前的大多数精英大相径庭。敛财大亨们通过垄断和对少数族裔新近移民的直接剥削（和分裂）争名夺利。他们不单纯靠产业中的经济活动来达到目的，也通过社交行为阻止大多数人获得精英地位的权利。今天我们有许多反例，对在历史上封闭的位置的相对开放——例如女性 CEO 和一个黑人总统。在 50 年代开始的少数族裔权利革命，直到今天仍在力求消除因归属某个群体而产生的歧视。公立和私立的院校可以区分合格的和不合格的资格，但他们无法系统化地排斥某一社会群体。这意味着，这些院校对上一代还没有入校权利的人敞开了大门。这个世界上几乎每一所精英院校都看上去不一样，这些不同点对理解我们的新精英来说有重大意义。

现在让我们离开历史，进入其中一所精英院校。我会带你进入圣保罗中学的大门，讲给你听关于学生、教员和工作人员的故事。通过这样的描述，我希望对精英的理念是如何从排外到包容提供一个初步的答案。我们会一而再、再而三地目睹英才教育的重要性，即学生通过努力和天赋解释自己获得的成就而不受资格所困这样一个体系。通过剖析在圣保罗的一年，我们会开始明白，精英们是如何仍然为他们的后代复制自己的地位，不排外也不保内，而是通过一个强调个人天赋和努力的语境。我会展示模式化的不公平是如何在一个英才教育模式下被维护和掩盖的。为特权阶级所利用的这些手段能帮助我们看清，世界是如何一方面更开放，另一方面却更不平等的。

第二章

————————

寻一席之地

在一个联邦里，没有一个人能在与同伴相比时拥有世袭的特权；没人能把自己与在联邦中的地位相挂钩的特权传给后代，或是表现得好像生来就应是统治者，极力阻止其他人通过自己的能力在等级制度里爬到更高的位置。他可以传其他任何东西给后代，只要是物质的而不是从属于人的，因为这可能作为财产被获取或抛弃，在几代人后于联邦体制内创造巨大的财富上的不平等……而如果下属有能力的同时具备天赋、勤奋、运气的话，他不能阻止他们上升到跟他一样的高度。

——伊曼努尔·康德

国王统治不是傲慢的表现，这是他存在的意义。

——小威廉·F.巴克利

每个星期有两天，圣保罗的学生们要身着正装与一位老师共进晚餐。我发现，这些聚餐令人陶醉的同时也让人特别尴尬，有时候还无聊得要命。但自从这些少年成为我好奇的对象后，我总对周二和周四的傍晚有所期待。学生们期待的却是这顿饭的结束。笨重的木椅刮擦地板发出不和谐的噪音，一窝蜂的学生从食堂涌入厄普尔楼的公共休息室去喝咖啡。

对老师们来说，这些挤进狭小空间的学生对他们的潜逃造成了挑战。要离开食堂，就必须挤过已经被学生占领的公共休息室。对学生来说，此刻是一天里的社交高潮。学生在压成难以识别的一团后，蠕动着去找自己的男朋友、女朋友、同学、舍友和好友。站在外面看，那里除了混乱和吵闹什么都没有，但其实里面有一种诡异的秩序存在。

看着这些穿西装打领带的男生和穿着晚礼服的女生就像在窥视美国精英们未来的鸡尾酒派对。学生修习着上层阶级文化中的重要一项：如何在穿得不随便的情况下举止随便。他们在人群中穿梭自如，整间屋子被塞得水泄不通，要么就是新学生不自在地站在角落里。很明显，他们知道自己在房间里的位置；他们也知道自己属于哪里、不属于哪里。

藏在学生背后偏僻角落里的是一个相对的避难所：一张在你坐下后包住你的栗色皮沙发。沙发正对着人群。坐在那里不是为了观察别人；而是为了，被看见。这块地方是严格为高年级学生预留的。说这张沙发神圣不可侵犯可能有点太过分了，但仪式化的尊重彰显了这张沙发在学生群体中的灵魂地位。当厄普尔楼公共休息室里的其他地方都被喝餐后咖啡的人占满时，这张沙发孤零零地在角落里，为那些统领它的人提供空间。一排学生守在沙发的侧翼，像四边形的两条边，为避难所提供了保护的屏障。这条屏障由正在跟他们高年级朋友们说话的低年级学生组成。一切井然有序，因为没有一个低年级可以站到放沙发的那块地毯上。脚趾仅轻轻触碰"高三地毯"的边缘，低年级学生向将要毕业的那一届提供了尊重和保护。

学年过半时，我跟英格·汉森（Inger Hansen）一起享用周日的早午餐。她是另一位年轻教师，也是我的校友和我老同学的姐姐。我们聊到学校经历过的一些风波，尤其是我将在第四章里详述的发生在女生宿舍的一桩非常戏剧性的新生整蛊事件。我俩都觉得学生群体里神圣不可侵犯的等级制度是问题的一部分，所以我们离开食堂的时候决定做一件心血来潮的事：坐到高三沙发上。对我俩中的任何一个人来说，都是自高三以来的头一次。单是坐一下就构成一次蓄意的冒犯和侵略——对事物秩序的小小挑战。

是有点诡异。学生走过沙发时，都注意到我们了；有的很惊讶，有的甚至流露出些许不适。我们开始邀请学生过来聊聊天。没一个是高三的。每一个人恭恭敬敬地过来，尊重着地毯划分的屏障。然后我们邀请了一个叫雷恩的学生也坐到沙发上来。当他第一次踏上高三地毯时，是小心翼翼的，好像不想让这块地毯负担自己的重量似的。雷恩尝试蹑手蹑脚地坐我们旁边，但是沙发太软了；他控制不住靠下来。当英格和我都在豪华舒适中兴高采烈时，雷恩在他沉没的姿势下看上去惊慌失措。一个高三的学生加入进来，谈话渐渐转向大学，雷恩就抓住机会悄悄溜走了。在他道别的嘀咕声和快速走出房间的脚步声中，我意识到刚才叫他做的事情有点过分。

高三的那位对雷恩越轨一事闭口不言，也没对这个低年级的存在表现出任何的不快。更烦人的似乎是我们俩。他问我们在那里干什么。言语里没有拷问的意思，但明显我们都知道像这样坐在沙发上是有点问题的。这张沙发不是我们的地盘。我们或许既是校友又是老师，但这张沙发不属于我们。

当我们渐渐开始了解在圣保罗的生活——一个不属于美国大多数人的地方——一定要从寻找一席之地的重要性开始。许多圣保罗的学生在作为新生入学前就早早知道了自己的价值。他们通过他们家人的财富、特权、关系，或三者结合而获得的地位——自打记事以来就是无法更改的现实。在这所学校里在"知道自己的地位"和"找到特权中的一席之地"之间有一个冲突，这可能是这些学生来到世上的头一遭。

在圣保罗找到自己的一席之地意味着研习无止境的等级关系（从与谁在一个鸡尾酒会交谈到你可以坐在哪张沙发上），这些无穷无尽的古怪规则是这所精英院校不可分割的一部分。但在这里，在这些新精英间，有个窍门：阶级可以当作阶梯来利用。你必须认可事物的秩序，就像你的父亲和祖父那样，但是你也可以努力奋斗向上爬，一级级往上走。这些等级制度不是在实施限制和压迫——因为它们在美国历史上的大部分时间都存在，反而它们是使得晋级和成功得以实现的关键。对精英的传承至关重要的是，每一代人都要学会在这些等级关系中周旋。这种周旋是一种互动的和身体上的技能——皮埃尔·布迪厄称之为习性。我们将看到，发展这些周旋技能是圣保罗虽然很少受到承认，但最重要的责任之一。

占座

圣保罗是一所基督教主教派①的学校。校园生活的很大一部分都围绕着礼拜堂来进行：每星期有四天全校是在礼拜堂里展开新的一天，而且许多学校的正式仪式——从公布校友的去世（和敲钟）到庆祝宗教节日的盛典，甚至是每个学期的晚课——都在这里举行。

礼拜堂更像是一个大教堂，而且你在学校的任意点都看得见它的塔楼。这个建筑牢牢地，也是有意地——占据学校中心，就算整所学校的人都不在礼拜堂里，他们也一定要路过它壮观雄伟的大门前。礼拜堂内部，所有靠背长凳都由精心雕刻的木头制成，建筑的边缘衬有原木墙板。悬吊在气势宏伟的天花板上的是熟铁做的灯饰，看上去好像托着蜡烛而不是灯泡。整个空间被柔和点亮，营造一种脱俗的美。学生们在此度过无数个小时，日复一日这里也显得不那么威严了。在校园最后的一年里，许多学生会穿着睡衣来这里参加早课。随着一个学生在学校呆的时间越来越久，对他来说礼拜堂会从一个望而生畏的地方变成起居室般的存在：令人怡然自得的日常活动场地。学生们也是在这里切实地了解在学校里"他们的席位"，领会学校组织的原则。

如我先前所描述，所有的学生和老师都在礼拜堂里有指定

---

① 基督教主教派：基督教的一个分支。——译注

的座位。拥有一个座位本身就是一个重要的象征性标记：不是所有社区成员都享有这个权利。例如员工，从学校的许多厨子到清洁工到行政人员，都没有被安排座位。另一方面，学生从开学第一天就被灌输了这样的想法，那就是学校里有属于他们的位置，而且是特意留给他们的。自基督教最初的道成肉身[①]开始，拥有一个座位标志着一个社区成员的重要性；诸如此类的座位安排是一种权力和教学地位的表现。耶稣基督在山顶布道时，也是坐着的[②]。

当他们坐在礼拜堂里的时候，学生和老师面对面。当学生从低年级升到高年级，他们发现自己的座位也"升"到离老师们更近的位置。他们越来越往前坐，于是也离成年越来越近，然后居高临下地看底下年轻的小屁孩们和他们以前坐过的位子。这里是全校人作为一个整体见面最频繁的地方，是校园最中心的地段。作为校园里蕴含最大象征性意义的地方，被明确安排得等级森严不是一个巧合。

老师们自己也不在一个平等的面上；他们的座位也是依照资历安排的，资历最深的老师坐在礼拜堂的前排，毗邻校长和各位系主任。在一段面向新老师的迎新校园导游中，比尔·福克纳（Bill Faulkner）在礼拜堂里花了很多时间。作为校园里最

---

① 道成肉身：基督教信仰的基本教义之一。该教义认为，三位一体中的圣子在降世之前与圣父同体，称为"道"，后来这个"道"以肉身的形式降世成人，便是耶稣。所以耶稣就是道成肉身，既是完全的神，又是完全的人。——译注
②《马太福音》5：1："耶稣看见许多的人，就上了山，既已坐下，门徒到他跟前来，他就开口教训他们。"

资深的老师，比尔指着老师们在礼拜堂里座位的最后一排，颇具深情地告诉我们，那就是他的座席。"那个地方我们称之为'棺材角'，因为坐在这里的是我们这群快要见坟墓的老家伙。"

一个学年始于我在前言中描述的预示性仪式，学校里称作"占座"。一旦入座，学生和老师整个学年都占据着他们的位置。占座的仪式以及整年占据它这两件事都强调了建立、尊重、维持一套特定社会关系的重要性——确切地说，这为圣保罗学生提供了非常有利的关系。圣保罗通过每天在礼拜堂的入座和无数次其他或正式或非正式的活动来教导学生，这个世界是一个等级森严的地方，而且不同的人在这个制度里被排放在不同的位置。学生们往上升，制度本身不会改变；礼拜堂里的座位是死的。事物的秩序被实际塑造在一幢貌似不朽的建筑物中；一片几乎称得上古老的内部空间为礼拜堂提供了持久的外观。学生在这套秩序中上下移动，让自己适应它的规定和程序。

礼拜堂不是唯一一块我们观察到等级神圣不可侵犯的地方——学生、老师、员工以同样的方式经历着无数或正式或非正式的等级制安排。虽然在晚餐后的咖啡社交环节没有任何仪式，但穷年累月学生都不自觉地参与到重申他们地位的象征性行为中。每年六月，高三学生都赶在所有其他学生（他们要留下来参加期末考试）离校前毕业和离开。在高三离开的那个傍晚，和之后的几天里，准高三们肆无忌惮地占领高三沙发和高三地毯。虽然在学年的大多数时间里那张沙发都是空的，但在本届高三离开的前几天里，高二学生似乎要来一次逆袭，使得这个专门留给高三的地方总是有一个人坐着。这些行为在试图提醒大家，他们是校园里新的高三，由此应享受特有的权利和空间。

第一眼看去，"占座"的过程可能并不特别明显。事实上，它有点类似一个贵族仪式，类似的场景披着伪装在各种教堂、地产、政府办公室的千年盛典中不断被重演。礼拜堂里的安排，或是在学生的餐后鸡尾酒时间中达成一致意见的社交安排，都能被解读成是对固定等级关系的一段谆谆教诲，跟我们期待以前的精英或是跨越大西洋而来的精英们具有的那种来往无甚区别。高二学生占领了高三沙发，可能只是单纯在继承他们应得的位置。"占座"可以被解读成尊贵标志的授予过程。

实际上并非如此。当学生顺级而上，他们达成了一些在一个贵族体制下几乎是不可能的的事情。在贵族体制下，人们不是"向上爬"——关键是此处的人际关系是固定的。拿礼拜堂来说，学生永远不会"上移"。他们以及随后的世世代代，都只是保留了坐席。在贵族体制下，什么人就坐什么位子，坐席是固定的。对新精英来说，等级制度下的席位是固定的，万物有序，而学生学会如何在自己的位置上努力来得到晋升。圣保罗不是在颠覆性地重新思考这个世界；等级制度犹在，但制度中包含的可能性是新鲜货。关键是要理解精英组织的原则，无论是出身、财富、种族、天赋或其他什么东西。那么这些原则究竟是什么？它们是如何让学生在放下贵族制带来的地位和资格的同时，追求拥有新精英的特权呢？

斯坦是一个在圣保罗混得不怎么成功的高三学生。他被一所顶尖的文理学院录取了，是一所会令大多数高中生都感到骄傲的大学。但对圣保罗的学生来说，却是个次优选择。斯坦来自于一个富庶，却不算是特别杰出的家庭。不少学生和老师都挺喜欢他的。"他大概是最不拼命努力的那种人，"他的导师告诉我说，"但他是个好孩子。"当我向斯坦询问他的学业以及在礼拜堂的座次时，他的看法却截然不同。

"我辛辛苦苦才来到这里，"我们望着斯坦在礼拜堂最上面一排的位子时，他这样说，"我在课堂里学习，也努力成为校运动队的一分子。挺艰难的，但我靠自己做到了。我们都是靠自己的。我每天早上到礼拜堂看到自己的进步时，感觉棒极了。"我们走进沉睡谷，也就是礼拜堂的最最后面远离校管理人员目光的地方时，斯坦微笑着看我，"我想到坐在沉睡谷第一排的那些个小屁孩就觉得很好笑啊。我走了一段很长的路。没那么简单……我的意思是……现在也不简单。可能更难了……但我做到了……不是每个人都这么做，进步那么多。要花很多功夫的。我知道自己的路还没走完，"他欣喜地告诉我，"我的路才刚开始呢。但现在我知道自己能行。我有那个能耐。"

斯坦解释，他是通过辛勤努力才有了在礼拜堂里的升级，这种流动是辛劳的果实。在此过程中他更了解自己和自己的能力，所以现在能说，"我有那个能耐。"他大方承认"没那么简单"，但这些艰难的经历对他的自我意识来说很关键。这些困难是对他努力和优秀的证明。斯坦这四年在圣保罗的自然向上流动不让人觉得是必然的。这个流动不是因为他的家世——与美国价值观直接碰撞的理想背景——而是通过经典的美国式天才加勤奋的准则被重新阐释了。

当斯坦告诉我，"不是每个人都这么做，进步那么多"时，他完全错了。事实上，圣保罗的*每个人*都"这么做"。很少有人在学业上半途而废[①]。那些不完成学业的也不被看作是失败者。在我执教的这年的年底，当有一个学生离校时，校长这样解释"她会在家里获得需要的经历"。这个女生不是失败，她只是不太适合在这里。但斯坦，就像其他学生一样，故意忽视了他升级的必然性，反而认为自己的行为是推动成就的引擎。这里有一个微妙但很重要的区别。学生靠努力勤奋把成功包装成是自己赢得的而不是被授予的。成功是他们努力的产物，而不是因为他们出身何处。这种体制——无论是否是下意识的——都与我们对地位极其普遍和悠远的怀疑以及富人之所以成功仅因为身份的不安想法背道而驰。圣保罗的学生想摈弃这种体制，以一种基于成就的体制取而代之[②]。

这个成就体制不止流行于官方场合。当准高三开始在毕业季后疯狂占领高年级沙发时，我问他们这件事情为什么那么重要。

"好吧，这个么有点儿像禁果，"詹姆斯，一个帅气、高度自信的年轻人说。很明显他想成为"校园里的大人物"。"你懂

[①] 在我研究期间，500 名学生中只有 2 名离开了学校。

[②] 米歇尔·拉蒙特（Michele Lamont）在她比较美国和法国中上阶级的工人时，观察到了类似的体制，即通过努力获取个人地位的过程。她发现美国人专注于努力奋斗——用我的话来说，就是人的行为；而法国人看重个体的优秀，也就是人的身份。

的，他们从来不让我们来这里，但我们真的很想瞧瞧这儿是什么样子的。"

"对啊，"他的女朋友艾米丽插话进来，"而且，这沙发挺舒服的。"

当听到这对学生说轮流坐在上面是因为沙发很舒服时，我无法控制住怒火，"算了吧！舒服？你坐在这里就是因为很舒服？"

詹姆斯反驳道，"好嘛，它们是挺舒服的。你刚才也说你差点在上面睡着了。"

可是艾米丽明白我话里的意思。"这听上去挺荒唐的，但在这儿过日子不容易。而且这个地方，是我人生的目标。我的意思是，我每天走过都看到高年级坐在这里。一开始我想，'我永远到不了那里……我觉得自己做不到。'但这也鼓舞了我。对我来说这不单纯是什么'禁果'。这是一个目标。我可以为之努力的一样东西。我天天见，天天想，'*我要到那里……我能行*。'你猜怎么着？我来了。我做到了。我对*沙发*真心无所谓。但这对我很重要。证明我做到了。所有的努力都带领我走向某个地方。很值得。"

艾米丽和斯坦分别用一样的体制解释了沙发问题和礼拜堂里的座次。他们的升级是通过努力达成的目标，而不是通过继承和在学校时间的长短获取一定地位。艾米丽和斯坦都将赢得他们新地位的过程归因为自己的能力：艾米丽发现自己"能做到"；斯坦虽然缺乏一些证据，也指明他能用一种不是每个人都做得到的方法，完成给自己布置的任务。

学生不仅用个人能力来解释自己的上位，他们也相当重视在学校的经历。学生和教师互相影响、彼此利用自己的经历，而不单单是炫耀他们在一个优势地位上获取的知识。这样的逻辑最常发生在"关于努力的对话"中；我在学校参与的几乎每次对话，都要回到讨论还得做出多少努力。那些不参与这种"关于努力的对话"的人会被提醒要努力。学生通常在房间里的电脑上看电影和电视，而不是在公共休息室。部分是因为隐私，但更要紧的是避免被老师和他们的同龄人看见自己在蹉跎光阴。学生和老师不是总在工作，但他们东拉西扯的状态使自己看上去一直在忙。像切斯·阿博特这样否认努力的重要性的学生是要被嘲笑的，甚至会因此受罚。

埃文·威廉姆斯是一个新来的九年级学生。他看上去很年轻，一副刚开始发育的样子。脸上还没多少粉刺，不像他的许多同龄人。他有一点圆圆的——不是胖，而是一点在几年里会慢慢消失的婴儿肥。剪的锅盖头让他看上去比真实年龄还要小上几岁。就连说出来的话都出卖了他的年龄；他的声音还像个男童一样，不时在音调下降时发出奇怪的破音。但在他最初的几天里，埃文很自信，甚至是自负。他姐姐几年前刚从圣保罗毕业，所以埃文入校的时候无所不知。他有一个"经典"的圣保罗背景——在一个极其富裕的社区里念了所精英私立中学，家长双方都在寄宿制学校的世界里浸淫已久。一见到他父母我就知道，这肯定不是他们第一次踏入圣保罗。在宿舍里卸下行李和个人物品后，埃文马上在新生间操起了领导范儿。

他向一个从中西部来的新学生乔什宣布，"好吧，我搬进来了。我要去塔克楼转转！有人一起吗？"

"'塔克楼'是什么？"乔什疑惑道。

埃文对乔什的无知嗤之以鼻。他忍住不转眼睛，但还是抓住机会炫耀他对塔克楼的无所不知，虽然去都没有去过。"就是人们闲逛的地方。吃的东西比厄普尔楼的不知道要好多少。还有桌球什么的。不过大多数时候大家都在楼下闲逛。高三的在我们报道之后有时间就会去那里。"

乔什吃惊地看着埃文，有点担心他会继续说一些超过自己理解能力的话。

"塔克楼的商店还没开，"不知从何处传来一个严厉的女声，"还要好一会儿呢。"

"哦对。我忘了。"

布朗女士是一个宿舍顾问，她利用这个机会继续教育埃文。她不会让埃文在乔什入学的第一天就把他搞得那么没有安全感。"你确定一切准备就绪了吗，埃文？你应该利用这段时间确定一下自己是不是知道所有的东西都在哪儿。你永远不知道你妈妈会把东西放在哪里。学年很快就开始了。现在应该好好整理整理。"

埃文含泪逃回了寝室。类似这样的事情很频繁——每次埃文想显摆一下他对这个地方的"了解"，得到的结论都是自己错了。他会很沮丧，要么抨击别的学生，要么迅速回到自己的房间，这样其他人就不会看到他哭了。布朗女士指正埃文，不仅因为她观察到，埃文搬进来时是他妈妈把所有东西收拾好的，还有她断言埃文可能马上会手忙脚乱，因为在这种虚张声势的背后，埃文对接下来会发生什么知之甚少。她想提醒埃文，显赫的家世给不了他全部。

像埃文这样想要表现得对学校了如指掌的新学生，通常会被年长的学生（甚至老师们）整得很惨。学生主动守护着圣保罗的秘密。虽然埃文一开始因他的"内部消息"在新生间取得了尊重，但他马上会明白，这种显摆会受到老生们无情对待。事实上，老生们对埃文要比对跟埃文一起入校的新生更刻薄。他们在一次次提醒他，这些事情是不能装在脑袋里也不能从别人那里继承的。埃文可能知道关于圣保罗的一切——从塔克楼商店到秘密通道，从哪些宿舍比较"酷"到哪些宿舍不太酷——但这些细节只是老生常谈中的细枝末节。真正的了解来自于对这个地方的切身经历。这些学生坚持的观点是，唯一有价值的知识都是切身的——通过自圣保罗生活的经历印刻在一个人身上。

有一次埃文说起两年前的一个短剧，他的姐姐当时是个学生。一个参加过短剧演出的高三学生乔尼无意中听到埃文的话，立即对他开骂起来，"威廉姆斯，你他妈给我闭嘴"。这样的话，好几次就当着我和其他老师的面说出来。每次都是在埃文显摆了一些关于他自己不可能经历过的事情之后。乔尼知道我能听到他的话，而且我也会给他很重的惩罚；一个月前我罚过另一个辱骂新生的男孩。但是他还是选择去骂埃文。学生们会继续用这种方法管教埃文，就算他们知道会被老师们惩罚。当我问乔尼，为什么即使知道我在场还是要去骂埃文，他告诉我，"西老师，对不起。但威廉姆斯有时候就是狗屁连天，搞得我很抓

狂。在拉格斯楼，他后果不算严重呢，如果他在巴克莱楼 [另
外一个宿舍，乔尼新进校时住的地方] 的话就要惨多了。他得明
白这点。老是在装逼。我的意思是，别跟我说*我参与过的*短剧。
他在这里只待了半年，却表现得像个高年级。他完全不了解这
里……这里的规矩一点都不懂。"

乔尼对埃文的反感有两方面：首先，他不明白自己的地位，
"表现得像个高年级"；其次，他大力宣扬对圣保罗的了解，甚
至是自己没有亲身经历过的事情，"他完全不了解这里……这里
的规矩他一点都不懂。"埃文实际上对圣保罗了解得很多；虽然
我在学校住了三年，埃文只住了三个月，但我从他那里得知了
一些我从未听闻的事情。但是那些了解是从不当渠道获取的，
违背了学校推崇的那一套。

当我开始研究圣保罗时，我怀疑像埃文·威廉姆斯这样的
学生——对这个地方有内部的或是家传的消息和过去在像圣保
罗这样的精英院校中的经历——会是最成功的。他们早就知道
可以从圣保罗得到什么，而且更重要的是，他们已经开始表现
出特权的一些方面，也应该已经具备了各种对归属于这个群体
来说很关键的技能和心态。但也不总是这样——事实上，更多
时候是反过来的。当有学生想炫耀一些他们不可能有的经历，
就会受到"狗屁连天"的谴责。

埃文马上明白了，要体现学校的精神，自己先得经历一遍。
像他这样的新生被老生们欺压得一文不值：无人旁观时手臂上遭
重重的一拳；在他们冲凉的时候有人会冲厕所，导致很烫的水
浇下来；鼠标键盘离奇失踪；一整天受到无视——好像你不在那

里——第二天也没有人会提。这样的事情层出不穷，而且他们一看到有学生表现得一副很了不起的样子，就会立即行动。新生们了解到，把圣保罗占为己有只是时间问题。这些冲突挑战了对于地位的态度。你因为家庭原因知道的事情对学生来说无关紧要。重要的反而是你经历了什么，用自己的双眼看见了什么。正如切斯·阿博特和他的朋友们被隔绝在属于地位特殊的学生的宿舍楼中，人们对待他们的方式好像他们"没进入"圣保罗似的，而表现出特权的行为也会受到埃文·威廉姆斯遭受的那种鄙视，因为说实在话，他"没头绪"。为了在圣保罗过得舒服，并且在学校里升级，学生们依赖的不是他们的出身赋予他们的地位，而是自己亲身拥有的种种经历。

隐形人

圣保罗有很多努力工作却不可能获得像学生这样前途的人。事实上，很多人在学校呆的时间远远超过四年。这些人是学校员工，维持着学校日夜运作的男男女女[①]。他们是校园里最让人感兴趣，也是最易被忽视的一群人。他们对地位、特权和阅历意味着什么，有自己独特的见解。

虽然这些人通常神出鬼没，但学校依赖他们在歌特式门廊

[①] 新罕布什尔州的康科德市的居民大部分是白人，所以几乎所有员工都是白人。因此，潜在的因种族而产生的低工资、非白人工人为精英（或未来精英）服务的场景基本不存在。

和完美校园场地上的工作才能运作。所以我们必须问：圣保罗是如何连结这两拨来自截然不同世界的人———一方面是美国精英，另一方面是哺育他们、为他们善后的人？圣保罗会训练学生去认可员工的辛苦劳动。每五年服务期后，员工会在礼堂里被表彰。宿舍里的学生们也常被提醒，是员工的辛勤劳动造就了一个整洁的环境。每年高三都会组织买一份圣诞礼物给他们宿舍的保洁员。这些高三的学生通常要求每个人都酌情出份子钱。

大家可能以为这些学生会像大多数的冒失少年一样，对员工的存在视若无睹。然而，现实要微妙很多。我略带惊讶地发现了托克维尔在一个半世纪前横跨美国新大陆时就看见的事情。与试图保持阶级间永恒差异的欧式贵族不同，美国人着力于消除这种差异："美国公民很注意不远离大众；相反他们总是与底层阶级保持良好关系：每天倾听他们、与他们对话。"但这些观察很大程度上是基于托克维尔作为一个贵族所经受的震惊，一部分是痴心妄想。当我询问学生和员工关于精英和在他们身边工作的人的区别时，发现了一些关键的标志性差异。大家普遍以为富人与大众的差距在于文化知识，要么就是我们单纯克服不了的财富上的差距，或者可能是阶级间的交往注定要失败——大家无法跨越鸿沟以有意义的方式交流。但在圣保罗呆过一段时间后，我坚信不是任何以上的原因。

乔伊斯快退休了。她已经不是中年人而是个老女人了，双手因日以继夜接触化学清洁剂而粗糙非常。她必须要有惊人的体力才能日以继夜做保洁工作。看到她就像是在看一个为工作操劳了一辈子的人。我在圣保罗的整个学生时代，她都在打扫主校楼。当我回来后看到她依然在岗位上，忧心忡忡的样子。我很惭愧已经不认识她了。这很正常。最受学生欢迎的是为他们清理宿舍、准备食物、收发信件的员工，但大多数员工都隐匿在学生未知的角落里默默地付出。事实上，学生对大多数员工都选择性无视。

不过员工知道学校里很多别人不知道的事情。是他们发现了安全套的包装纸后提醒老师学生在哪里嘿咻；是他们在学生病了以后（或者更有可能是喝高了以后）打扫厕所里的呕吐物；是他们注意到学生在吃什么，或者，是谁什么都不吃。对学生的隐私，他们有时候保护、有时候泄露，不过大多数时候他们就是事做完、人回家。他们住在周边的小镇上；员工每天开车离开时，学生、住在学校的老师和生活在别处的员工间就筑起了一道象征性的屏障。

乔伊斯跟我聊的时候很开心（接下来整年都是如此）。她每天清晨4:30到校，工作到中午12:30。她必须在学生8:30上课以前完成大部分清洁工作。这份工作很明显又苦又累，她说，尤其是年纪越来越大后。主校楼是校园里最大的建筑，内有几十间办公室、教室、厕所和走廊。上课期间，全校大约三分之一也就是两百人左右的学生都在这幢楼里。乔伊斯快七十岁了。我难以想象做她那份工作。但是乔伊斯还是在排除万难后对自己的工作表现出骄傲感，而没有丝毫伤心（或是资产阶级的内疚感）。

"我已经在圣保罗工作了二十三年啦，"她告诉我，"前任和以前的老板有矛盾。她动不动就请假。这么大幢楼，你不能这样啊。所以老板就来问我干不干。然后一干就是十五年。"很明显她对自己能一直搞定学校里最困难的保洁工作感到骄傲，"我不知道他们在我退休后会做什么。我放假时大家都跟我和我的老板这样说，'我不想去那幢楼。'"乔伊斯对我露出微笑。她能为人所不能为。"不过还是越来越难了。"这幢楼一周六天有课；她赶在所有人之前到，就是为了清理五百个学生、一百个老师和一些员工留下的烂摊子。

跟斯坦一样，她提到了在学校工作的艰难。跟斯坦一样，她也对自己的工作表现出自豪感。跟斯坦不一样的是，她止步不前。她从来没有相同的机会。毕业于一所公立高中后，她马上就结婚了，然后一辈子都花在工作和家庭上。圣保罗的这份工作不错，也很稳定。工钱不多，但也够用。能赚更多钱的工作一般来说乔伊斯都不够格。她没上过大学，而工资更高的制造业的工作在美国东北部早就绝迹了。

我觉得她是无路可退，但乔伊斯想法不同。她对工作、家庭（素未谋面却听闻不少）和自己都很自豪。她骄傲的是她工作的学校里，学生拥有着与她无缘的机会。这种骄傲感跟升不升职没关系。学生总是说自己在努力，员工也是。区别是，对学生来说，一分耕耘一分收获；对像乔伊斯这样的员工来说，努力后得到的是另一种东西：骄傲感。双方都说在努力，意义截然不同。对学生是吃得苦中苦，方为人上人。对员工来说，干好一份工作和成为世界上最好的学校之一的一分子，都能令他们感到自豪。

如果我的意思是员工满心欢喜、被忽悠到相信日子过得跟身边的精英们一样，那我肯定是脑子进水了。他们目睹着校园里的不公平，也明白他们机会无几。员工几乎很少跟我（或是其他老师和学生）接触。我一直是在笨拙地打听；有一次我不识趣地问，"为什么我们不知道你的名字？为什么从来没说过话？"大家都避而不谈。除了一次，学年快结束时，一个清洁女工冷淡地回应道，"因为没必要啊，*西莫斯*；大家都懂的。"她说到我名字时，有力地指了指衬衣的左上角。苏珊戴着姓名牌。意思很明白：她知道也应该要知道我的名字；同样的要求对我不成立。有了姓名牌在那里，要看就看。苏珊的简洁陈词仿佛是对学校里员工和"真实存在的"人之间关系的犀利概括。学生学会和员工保持距离；要跟谁套近乎、跟谁装路人，他们都懂的。

在我当学生的时候，如果谁违反了一项学校规定，让人抓住我们在报到后喝酒、嗑药、逃夜或者作弊——我们就要"劳改"。就是说学生要跟员工一起做苦力活。最近学校取消了这项措施，因为觉得这对员工有点侮辱性——学生违规的时候接受的惩罚居然是他们每天的工作。这个改动触动了我，这既是学校思想进步的动人范例，又给了学生另一个不跟服务于他们的人接触的理由。当问到员工，他们都理解学校的决定，但也不觉得取消这项措施有什么重大意义。有个门卫詹姆斯跟我说，"我孩子惹麻烦的时候，我就叫他做点家务。有好处呢，给他好好上一课。这些小屁孩们也一样。问题不过就是，我们夫妇俩每天都做这些事情。对我们来说，叫他们做这些本来我们要做的事情没什么丢脸的，这对他们也是必要的一课。你懂的，他们跟我们一起劳动的时候，我不是很有所谓。只是我的工作罢了。"詹姆斯迅速上下扫视了我一下。我怀疑他在想我值不值得信任。"你很尊重我付出的劳动？"他问，"那涨工资嘛。"

老师和学生对员工的无视，还有管理层算计裁员、减少开支这两件事，老是让员工觉得自己不受重视。我来之前的几年里，新校长克雷格·安德森（Craig Anderson）担心学校过分依赖捐款。他提出，学校应该缩紧裤腰带。除了别的以外，就是减少员工的数量。保洁和服务人员相继被炒鱿鱼后，剩下来的人无处懈怠。很多组织里都有这条老规矩，钱拿最少的牺牲最多。对员工伤害最大的——也是对安德森的离任推波助澜的一点——就是裁员减少开支的同时，安德森自己的腰包鼓起来了，年薪从 180,000 美元涨到 530,000 美元。除了钱以外，他还有豪宅、保洁员和私人厨师，没省下一分钱。

虽然没受到什么感激和认可，员工们总是能在工作中找到价值，这种价值跟当老师很相似；许多员工向我表达了在一所学校工作的重要性。"我以前是在办公室做的，"一个食堂员工辛迪跟我说，"那份工作还不错。其实也不怎么难。赚得也更多。但除了有钱付房租，这份工作给不了我任何东西。我喜欢这里的孩子。我喜欢看到他们，成为他们生活的一部分。我知道他们什么时候不开心，怎么让他们笑起来。这让我觉得很值得。"

有这想法的不止辛迪一个人。维护礼堂的汤姆在我还是学生的时候玩彩票赢了一百万。但他没有辞职。他解释说，"我喜欢在这里工作。我喜欢小孩子，也知道怎么弄好这块地方。这份责任挺大的，但很重要……有时候太艰难了，我也想过退出。

然后就会发生一些事情让我明白，我是某项事业的一分子。"我老是看到辛迪为学生疏导情绪、鼓励他们、听他们抱怨成长的烦恼、针对分手或父母过分热切的问题进行开导 ①。她对我也一样。

虽然詹姆斯提到涨工资是院校对员工"尊敬"的标志，但几乎所有的员工都以各种方式贡献了无偿劳动——常常不被承认——帮助照顾和养育少男少女的工作。所有人都觉得这个经历很值得。许多员工跟乔伊斯一样：困在这块地方，高收入制造业工作早就没了，高中文凭仅能提供最低工资水平的收入。所以这种照顾的工作也在一个某些付出不会得到经济回报的世界里创造了价值。跟我说到她办公室的工作时，辛迪指出，那要比现在在圣保罗的工作轻松多了。一分耕耘一分收获。学生、教员和员工不单单共同信仰努力的价值，他们都觉得自己参与了举足轻重的工作和事业。从这点来说，员工和学生有许多共鸣。学生和员工每一次交流的背后，有无数个瞬间两群人存在于毫不相干的平行宇宙中。

我认为，美国精英的部分职责就是保护等级制度的同时让这个制度隐形。若是这样的话，年轻的精英们是如何与持续、可视的等级制度抗衡的？如何对待由此而产生的明显的不平等的？最普遍的做法就是无视员工。当我向学生提起员工，很少有人说得出那些每天准备食物或一直清扫大楼的或他们天天有

---

① 这里是对"情感工作"的思考，在这样的工作中，职责的一部分就是要表现特殊的情感以达到机构的目标。

来往的员工的名字。

而且每个跟我聊过的学生都否认任何的冷漠，还提到跟某个员工的私人关系。这些私人关系被当作他们没有无视员工的证明。杰西卡是一个来自新英格兰州富庶家庭的高三女孩，她争辩说就算自己不知道食堂员工的名字，也不能代表她不认识他们。事实上，有几个人对她很重要。她说到一个帮她打扫宿舍的女员工，"我的意思是，事实上，格雷琴是一个我每天都很期待见到的人。她人真的很好。就跟一个大伯娘差不多。她也会记住很多东西。如果我跟她说这个周四有个考试让我很紧张，她会在周五问我考得怎么样。我们常聊。我跟她说话的方式，跟我在这里跟任何别的人说话的方式都不一样……一部分是因为她完全没被卷入这套体系。实话实说，如果没有格雷琴我真不知道自己能不能挺过来。她在这里是个对我很重要的人。"她说这些的时候，转过身背对我，目光指向虚无，似乎还沉浸在个人的反思中。

杰西卡不是特例。我听到的故事大多都很感人。对一个学生来说，能收到来自员工的微薄生日礼物意义非凡——几乎能跟来自父母的昂贵礼物媲美。辛迪也不是唯一认为学生为她的工作带来意义的人：与办公室工作不同，圣保罗的工作很重要——她是在教育学生。这种教育远比学生在教室中学到的实用。而无论是学生或员工，都觉得这些从日常生活中提炼的教训很重要。有一次，一个新生坐在食堂里，让一个食堂员工从厨房里出来"服侍"她吃早餐时，一个老学生骂了那新生两句。当我向那个老学生问起此事，她说她在刚进学校的时候做过一样的事情，那个替她拿了盘子的员工开玩笑说，提供无微不至的伺候不是他的工作。这是她整个学年给学生灌输而我们又一起不断跟学生回顾的有益的一课。

不过学生与老师的互动和与员工的互动间有本质性区别。杰西卡提到一个叫"格雷琴"的打扫她寝室的女人。我从未听过一个学生直呼任何老师的名字。他们总是叫我"西先生"，即使学生是在我办公室抹眼泪或是说一些他们绝对不会告诉家长的事情。虽然学生和老师间极其亲密——毕竟住在一起——还是有不能违背的关于尊重的象征性屏障存在。当我向杰西卡追问格雷琴的生活，很快就发现她其实对格雷琴校外的生活一无所知。

我问格雷琴，为什么她了解学生的生活而学生却不了解她，她马上反驳，不是学生无所谓。"我不想把家事带到工作中来。我想把工作和生活分分开。这些孩子还是……喷……孩子呢。看上去好像挺大了，因为他们比很多其他孩子要更独立。他们住得离父母很远，也有很多压力。但这也是渐渐成年的一部分。孩子们不了解你的生活。不是因为他们无所谓。是我不说而已。你认识多少十六岁的人主动对你的生活感兴趣的？"

我没有回答格雷琴。但在我在圣保罗读书的时候，答案是"很多"。学生常常对教职工的生活抱有一种几乎病态的迷恋。我无数次听到学生谈论老师和老师的家庭，由内而外猜想他们的生活。他们也热衷于向我打听其他老师的事，也不羞于打听我的生活。对未婚教师来说，我们的罗曼史会被打破砂锅问到底。对在学校留教的校友来说，学生会在图书馆里耗费大量时间，从年鉴里寻找他们在校时的蛛丝马迹。了解老师对学生来说很重要；了解员工就没那么重要了。部分是因为学生无法"分享"与员工的关系；这些关系跟教室里形成的那些集体关系相距甚远。如果学生与员工有任何关系，都是从细小的亲密举动开始的，比如每天早上在走廊里打招呼，或是在食堂角落里闲聊——不牵涉到其他学生。对员工的缺乏了解，单纯是因为分隔两拨人生活的鸿沟。学生和员工来自不同的世界，去的方向截然不同。员工生命的绝大部分时间都可能继续在康科德的学校里或类似的地方工作，而学生有理由期望在未来收获财富和名望。

当我迫使学生去想一想学校员工的职业规划以及为什么这些人都留在公认为（包括学生家长）是死路一条的岗位上时，很多学生开始对这一点表现出惊讶。好像他们从未思考过周围这些工作的完成质量、可能性（或者说缺少可能性）和缺点。我讶异于这种完完全全的不成熟。学生多半开始讲一些他们熟悉的员工的故事。这些故事倾向于强调员工是如何地不幸、有不同的价值观或作为上一代人没有那么多机会——或是以上三条理由的某种结合体。杰西卡说，格雷琴很厉害，因为她"记得我会忘记的事情"，但她可能有点不走运。"我的意思是，能拥有那么多机会真的很幸运。有人得不到这些。他们真的很不走运。"杰森跟我说了麦克的事情，麦克是他熟悉的一个保洁工。他指出，麦克只是做了不同的选择。"他很喜欢打猎。我们聊这个。他过得开心。在附近能打猎和钓鱼。这是麦克享受的。我完全理解。就是说，其实很有道理。他比我认识的很多人要开心。"另一个学生提到了贾斯汀，一个年长的食堂员工，她说自己可能没有相同的机会。"四十年前，女人是不允许进入这样的学校的。我们走了很长的一段路。今非昔比了。"在每个例子里，我们都看到学生架构特定的故事来解释流动性的缺乏。每个员工的生活都伴随着独一无二的艰难。结果是学生不需要承认员工作为一个整体是相对不动的。持续的不平等被模糊、稀释为个体的艰难而不是结构性不平等（或已被逾越的过去的不平等）。

　　当我向学生问起员工的事，我注意到每个学生都提到两位特殊的员工："大佬"和"牛奶小子"。总是有人问我当初我在学校念书的时候，这两个人在不在。我跟他们说"是"的时候，学生似乎很欣慰，好像这些长期服务的员工代表了学校的某种传统，占据着某个中心地位。"大佬"真名是布莱德利·梅森，他在圣保罗的食堂工作至少二十五年了。所有的学生都知道他，因为他尝试认识每个学生。每年他都能记住几乎所有学生的名字，与他们频繁交谈。他也参加每次学生舞会，而且整个晚上都在跳舞。他会高兴地告诉你，"我是整个学校跳舞最棒的！"梅森被称为"大佬"因为他就是这样自称的。他调教新生用一种非常特别的方式与他来往。他常常在下午横跨校园。一旦学生走近，他就说，"嘿［某某某］，谁最牛掰？"学生几乎总是回答"你啊，大佬！"然后梅森回复，"哦哟！"并把手举向空中，竖起食指。大多数学生都会被这个行为逗乐。跟梅森聊到这些交集时，他告诉我，自己是如何享受与校园里的孩子们来往、跳跳舞、彼此逗乐的。梅森智力发育不全；于是，一些学生在他身边感到不适而避免与他接触，还有人会在跟他打交道的时候有点看不起他、嘲笑他。

相比而言，"牛奶小子"不太跟学生打交道。老师不太受得了学生称乔治·史蒂文斯为"牛奶小子"，因为不像梅森，这个绰号不是自己叫出来的。我甚至不确定史蒂文斯是怎么知道这个绰号的，也不好意思去问他。学生给史蒂文斯起了这个名字，因为他长得矮，而且他在食堂里做的诸多事情之一就是补充喝光的牛奶。这个绰号延续了下来，从我的学生时代流传十几年至今。

与滥好人的梅森不同，史蒂文斯没那么合群和友善。他通常以一种更敷衍的态度跟学生交往，要求学生赶快离开，他才好补充牛奶或完成别的工作。他是一个努力高效的员工，似乎没时间浪费在学生身上。跟梅森一样，史蒂文斯也在智力发展上有残障。学生都认识他，但很少有人知道他的真名真姓。

如果梅森是大多数学生认识的唯一员工，我会将他在学生群体中独特的存在归结于他活跃的性格和对学生持续的好奇心。但所有学生也都认识史蒂文斯。他与梅森截然不同，而且我从来没见过他除了叫学生别挡住他以外，跟他们有任何来往。梅森和史蒂文斯有两个共同点：都在食堂工作，每个学生一天里要光顾两到三次，而且他们在智力发展上都有残障。当大多数在食堂的员工都没有被学生注意和认识到的时候，他俩值得注意的一点是他们的残疾。

在学生眼中，他们认识的员工——事实上可能只是"陷"于学校的岗位上——是这个学生群体持有的"人人都能成功"的普遍的美国式信条的例外。这些人运气不太好、价值观迥异，抑或是过去的不公平导致的受害者。这两位人尽皆知、没有退隐在学生日常生活之外、被学生集体承认的员工，也是对学生们陈述个人经历的方式最不构成挑战的人。虽然员工们的存在不断提醒学生，有其他过程可以解释为何社会中的有些人得到了特权而其他人却没有，但是学生们注意到的员工却并非如此。简而言之，学生们可以轻易注意到梅森和史蒂文斯并且共享与他们的关系，因为两人的残障为他们个人发展的停滞提供了显而易见的理由。

如果考虑到一些学生的家长是家政清洁工、洗碗工或办公室工作人员的话，员工们在圣保罗学生生活中的古怪地位就显得更有意思了。三分之一的学生会在圣保罗收到丰厚的奖学金，而且学校也很有意识地从社会经济阶梯的低处收录学生。我猜这些中产阶级或工薪阶级的学生能更容易地与这些在社区中被忽视的成员交流，因为他们以前就是生活在这些阶层中的。我的理由是，相比而言，家境富裕的学生在跟这些员工交往的时候会不太自在，因为他们的特权地位阻止了他们去了解这些员工的生活是什么样子的。但我错了。

事实上是家境富裕的学生比中产阶级家庭的学生更多地"注意"到了员工；他们也更有希望与员工们建立友谊。最开始这个现象令我感到不可思议。我怀疑跟我交流的学生只是单纯的合群（或许因为他们在学校更自在）所以才更频繁与别人交谈。但当我对这个想法进一步探索时，发现是家境殷实的学生在花更多力气跟我争论他们与员工之间关系的重要性，以及这种关系的深度和共性。好像他们是有意在培养自己与那些"下层"人士交流的能力。培养这种能力在民主化的美国是既实用又必要的；贯穿整个职业道路，精英学生都需要与非精英们打交道。而且会有人监督他们如何处理这些来往。学习如何成功地与他们周旋是一种重要技能。

与此相比，家境一般的学生会更在意通过精英院校和网络去培养一套帮助他们与上流人士周旋的社交技能。而且富学生由于显赫的身份和地位，可以更自在地与员工交流。对早已安居其位的富学生来说，员工的存在不会凸显转变为精英过程中的内在矛盾。而对中产和工薪阶层的学生来说，员工的存在映衬出他们在圣保罗现有的生活与在家原有的生活之间的区别。家境不富裕的学生必须学会调解他们在学校"不寻常的"经历与之前在家截然不同的"日常"经历之间的矛盾。对富学生来说，不存在调解的必要。对中产阶级学生来说，员工群体是个随时的闹钟，提醒大家圣保罗——这奢华的镶着木板的房间、华丽的建筑和神圣的空间以及修剪平整的草坪——这个地方，他们既不从那里来，又不习惯。员工群体是对他们存在中的这种矛盾与外在的差异的提醒；员工们使得中产阶级学生表现淡定和了解这里的任务变得更难了。

在学会与员工——那些永远比他们下等的人——建立亲密的过程中，学生们培养了超越阶级界限与人交往的技能。通过学习这些交际技能，精英们在为一个必须超越社会界限与下层人打交道的未来做准备，同时他们使这种界限显得形同虚设或无关紧要。如果你能跟一个出纳侃侃而谈，或是与一位清洁工说说笑笑，那么你就模糊了对持续的不平等来说很关键的把人分门别类的东西，也就让人没必要对阶级差异或是美国梦赤裸裸的限制喋喋不休。学生们反而把他们目睹的不平等的细枝末节或是社会流动的匮乏看作是"不寻常的"情况——梅森和史蒂文斯，如我们所见，不可能向上爬——或是个人问题。跟其他那些人品不错的员工一样，他们在学校是命运不济、人生选择或过去的不平等所造成的结果。这样一来，流动的匮乏就不是社会的系统属性，而是一个例外。尤其是那些人与学生看重的是一样的东西：归属于一个教育机构并努力奋斗。

亲"密"和距离

学生与员工间的关系和与教师间的关系差异巨大。虽然与员工打交道无意间给了学生很好的去练习在等级制度中周旋的机会，但是圣保罗的教师在学校的等级制度中依然占据着截然不同（虽然也很复杂）的位置。我发现能最好形容师生关系的词是"密"，意思是学生和老师在与彼此打交道时使用着各种复杂、有时甚至是自相矛盾的方式。与教师间关系的密使得亲密和尊重的距离得以并存。正是通过学习建立的这种关系，使学生掌握了一种对特权而言很重要的社交动态。虽然员工们有时候能挑战某些组织原则、交往方式和校规，但与教师的关系将等级制度中的周旋模式具体化了。

与其他培养孩子的地方不同，圣保罗的成年人触及学生生活的方方面面。大多数高中生有大把时间生活在父母和老师的照看之外。但是学生们在一天结束后不会离开圣保罗中学回家。而且因为住宿的社区模式，每间宿舍楼里同时住着至少两个老师，所以即使到了晚上，学生离一个老师的距离也不超过几十米。圣保罗的老师不仅要教书，还要做导师、父母和教练，管着、看着、安慰和照顾学生——经常在一天里对同一个学生扮演多种角色。这些多层次、通常互相矛盾的关系营造了一种情感密度，为学生惊人的成长与克服所面临的巨大困难制造条件。就圣保罗的学生而言，学会应付这样的情况是打开成功之门的钥匙。这些多层次的密集关系教会学生如何与地位比他们高的人维持紧密又互相尊重的相处。但同时，对学生永远敞开大门的老师的存在加强了学生印象中自我的分量：圣保罗的成年人为他们而活。

作为一个整体来言，学生对学校是信任的。瞧瞧周围的学生，他们感觉到自己被一群优秀的人所包围。瞧瞧老师，他们认为自己卓越非凡。瞧瞧从这里毕业的学生们，他们看到的是前辈们以惊人的比例进入精英大学。校友归来总伴以一长串的成就；学校会向现在的学生（和他们挥舞着支票簿的父母）普及校友们的现状和圣保罗是如何培养了如此多样化、绚烂的成功。学校管理层力求在校园里灌输这种信任，因为直接点说，这所学校要花大笔钱。为了物有所值，学校必须为学生做些什么。

校史是"撰写"出来的，而且几乎所有关于学校的故事都是正面的。大多数学生知道，课堂里的教育不是他们来到这所学校的主要目的。杰尼弗是一个自视甚高的高三学生，她告诉我，"我来自波士顿。在我家周围有很多不错的走读学校。其实我听说我们那里的公立高中的分数甚至比这里的都要好。如果我仅仅想要在学业上一鸣惊人，实在不需要来这儿。有很多其他地方能去。"

并非所有学生都这样看待圣保罗——许多人认为圣保罗是一个人能得到的最好的教育之一。但他们要强调，这不是学校的目的。其他人跟杰尼弗一样，都能指出一两所离家很近的、能给他们一份很好的教育的学校。那是什么因素引导学生对像圣保罗这样的地方充满信心呢？

在一所顶着各种光环的精英院校的刺激下，圣保罗的学生持续对这所寄宿学校的建校理想抱有信心。任何人都能学习物理或微积分。你可以在任何优秀的学校修课程。你能在高中里学习古典学，而且如果有动力还能自学——就像这些学生统统自信认为的那样。虽然圣保罗这样的精英学校和其他学校在课程架构上有区别，但令圣保罗脱颖而出的并不是任何一堂课中教授的内容。真正区分精英寄宿学校的标志是远远超出课堂范围的东西。事实上，在和最近的毕业生聊的过程中，许多人都对自己在圣保罗学了多少表示出讶异。但在同样的对话中他们也很自豪自己在学校学到的东西。区别不是他们学了更多，而是他们学了不同的东西。

这也跟卓越的师资与优秀的生源相互联系。纳尔逊·奥尔德里奇（Nelson Aldrich）（洛克菲勒家族的后裔）在 50 年代末期上了这所学校。午饭时他跟我说了去看《死亡诗社》时的一件事。

"这电影真的很糟糕，"他评论说。接着他问我是不是看过，我们又一起回忆了电影里荒诞的感情戏。"没什么特别的东西。但我离场时，泪水从我脸上滚落。我，一个成年人，在看完一部相当烂的电影后居然在纽约的某个街角啜泣！为什么？因为我记得每一个将生命献于我、教育了我们这些年轻男孩儿的优秀老师。而我从来没说过一句'谢谢'。[①]

奥尔德里奇对老师的念念不忘不是特例。教师团队里有一些不凡的老师，就像奥尔德里奇所说，许多人将生命献给了教育。老师对学生无微不至的关怀（住校、从早上 7:30 到晚上 11:00 都和学生在一起，总是"值班"以防万一）让学生们体会到自己的价值所在。为了抵消可能通过这种经验滋生的优越感，师生之间通常会产生出一段相互关心、形同家人的关系。于是学生们培养了对世界抱有高期望的态度；他们慢慢习惯于以馈赠的方式看待这些事物而不是把这些特殊待遇当作是特权。

为了孩子们自我牺牲的形象不能算是让老师吃亏的事；对大多数老师来说，这主导了他们的工作内容。但如果老师抱怨自己总是在做牺牲，也很普遍。学年末尾，有一次大家都喝醉了，一个年轻的老师彼得开始跟我讨论起校徽来，图案是一只鹈鹕叼下自己的胸脯肉来喂它的幼鸟。

"你知道我最近在想些什么吗？那只鹈鹕。那该死的鹈鹕。我们用这只鹈鹕是要教会他们什么道理？"他看着我，醉眼迷离地搜寻着什么，"我说，可能是他们学会如何为别人作牺牲。他们是鹈鹕而世界是他们的孩子。错了噢。我们从来不把他们向那个方向引导。我们总是在当鹈鹕，为他们牺牲。但为什么有

[①] 奥尔德里奇对美国传统富豪的经历有过深刻的描写。在奥尔德里奇听说了我在圣保罗做的这个研究后，艾卜·甘斯（Herb Gans）热情地为我们俩安排了聚餐。

人该为他们牺牲呢？……这个，"他语塞了，想找到合适的词，"别告诉我是我错了……但有时候我在想为什么要这样教他们，让他们觉得到处有很多像我们这样的人为他们活着，好像那是他们应得的……我说……他们是我最不……我不知道。"

第二天，彼得对这次谈话感到不好意思；他觉得学生不值得我们牺牲这个想法，与我们在圣保罗最基本的教师角色——为了少男少女而存在，直接冲突。但他仍认为，那些有钱的学生不应该成为我们为之牺牲的对象而应该是他们为别人牺牲。这样的想法，会在教师间产生共鸣。彼得的酒后真言指出了许多老师面对的矛盾：在他们被要求做的事——牺牲——与我们教学生的事——将世界看作是能够找到自己的兴趣的包含着可能性的空间之间的矛盾。但绝大多数情况下，老师都心甘情愿为学生牺牲；如奥尔德里奇和校徽的例子所示，我们将生命献给学校，且像那些员工们一样，因此感到骄傲。这份付出对学生也造成了影响。

"大卫·纽曼改变了我的一生，"一个年轻的校友对我说，"毋庸置疑。我上了他的莎士比亚课，情况由此改观。然后我开始参加戏剧表演。我当时对表演不感兴趣，现在也是。但因为纽曼先生的缘故，我还是做了。我只知道跟着他能学到别的地方学不到的东西。虽然我们从未成为朋友，但我在圣保罗最美好的回忆就是跟其他学生一起坐在他的屋子里单纯聊天。那就是圣保罗的意义。我永远不会忘记他。"当我跟最近的学生和校友谈到他们跟圣保罗老师的关系时，我忍不住想到弗洛伊德式的移情现象——学生似乎与老师坠入了爱河，而这种深层次的感情让不可能的教育以特殊的方式发生了。

"他们给了你些什么东西，"戴安，我以前的一个同班同学回忆道，"我无法解释是什么，但这很特别。嗯，就是时间。在你年轻时，他们给了你其他成年人无法比拟的时间。但不止这些。就好像他们将自己完完全全交给你，任何人都做不到，永远不会。"当然，老师们在学生以外也有自己的生活。如同奥尔德里奇独自在纽约街头啜泣的经历，戴安的话更像是对一段罗曼史的回忆，胜过对老师具体做了什么的描述。无所谓确切与否，无数的学生共享着这种极其亲密的经历。而且这种经历是从一系列浓烈、交叠、矛盾的关系中产生的。

"天啊，我今天是躲不开你了。"亚当·赛斯一边跟乔治·比林思开玩笑，一边走进我的公寓。乔治回答道，"是啊，我也受够你了！"他扭过头来对我说，"靠，如果我说自己见过单身公寓的话，绝对就是这里啊！"他的话里没有赞美之意。我搬到圣保罗时只带了我轿车里能装下的东西。公寓看上去空荡荡的——只有一些我的书和学校给我的杂物。这儿看上去就像是没有人住似的。

我回答道，"嘿，至少没发臭吧。想起来了，你不用脱鞋。我屋子里不需要脚臭的味道。在你房间里已经领教过了。"

我俩在我的公寓里烧晚饭。亚当和我是住同一幢房子的辅导员。乔治是个高二学生，我们正为他和另外八个我们辅导的学生做一顿饭。亚当当时二十出头，而我是二十六岁；那些男孩子是十五至十八岁。有些人倒在我的沙发里看电影。有些人虽然表面上装模作样，但明显在翻看我的东西。在他们发现我的私人卫生间在楼上、紧邻我的卧房后，他们都很快抓紧机会冲上楼去看我睡觉的地方。看到我在冰箱里有一箱啤酒时，一个学生开玩笑地对其他人喊，"喂，有谁想来罐啤酒吗？"亚当和我与学生一起做饭时，聊起了周六晚上去波士顿的事情——在学生住处从来不会说起的话题。整个场景更像是称兄道弟的感觉，而且虽然在圣保罗这样的场景很普通，现在我能从一个局外人的角度感受到非同一般的亲密。

那天早些时候我去听了亚当的课。所以，当乔治走进屋子的时候，他对我说，"喔！你好，西老师。我猜你今天整天都在观察赛斯老师……你好吗？"

"好的，谢谢。你呢？"

乔治说了句"很好"来纠正我的用词。

我俩会心一笑。"好的，我们今晚见？"

"嗯。我很期待。我听说你会做饭！"

"走着瞧吧。今天会很忙，"我说，掩饰着漫长的学年开始消磨我的事实，"我不太确定是不是有时间弄点什么特别的。"

"好吧，能尝到厄普尔楼以外的手艺就挺不错了。"

在教室里，无论是乔治、亚当还是我都不会表现出任何在我公寓里共进晚餐时的那种亲密。几星期后，乔治会在一周两次的聚餐中与我相对而坐，而且我俩的交流会回到更正式的状态，包括叫其他学生"请递一下土豆"和在用餐完毕后问我，"我可以离开了吗？"几年的学校时光教会了乔治如何在课前和老师礼貌、随意地聊天，以及如何在正式聚餐时进行庄重的对话，同时还能跟我就单身公寓和他的臭脚开玩笑。他学会了在各个层面上与我建立关系。那些更正式的场合教了乔治如何"尊重地"与我交流。那些比较随便的场合教了他如何跟我几乎是像朋友一样轻松相处。

但请注意"几乎"这个词。如果我们对臭脚的讨论是发生在两位学生之间，而不是一个老师和一个学生间，可以想象有什么样的口角会产生。圣保罗的学生跟其他所有我认识的青少年一样，爱瞎扯。但当我反驳乔治时，他接受了我的回答，也不记仇。虽然学生努力与一些老师建立各种层次的亲密关系，他们还是知道要尊重老师的权威。乔治明白，他不能还嘴图痛快。虽然他可以嘻嘻哈哈地嘲笑我的公寓，但是不会太过分；玩笑开大了的话就会越过一条悄无声息却明显的界线。我和乔治的例子在大环境下是比较典型的。整所学校的学生都学会了跟教师群体以不同的方式交流。有的老师挺正式的，也有人愿意跟学生建立更亲密的联系。总之，学生会跟他们的上级用不同的方式打交道。

换句话说，在圣保罗，师生关系不是一种关系，而是一整套关系的结合。不同层次的关系堆积起来，形成了这种紧密的关系。圣保罗的老师是干什么的？不是说他们跟公立学校的老师教的有多么不一样，而是他们与学生的关系有别于大多数成年人与青少年的关系。学校的教育理想是，用这些多层次的关系营造一个丰富多彩的学习环境。学校这样描述自己的老师，"我们的老师在我们全宿制的社区里与学生同吃同住，使师生间更容易产生一生的联系。教学逾越了教室的界限，因为老师们兼任了导师、教练、指导员和益友的角色。"①重要的不是学了什么，而是怎样学。对过程的重视不仅提供了一个响应多种情感需求的学习环境，也以多方位的交流方式挑战着学生。学生们必须学会用不同方式与老师交谈——就像他们要学会怎样经历圣保罗来对它了如指掌一样。为了要成功——无论是在圣保罗还是别的地方，这些精英们必须懂得如何将这些关系具体表现出来。

不夸张地说，他们必须要知道各种不同的姿态是什么感觉，并且内化许多种姿态，以备在一个精英要涉及的很多领域有所成就。在学习具体表现一系列的人际交往内容——从怎么蹦到你老师的沙发上到在正餐聚会上的言行举止，要同样淡定的过程中，学生学会在密集而隐晦的等级关系间周旋。通过学习如何尊敬又自如地应对地位高于他们的人——老师，学生们学会了精英交际中的关键一环。这套模式通过尊重等级制度和认可一定场合下需要的仪式将之神化；同时，取得成功的学生探索亲密关系的淡定姿态，差不多是对等级制度存在的一种否认。这种既要尊重等级制度的存在又要让它消失的交往模式，与和教师的交往相比存在显著差异——其实是人们自己消失了。师生间层层叠叠的关系对理解特权有非常重要的启示：老师帮助学生自如地找到一个在离开圣保罗后愿意回归的位置。

就是通过老师，学生才摸清了复杂交际的门道。他们不仅能把高高在上的人当作权威人士来对待，也能当作密友。学生

---

① 来自于管理教师的副校长的网上教师声明。

学会不去勉强这种关系——而是显得好像跟老师们是朋友。但同时他们学会了跟地位在他们之上的人套近乎，这种关系超越了单纯的师生角色。而且学生们认为这种"套近乎"令精英教育与众不同，并使之到了允许一种不同的学习方式的程度。我发现，此中更关键的是一股使得权威既得到了尊重又似乎不存在的力量。学生们学会去维持并具身化^①这种等级制度。通过这样的具化，他们自愿屈从于学校的诸多规矩——与之形成鲜明对比的是员工们，他们无从选择，必须服从于这里的等级安排。同样形成对比的是，师生关系或许是不平等的，但学生们学会以某种方式在这些密集的关系中获得地位的提升。

　　思考一下这个过程，圣保罗的"理想"不是学术成就，而是关系的建立。圣保罗的价值是"在那里"——学生通过经历这些密布在学校里的关系来"找到一席之地"。我们会在接下来的讨论中看到，这种知识不单纯是学生们从认知角度所了解的知识；如何在各种关系间周旋是一种具身化的交际知识。我观察的精英不是在建立、制造和具身化差异。他们不是搬到了上东区，躲在军械库的屏障背后把自己保护起来，而是学着如何在必要时认识这些差异，并在举手投足间表现得这些差异不复存在。校内校外，等级制度无孔不入，但稍加正确技巧，等级貌似就会消失。学生们学会自如地与上下级的人周旋，赋予与员

①具身化（embodiment）：有体现、具体化和化身的含义。乔治·莱考夫（George Lakoff）将"具身化"定义为"我们共有的生物机能以及我们在环境中活动而得来的身体和社会经验"。——译注

工和教师这些人的来往以意义。

在这里必须要注意的一点是，当等级过于彰显或以不合适的形式存在时，学校会让它消失。我做完研究离校的两年后，学校聘用了几个非白人教师，并因此沾沾自喜，因为要招募这样的老师到新罕布什尔州的康考德不是一件简单的事。然而，学校马上遇到一个问题。在礼拜堂里，老师按辈分入席。几乎所有非白人教师都坐在后排的画面，太容易令人联想到民权运动发生前黑人坐在公交车后座的景象。于是学校摈弃了对师生一贯的等级制座位安排。当等级制凸显是因为那些表现了等级制压迫性和排外性的差异时，学校对这样的安排感到不妥。这是一个重要场合。而且如果这样的方式延续下去，我的论点就站不住脚了。但几年之后，当这些非白人教师纷纷成了长辈、升了座次，学校又恢复了原来的等级制度。只要这个制度没有突出种族这样的先天属性的重要性，就会被恢复。非白人教师升了座次后，等级制度安全返航，继续讲述进步和努力（而不是在提醒我们不平等的持续存在）的故事。

在这里，新精英们想的似乎跟所有阶级的乐观的美国人一样：虽然等级制像是*划分*世界的结构，其实*组成*世界的另有它因。而且，不平等是由个体的特征——勤奋、选择甚至运气所造成的。但学生们意识到探索这些人际关系是个脑力活。虽然他们之间来往时的淡定是为了模糊等级界限，圣保罗的学生——有别于他们的更加无礼（意思：贫穷）的美国同胞，小心翼翼地不与之作对。因为任何一位家长都会告诉他们，一个人不应该忘记，精英之所以是精英，等级制度是关键。

毋庸置疑，这些关系很难掌握。许多学生摸不着门道。但对那些游刃有余的人来说，回报是巨大的。奥尔德里奇表扬了"献出生命"给教育的老师们；在一次同样戏剧性的场合下，另一位年轻校友讲了些老师们"完全"献身于她的事迹。在这些精英学生们的眼里，世界不只是一块单纯的白板；世界将它本身献于你。这些说法的言下之意："优异"的老师会献身于学生，甚至至死方休——以此塑造了学生的自我理解。他们相信，自己是值得别人投入的，也是一个社区深入投入后的产物。这里的观念是，圣保罗的学生拥有被选择的标记①。虽然这个标记绝对是特权，他们小心地强调自己是受甄选入校的，而且他们的所得是通过努力达到的。简要说，这个标记是他们特质的一部分。虽然世界将自己献于他们这种说法貌似合理，但是他们同时相信，在百里挑一的学生中占有一席之地不是谁赋予他们的，而是自己争取到的。

自大与敬畏

圣保罗的学生在学校里寻找出路时，最终会找到自己的位置。所以在这以后会是什么情况？当在圣保罗感到越来越淡定后，学生们会表现出一种特别的标志性情绪，通常介于自大与敬畏之间的某个区间。我们会看到，两种极端对学生来说都是

---

① 这个说法来自于韦伯，他指出，加尔文主义者在回应宿命论的教条时，表现了自己是被选择的"标记"。

有问题的，而圣保罗最成功的教育成果可能就在两者之间，与我认为的淡定大相径庭。

最简单的关于自大的例子就是切斯·阿博特——这个走进我办公室聊天的高高在上的男生，他随意地翻看我的物品、表现冷淡，搞得好像是我"拜访"*他的*学校。在暗示自己家世显赫、理应被尊敬时，切斯没有或者其实是在拒绝承认美国精英群体的变化。在和老师和其他学生打交道时，他对我的态度暗示着是他归属于此而我或许不是——是在尝试把等级搞得明显，他则牢牢占据顶端。讽刺的是，对切斯怨言不断的学生也恰恰跟他一样家境殷实、来自于传统的精英家庭。但彼得学会与人来往时表现出他在圣保罗的位置可以用*他在做的事*来解释，而不是他的家庭可以在世界上任何一所学校里用钱砸一个位置给他。

这种情况的反方向是非白人和家境一般的学生，他们因为学校给了他们之前想都想不到的机会而产生敬畏之情。我第一次遇见马修·库尔特尼是有一次正餐聚会他坐在我的对面。我完全被他吸引了。跟他同桌进餐两周后，我告诉他的导师，"马修·库尔特尼是我见过最乖的学生。"

"说说看呗，"托尼兴奋地说，"我在读他的资料时差点儿崩溃了。我把资料给了卡伦。我们坐在那里像一对放声大哭的傻冒。他的申请文章里写了自己无家可归、跟妈妈在车里过夜的一段经历。"

卡伦是托尼的妻子，也是学校的数学老师。她跟我一样赞赏马修，很肯定托尼的泪水流得一点都不离谱："我也哭死了。"

"我们在帮孩子们安置寝室时都快向他扑过去了。我想要他跟我住在一起。像那样的孩子才是圣保罗的意义。他令人难以置信。他跟那些从加州来的富孩子们住在一起；相处得很好。"

　　每次正餐之后，马修都会主动承担大家最不想碰的差事：把盘子拿走。很快我就站出来阻止他，告诉他我希望有另一位学生来做这件事情。马修说，"我真的无所谓。"但我打断他说，"我有所谓。应该轮到其他人发挥作用了！"马修微笑着，不管我的阻挠，协助了我指定的那个学生一起把盘子清理掉。跟切斯·阿博特不一样，前者在学校里浑身散发着高人一等的气场，普遍受到跟他不一样的人所唾弃，而马修却受到学生和教师的集体欢迎。我不是唯一被他的"乖巧"打动的人。我们都很感谢他，而不仅仅是抱有期待。圣保罗对马修来说是一个机会。

　　马修对机会的珍惜怀着一种近乎敬畏的态度。在某次做学校的学术审计的过程中，我注意到黑人学生上了最多的课却拿到最糟糕的成绩。这些差别是由于黑人学生在入校的时候基础就比较差。比如好多人要从初级的数学课学起，再上更多的课"赶上"。然而，就算去掉这些补课的课时，黑人学生还是比其他学生上了更多的课。我问一个高二的学生戴文，这件事背后的原因是什么。

　　"西老师，如果你看到过我的家乡，你就明白了。你也不会问了。看看这里，世界上有多少地方和这里一样呢？没有！就是这样。这个地方，是……嗯……独树一帜。而且我再也不会到一个跟这里一样的地方。就算我去了哈佛，也不会跟这里一样。这是我的机会。我要好好争取。"

　　当我接着问，"就算你比别的孩子的成绩差？"戴文反驳说自己成绩还是不错的。"你现在应该明白了吧，圣保罗的意义远远不止成绩。"戴文想尽可能从这个学校收获更多东西。而这情况也不仅限于黑人学生。家境不怎么富裕的白人学生采用了一套类似的策略。苏珊是一个来自爱达荷州的女生，她告诉我，她周末不去镇里是因为"我来圣保罗就是为了在圣保罗呆着。康科德跟我家乡的镇子没什么不同。我从那里学不到什么。"

伴随着"从圣保罗争取更多"的是对学校和在这里工作的人很高的崇敬之情。老师们如此看重马修的部分原因是，在他身边你能觉察到这种感恩之心。对他来说没什么是理所当然的。我们可以把他跟杰尼弗对比，她告诉我自己去波士顿老家附近的任何一所学校都没有问题。虽然她明显对这样的经历抱有感恩的态度，但她提醒我，她在别的地方也能有差不多的经历。对马修和戴文这样的学生来说不是这样的。呆在家里和来这里是两码事。他们必须离家才能有大多数圣保罗学生觉得理所当然的机会。这种敬畏之心，阻碍了这些学生用一种让等级制度貌似消失的方式在学校里交际。虽然像切斯这样有地位的学生不够有礼貌，但像马修和戴文这样的学生太有礼貌了，以至于无法跟老师建立对他们在圣保罗的成功来说很重要的亲而密的关系。他们的崇敬之情实则是个阻碍，因为这使师生间产生距离感，也加强了他们交流沟通中的等级区别。他们的敬畏之心妨碍了他们将学校的经历和其中多种多样的关系具体表现出来。而且我们会在之后几章中看到，对学校的敬畏也阻碍了这些学生自如地在学校和更广阔的精英世界中周旋的能力。

很多在圣保罗日复一日的生活都强调了持续的等级安排。学生了解到等级制度定义了世界上的社会关系——就算在最不可能的礼拜堂"超凡脱世"的空间里。但学生也了解到自己能在这些固定的等级中游走。学生们采用的是与美国人以及各个社会经济阶层的人同一种的模式来理解这种努力：美国式的"勤奋努力"的英才模式。圣保罗的学生表现出对勤奋努力能创造价值的及无限机会的信念——是惊人的、极其动听的，也是很天真的。而且如此一来也很方便，因为这种信仰的反面是等级制度的一个可塑性特别强的版本：虽然他们肯定反映了自然的不平等，但他们也不被视作系统化的或是持续不平等的生产者。当这些学生找到了自己的位置，他们理解了"在这些等级制度间努力"的价值，以及这样的周旋是如何保持关系的同时又将之含糊过去的。于是等级在一个人的平时交际中隐形了——无论是跟阶级更高或更低的人交往——而且你的阶级地位单单是你努力的结果。

所以，特权包括了在两个互相矛盾的立场中抉择，一个是对等级制度的尊重，另一个是在这样的关系中建立亲密，使得这些关系看起来好像没有一个成型的结构。在学会克服这些困难的过程中，学生们领会到在学校里找到自己一席之地的重要性，而且随时光流逝，慢慢往上爬。学生们不是把世界当作是一个平等的空间，而是学会把它作为一种可能性；在自由主义框架下，备受期待的是"机会均等"而不是平等。你最终的位置通常是*你所作所为*的产物——学生们觉得他们是"通过自己的能力往上爬"。

———————

第三章

淡定面对特权

一个高效的工人不会整天都在忙，他会悠悠地走向自己的工作，笼罩在淡定和闲适的光环下。

——亨利·大卫·梭罗

想轻松搞定的事情，我们得先学着如何花力气办好。

——萨穆尔·杰克逊

我教不了你我的范儿
你可以花钱上学但你买不了阶级

——Jay Z《像我们一样的范儿》(T.I.)

女孩子们翻箱倒柜，急急忙忙地做准备。她们焦急地等淋浴喷头空出来，洗去下午体育训练的尘垢。接着翻箱倒柜。对某些人来说，她们的衣服像是对之前晚餐的再三提醒。她们冲到彼此的房间里，交换衣物、首饰和时尚建议。女孩子们看起来很清爽。她们想穿得足够性感来吸引同学们的目光，但也不能招摇得让人挑眉毛或是惹老师不快。许多人决定穿小黑裙，附加一条披肩。兴奋之情传遍整个宿舍。不知不觉就到点了。校园各处，一拨又一拨女孩子从每幢楼里冒出来。

与此同时，男孩子们正在体育训练后排队淋浴。有的人温和可亲，在公共浴室外长长的走廊里调笑；其他人很恼火自己没有直接在体育馆冲凉算了。这些男生迅速冲凉、草草刮了胡子后，就一股脑冲回自己房间。男孩子们穿得更随便——有的在夹克下面穿一件70年代复古衬衫、打条领带，有的穿运动款的船鞋和短裤。可是随便不代表粗心大意。他们的准备过程包含着意图，激动得悄无声息。男生们歪歪扭扭的队伍马上跟一批批的女生们在横穿校园的砖石走道上汇合。老师也从各幢楼里冒出来，要么跟学生搭讪闲聊，要么面带微笑地跟在这群叽叽喳喳的人后头。他们知道，孤独感马上就会消失了。现在是星期二晚上六点。整所学校都在赶赴晚宴的路上。

就在我们进入厄普尔楼的走廊前，喜迎宾客的是尖利的音乐声。每年都有一个学生会负责为学校每周两次聚餐的入座环节准备一个播放列表。在我们急匆匆赶到晚宴时，音响系统通过戳出寝室窗外的喇叭，放着震耳欲聋的嘻哈音乐迎接全校穿着正装的人。在开学的那几天里，这种音乐与即将开始的正式聚餐形成讽刺性的对比。但这种反差随着时间的推移越发不显著，到最后只是仪式的又一部分罢了。

学校里有三个食堂，而且三个食堂中的晚餐会同时进行。有两个食堂是每个饭点都会开门——一个是洞穴状的实用空间，整年学校都在尝试通过学生的艺术作品去装饰它；一个败笔。另一个食堂在设计上很类似，但更小更亲切。可能美国任何的高中都有个这样子的房间。第三个食堂就不太一样了。最近它被冠以"哈利·波特屋"的称号，因为那电影和小说中的用餐大厅与这个房间是惊人到几乎可怕的相似。有小孩的新老师通常都会在初到学校的时候带他们到这里参观；这个空间，超过其他任何地方，使这所学校的高端大气在孩子们的眼中一览无余。跟礼拜堂一样，这间房间有高得离奇的天花板；巨大的吊灯翱翔在厚重的木制桌椅上空；深色木墙板上印刻着最早的校友们的名字。墙上挂着褪了色的、几乎永不过时的挂毯，边上是曾经位高权重的男人们的画像，他们已去世很久并被人遗忘。

当学校里的人为了晚宴走进这间房间时，没人落座。我们站在指定的座位后面，噼里啪啦瞎聊着。学校的一位牧师清了清嗓子，整个大厅瞬间肃静。有时候，我们的祷告庄严而神圣："哦主啊，吾永不忘记您恩赐的财富。当我们享受馈赠时，让我们铭记那些在今夜挨饿的人们。通过您的恩典，愿这些馈赠能尽快惠及众生。"但其他时候，也有调皮甚至恶搞的祷告。深冬时，学校里的所有人都疲惫不堪，日复一日的无尽要求显得画蛇添足时，牧师可能就简单说一句，"噜叭嗒不嗒。哎哟感谢主赐予食物！"

当高一学生端着食物上桌时，兴奋渐渐消退了。我们马上意识到，这些正式晚宴上的食物要比任何一顿饭都糟糕。对厨房来说，要为六百个同时进餐的人准备一顿饭就是噩梦一场。当我还是学生的时候，星期五晚餐的标准配置是硬得跟冰球一样的牛排。配菜是熟过头的蔬菜和一份软趴趴的沙拉。但父母们对这种听上去奢华阔气的晚餐安排喜闻乐见。知道他们的孩子会吃牛排这样的事情让父母觉得花出去的钱有意义。但对我们这些晚宴的参加者来说，更多的菜是被浪费掉的。

青春期的孩子很容易就饥肠辘辘。他们好像永远在长身体，就在我们眼前。作为圣保罗对全面教育的传统视角的主旨，也是为了保证学生不惹麻烦——他们必须时时有事可忙。除了在毕业的那年，所有学生必须在每天下午参加体育活动。又要长个子、又要运动，所以他们抓紧一切机会吃东西。尽管如此，他们还是有底线的。菜的质量和不得不被逼着坐在一群不是自己选择的人中间这两个因素都限制了学生的进食。菜的质量常常反映了谈话的质量。只要晚餐开始，准备时的兴奋之情就转化为无精打采的二十分钟。一年里的大多数时候，跟我一桌的人都迫不及待地要离座。我不时尝试跟学生聊天的举动好像是对他们的一种折磨，于是我很快就被调教得跟他们一样，吃得又快又安静。

就是像这样的瞬间令圣保罗与众不同。每周两次，坐在一个美得让人目瞪口呆的食堂里，穿着正装与其他学生和老师们一起享用晚餐，是圣保罗最特别的经历之一。我也觉得像这样的聚餐会是学生们在学校里学习的核心内容。这些饭局很明显是一场训练：教学生如何吃得"礼貌"，如何与相对陌生的人进行餐桌谈话，如何区分什么行为在正式场合是合适的、什么是不合适的。但大多数情况下学生都坐着低头不语，把菜推来推去，除了想方设法快点走人外也没怎么想别的。如果圣保罗在教授餐桌礼仪中更精细和微妙的部分的话，那就是我无缘得见。学生似乎在学到的东西，是如何对这样的饭局表现出矛盾的态度——矛盾，又觉得它无聊透顶。这些餐桌上发生的一切，不是什么我会逼任何人去做的事情。

但如果饭局如此无趣，为什么学生们会很兴奋地为之做准备呢？而且如果这种聚餐没有教会学生吃一顿饭所包含的精妙细节——可能会在将来有助于他们找到一份工作的细节，那这种聚餐有什么用？研究不平等的学者常认为这些"精妙细节"是造成不平等的祸首之一。这里的逻辑是，人们在世界里的地位不止取决于口袋里的钞票，也取决于他们的文化素质。此处的文化不仅反映了不平等（例如富人爱好古典乐的说法，或是穷人喜欢听嘻哈或重金属的印象）而且也是不平等的制造者。从这个角度看，圣保罗通过给予学生未来院校会以此遴选人才的文化资源，使自己的学生占了上风。

千真万确：圣保罗绝对在学生身上培养了这些素质。然而，这些素质与我们想象的可能有所不同。学生们不是背诵和操练那些组成"精英品位和鉴赏力"的数不胜数的文化行为准则。当我还是学生的时候，作为新生整蛊仪式的一部分，一幢楼里的高三学生会给新生一本叫《蒂凡尼青少年餐桌礼仪指南》的书。新生要把这本书背诵下来，而且随时会被考到。回答错误就要受到体罚，通常就是手臂上一个深深的乌青。我这次回来，发现这些都已无法想象。学生不需要被逼着学习正儿八经的礼节，而是要学会对精英品位和鉴赏力表现得淡定，多半甚至是无所谓的态度。饭局中的学生穿着正装没有半点不适，也对与教师共同进餐一事不怎么紧张。事实上，这个饭局似有若无。他们根本不把它放在心上。这种淡定结果比单单尊崇和做出这套规矩的意义更重大——就是学生在圣保罗的饭局和其他任何地方所学到的。

新贵族

如果对这种淡定追根溯源，我们最好想想法国人的例子，他们比任何人都熟悉精英文化。如果从最初法国人发明和改善的那一套开始考虑，就再合适不过了：正装餐宴。没人比社会科学家皮埃尔·布迪厄更了解当代法国精英。我自己课题和想法的灵感也来自于布迪厄，他也同样对"接班人"这个说法着迷——那些处于法国教育系统顶端的年轻男女，在法国经济中走在康庄大道上。他们的成功似乎是早就设定好的，无论我们的世界如何剧烈变化。"许多社会学家都觉得世界变化的方式不可思议，"他说，"我觉得不可思议的是世界如何一成不变。"

他的叩问很大程度上像我自己的：学校做了什么，怎么做的，优势群体在一个越来越重视消除这种优势、变得更"公平"的系统化的院校体系中过得如何？为什么精英们能够操纵变化的世界经济？当名正言顺的贵族接班人不存在了，而且这种说法也普遍受到质疑时，为什么精英们仍能保持某种"贵族"身份，将自己的地位传了一代又一代呢？为什么，当我们周围的世界经历变化时，*谁是精英还是一成不变呢*？

众所周知，上世纪 60 年代的社会动荡使世界有了翻天覆地的变化。民权运动要求的就是整个社会的重组，从谁能坐在午餐柜台，到谁能以何种权利拥有什么样的工作，以及我们能从政府那里受到的待遇。女权运动所争取的大致相同：不应该有任何地方是只属于男性或对女性设限的。这些变化不仅关乎经济和政治权利——也逼我们颠覆性地反思自己的家庭。这些运动的核心是一个简单的想法：世界应该是开放的。如果每个人既有能力又努力奋斗的话，他们应该有达到目标的同等机会。这样的论调传遍了整个美国、整块欧洲大陆、以及通过无数其他人传到了全球各地。这些运动都遵循一个共同思路：我们需要一个对社会全员开放的新世界，在这个世界里百花齐放、百家争鸣——而不是占特权的少数分子说了算。男女老少都拥护一个基于英才的新精英群体；有人甚至质疑了精英这个说法。

看看法国高等专业学院 [①]——法国的精英公立学校，在抗议运动的二十年后，布迪厄质问如果这些教育机构产生任何变化的话，是什么？在倡导革命后，新旧世界的区别在哪里？在法国，著名的 1968 年 5 月学生工人罢工运动，部分就是针对这些精英学校的。一方面它们被视为针对精英群体的公立学校，另一方面人们认为这些学校除了一套保守的道德规范外，对他们教育的学生漠不关心。布迪厄的发现让他惊讶，这一切怎么能一成不变。精英们依然占据学校录取的生源中的惊人比例，而且在学校里的表现远远超过别的人。而且虽然法国高专采用了 1968 年的话语体系——英才、开放性、关联性，布迪厄发现事实上它们还是针对"贵族"的公立院校。岂有此理。在法国有一个共识，1968 年后国家焕然一新。但布迪厄的研究暗示了，在精英群体中，这仍是镜花水月。贵族们仍然享受着他们的系统优势。

---

① 以下简称"法国高专"。——译注

　　教育机构的组织逻辑决定了什么是勤奋应有的样子、什么样的努力会被承认、学生们应具备何种素质。1968 年后，这些标准不应该再偏袒贵族了。取而代之的是客观的标准，强调成为一个好学生、好学者甚至一个好公民的"代价"。但布迪厄发现，这个"新"院校的组织逻辑仍旧反映了贵族的地位。简单说吧，游戏规则始终跟精英们玩的那套相符合。"客观公正"是一场骗局。原因就是贵族在精英学校中持续感受到的淡定。

　　于是，在给"淡定"或"天生"才能下精确定义的时候，大家以为我们能认出那些地道"讲究"的行为和说话方式。由于他们在获取这些行为的过程中没有留下任何用力过猛或努力的痕迹，我们说的其实是：所谓的淡定是属于一部分人的特权，他们无意识地通过在家里的耳濡目染习得了他们的文化，而学术文化也是他们出生文化的一部分，他们能与之维持一种熟悉的密切关系。这一点，表示这种获取过程是无意识的。

　　那为什么等级制度在法国高专和广义上的法国社会中一成不变呢？为什么精英们仍然是这些学校的中流砥柱，而且更有可能一帆风顺呢？因为在进入这些学校以前他们一直都在发展日后对自己有利的事宜。他们在这些学校中如鱼得水，学校也会奖励那种对他们来说早就"自然而然"的行为。结果是比以前潜伏得更深的不平等，因为今时不同往日，新的标准不偏袒任何人。赢家不占据有利条件。他们也付出了代价。

这个解释在美国行得通吗？我们可以看到人们对淡定现象有许多种解释。但把淡定与努力和英才的框架相结合，会产出一群特殊的美国式精英。在圣保罗，带着自以为是的淡定态度入学的学生会遭受激烈的抵制和挑战，就像埃文·威廉姆斯身上发生的。淡定不是简单的家族遗传；它是从学校里的种种交往中产生的。圣保罗的每一天都是对自身的教育过程，而缺乏诸如此类经历的自以为是会遭到无情抵抗。

回到一周两次的饭局：重要的不是从细节上指导学生如何吃一顿正式餐宴。今日的精英不在文化周围修墙造河——抵制他人得到自己拥有的。对新精英来说，知道一些特别的事情（比如哪把叉子是吃沙拉的）不是关键。在这个自由的信息时代里，要捍卫关于*世界*的知识不再易如反掌——几乎所有人都能学习关于柏拉图、古典音乐或是什么葡萄酒搭什么菜这样的知识。而且在上世纪的诸多社会运动发生以后，把人们排斥在这些知识以外的做法是不合理的。然而，如何*与时俱进*包含的知识要难得多。所以吃那顿饭——很讽刺地说，这件每天都要做的最普通的事情，要比知道点什么菜更有挑战性。后者需要的是人人习而得之的认知性知识；前者需要的是在某些特殊场合的经验中培养的有形的知识。两者的区别是，学习规则是简单的，而学习实践要难得多，因为这需要把抽象的关系放到现实生活种。个中的巧妙把戏，如果我可以这样说的话——特权的标记、有形的淡定，绝对不易形成。看上去自然、简单的素质，实质上是要通过在精英院校里反复获取的经验和教训才能习得。结果就有了一堵几乎透明的墙。表面上的轻而易举意味着，如果有人不知道如何表现出淡定，某种意义上是他们*自己的过错*——他们不天生具备某些先决条件。于是，不平等的结果不是有利于部分人的先决条件造成的，而是自然"发生"的。

启蒙仪式

　　高三毕业生在最后一年返校时有一种傲慢的闲逛姿态。我不是唯一发现这点的人。"他们回来的时候变化可大了。"简·克鲁尼，我楼里的系主任笑着评论。对她来说，就好像孩子回家一样；其中的许多男孩子跟她同住一栋楼好多年了。"天啊，真的能看到他们变了很多！不仅是看上去更成熟——史蒂夫肯定是，走路和说话的样子都变了！只要看看史蒂夫。他的胳膊长回来了，胸膛像孔雀一样挺出来！"简笑得合不拢嘴，而我也忍不住笑起来，虽然这只是我第一次见到史蒂夫，"他还是新生的时候眼睛总是向下看。他们现在却表现得像山大王。"简的笑声马上转变成郑重的口气。她的目光从高三毕业生身上转到我身上，警告说"我们对他们得盯着点儿"。

　　这种自信是从极谦虚的状态演变而来的。在他们最初来学校时，新生走路的样子好像是带着一个巨大的负担，肩膀朝前、下巴差点顶到胸。这些十三到十六岁的新生几乎时时都成群结队漫步在校园里。他们看上去不太像是占着这块地方，倒更像是要离开。抵达圣保罗是一份卑微甚至艰难的体验。无论出身贫穷富贵，大多数学生都至少表现出些许震惊。学校有两八平方公里细心规划的土地和大约一百幢哥特式建筑，精心修剪的树木和砖石路环绕四周，这几条蜿蜒小路的尽头是学校自己的几片小湖和几条小溪流。在抵达学校的那一天，他们不仅要马上开始校园生活，还必须离开对他们大部分人来说唯一熟悉的生活。对初三和高一的学生来说，最令人望而却步的就是收拾房间、打包行李、装车，再搬进一间很有可能跟一个陌生人共享的完全未知的房间①。他们还必须跟父母道别——通常一别就是好几个月。虽然他们对这份新生活已经有了很久的心理准备，但几乎没有新生对即将迎接他们的人和事做好充分的准备。

抵达学校的时候，新生马上要去校长家会见学校领导。校长和他家人住在一幢位于校园中心的宅邸中。此刻屋子里挤满了新生和他们的家属。在那里学生要领一支有学校标志的钢笔，并在学校的官方卷轴上签到——标志着进入圣保罗。不是家长为他们的孩子登记，而是孩子们自行登记，这一点冒犯到某些家长；我听过不止一个父亲嘀咕，"他们知不知道付学费的是谁啊？"虽然没有学生给学校写纸片，但他们无疑通过在学校的第一项活动被灌输了一种自理、责任和权威的理念。是他们，而不是老爸老妈在虚线上签字。这种独立观念会把入校时担惊受怕的男孩女孩们转变成简·克鲁尼和我忍不住要笑一笑和担心

① 大多数新生都要跟别人合住，只有少数会住单人间。总体上有个室友的好处（在你挣扎的时候有人知道或是做一个普通的朋友）远远超过潜在的风险（室友间相互憎恶的情况）。

一下的自信甚至傲慢的年轻男女。

签到后不久，这些"新男生"和"新女生"——被亲昵地、自我屈就地、持续地称作"菜鸟"的人，会见到他们的"老男孩"和"老女孩"（通常是高三的），并被领着参观一下校园和他们的宿舍，接受简单的学校介绍。当这一幕开场戏在我到校首日演完时，我跟其他导师和四个住在那里的高一学生坐在宿舍楼的休息室里。当时是早上八点；房间里充满了甜甜圈和木材清洁剂的香味。我们翘首以盼，而在等新学生和他们的老男孩陆续来到并整理房间的过程中，很快就疲倦了。山姆是当年我作为辅导员接手的四个学生之一，他首先到达了。山姆是一个新的高二学生，也是另一个从这里毕业的老师的儿子。他动手卸行李的时候在这新住处显得极为淡定。不像其他学生，想了个把月要带什么必需品，还有这些东西怎么装进房间里，山姆知道如果忘了什么，只要走到校园另一边的母亲的屋子里拿就可以了，他就连穿的都很随便。其他的新生在开学首日穿的都是刚买的衣服——我观察到许多刚拆了包装的衬衫上的折痕，山姆却只穿了一条旧短裤和 T 恤。在还没人能跟他比的时候，我以为这种表现是完全正常的。他身上的自信恰恰是我期待在圣保罗学生身上看到的。他们会表现出享受有特权的生活后拥有的舒适和淡定的状态。然而，我马上意识到这个去年就住在学校里又有一些年长的山姆早已占尽了先机。

这些学生有的极度亢奋，有的拒绝眼神交流，有的显得呆若木鸡，还有的用尽力气摆酷却一败涂地。他们共有的是恐惧。我怀疑那些装得好像已经属于圣保罗的学生——那些在录取过程中表现得圣保罗完全适合他们、像自家客厅一样的人会被学校大量录取①。我还期待学生的外在表现有所不同，即承袭了"传统"圣保罗血统的人——那些来自于有头有脸的精英家族的学生，会在学校里显得最为如鱼得水。简单说，我期望着布迪厄在法国发现的那种定于形的淡定态度，也会在圣保罗的新生身上表现出来。

在这第一天，除了山姆这个教工子弟，这种淡定态度难觅其踪。大多数人显露出的都是恐惧和尝试克服或隐藏恐惧的举措。威廉姆是一个新来的亚裔美国人，在我自我介绍时没怎么跟我握手就溜到自己房间里去了；他从未与我做过眼神交流。乔什，一个新来的教工子弟，装作忙得没空搭理（虽然他母亲早就为他把房间整理好了），低调得越不起眼越好。我看到他在进屋子前特地确定了谁在公共区域里；他花了几分钟蹲点，直到有个家长吸引了我的注意，他才得以不用跟我说话就能穿过公共区域。

家长都很乐意操劳。他们管这管那，力求完美，假装忽略明知接下来会发生的事。有几位母亲坚持要把孩子的房间摆得跟在家里一模一样。许多父亲开始一条一条地试自己儿子的领带："对你来说可以少操心一件事。"他的两个儿子反抗起来，说是自己知道怎么做，但老爸还是继续，"这会让你过得更轻松。而且如果你妈妈知道你的领带能系得美观大方，她也会好受些。你们知道她希望你们看上去挺括。"

---

① 申请过程的竞争相当激烈，大约是 2000 个人争取 200 个名额。

过了几个小时，学生整理完房间没多久，家长就被要求离开。这一刻对很多新生和家长来说都是无比艰难的时刻。家长尽量让他们的孩子不要对道别太过悲伤；学生也不想别人第一天就看到他们流眼泪。道别的时候，很多家长承诺，他们会在即将到来的运动比赛或是十月中旬的家长周末①回来。其他家长和孩子知道，虽然没人说——他们在十一月感恩节假期前都不会再见到彼此了。对大多数初三和高一的学生和他们的家长来说，这两个半月十分漫长。临别时刻，许多家长知道这是有史以来跟孩子分别最久的一次。学生对离别之事的反应与家长大相径庭。大多数站在宿舍楼台阶上的孩子们，说再见时都没有很由衷。大部分都挺冷淡的。家长拥抱自己孩子时，很多人几乎都没有把手臂环绕在父母的肩膀上。还有人跟自己父母道别时草草了事，而且表现得对他们的存在很不耐烦。

如果我们单单看到这些道别，可能会认为寄宿学校确实名副其实：富爸爸们送碍手碍脚的孩子们去的地方。大多数父母在跟孩子道别时都尽量表现得很开心。老爸摸摸儿子的头发，有位母亲微笑着给她的女儿做最后一点提醒，还有一位家长甚至解下一条珍视许久的项链系到女儿的脖子上。他们驾车离开时与孩子挥手告别；轿车喇叭发出庆祝的声响。大多数学生在他们父母终于离开后都看上去松了一口气。他们急匆匆赶回宿舍，

---

① 家长周末：美国寄宿制中学和大学会在学期的某个周末安排一系列活动，邀请家长到校园里与孩子们共度亲子时光，有时候学生也会趁这个周末回家。——译注

迫不及待迎接下一件事。但没几天后，甚至几个小时后，父母就会感受到真正的思念和痛苦。我会接到许多哭哭啼啼的父母的来电。虽然泪水要流得少些，学生们在房间里也受着相似的煎熬。

晚上 17:30 前父母全数撤退。17:45 老师和新生在宿舍楼里的公共休息室见面。学生们晃荡着走进来，许多人脸上带着震惊的表情。好多学生穿着稍稍偏大的夹克衫；父母们知道不会再有为他们似乎一夜间长大的青春期的孩子们买新衣服的机会了。我期待在下一代精英身上看到的剪裁合适的衣服踪影全无。很多男孩子看上去有点害羞，就像是穿着老爸的西装一样。凸出来的垫肩超出了他们的手臂，袖子遮住了手掌，让他们看上去比真实的自己还要小一寸[①]。

大家磨磨蹭蹭到齐后，我们穿过校园去参加整个学年的第一场正式聚餐。新生知道今晚很重要，但现在还没进入状态。在路上，我们遇到一些还不知道应该穿什么出席的女生。有些人看上去好像是要去高中毕业舞会或是一定要西装革履出席的正式场合。也有人穿了女生气很重的连衣裙，好像初中的天真无邪犹存。这些女生现在还不知道，但马上这些衣服都会被塞到衣橱的角落里。

一路上从我楼里出来的那些男孩子好像越来越隐匿在自己的西装下。我们静静地挪动着。我想要搭讪的愿望破灭了。这

---

① 学生在就读期间外表上会出现巨大变化，因为很多人来圣保罗念书的时候才刚到青春期，而离开的时候已经是成人了。

些男生拖着脚步、目光低垂，在去食堂的路上一直都在踢小道上的鹅卵石。这首次聚会的目的是为了教会新生关于正式聚餐的规矩。座次也相对简单易懂。接下来一年里顺序会不断被打乱，但今晚他们跟同宿舍楼的人一起进餐，楼长会坐在桌子一头，旁边都是新生。要教些十三四岁的人如何用餐这件事对我来说挺别扭的。但那就是我们要做的。简·克鲁尼已经在校有几十年了，她引导了无数学生度过这最难熬的头几个小时，对要说些什么胸有成竹。八个新生坐在了分配给我们的一张笨重的长方形桌子边；简和我跟另一个新老师也坐在那里，然后服务人员把大盘大盘的裹粉鸡肉和煮烂的蔬菜放在圆圈中央。简差不多立即就开始教大家。

"西老师，你能不能帮助大家一下？谢谢。对老师一定要说请和谢谢。而且，大家对这样一顿正餐表现得太害羞了。记住你一定要吃。这是你每周二和周四唯一吃晚饭的机会。"学生纷纷点头。他们好像很高兴能去关注某个人、去照做一些事来暂时忘记这似乎越来越恐怖的场面。我开始发盘子，把鸡肉分到每个盘子里，试着（虽然失败了）把食物摆成让人更有胃口的样子。

简对大家的沉默立即做出了反应，她说，"没什么比坐在一张没有开口说话的桌上更糟糕的事了。今年有很多机会你都会跟你不认识的人坐在一起参加正式聚餐。你会跟你不熟悉的老师坐在一起。但这不是要折磨你；这是个机会。结识一下跟你同桌的人吧。你永远不知道可以通过这些放松的谈话交到什么样的朋友。如果你在这个场合下感到很不舒服，也对加入谈话感到别扭，那么每次吃饭前你可能就要带点什么来。"

乔治是一个在西部农村长大的男孩，与圣保罗的一切显得格格不入，他大声问，"我应该带点什么来？"

简忍不住笑出来。她那热情友好的性格瞬间爆发，但在差不多立即意识到她可能让乔治觉得更尴尬时，她的语气从嘲笑变成温和，回复说，"哦不是！乔治，我说的不是一样东西，虽然那可能也会挺有意思的——我说的是一个故事、一点新闻、一些发生在你身上的趣事或是世界上发生的事情。好吗？你吃完后，把刀叉放在盘子里，面向自己，像这样。"就在简在她几乎是空的盘子上演示这个动作时，她看了看周围，发现那些男孩什么都没有吃，"乔什，你什么都没有吃！"

"我跟我妈妈在下午吃过东西了。"

"哦，好吧。"简决定不再继续逼乔什。从他轻得像蚊子一样的声音里能听出来他有多不舒服；她不会加重对他的折磨。简决定不把学生单拉出来。她继续指导，"现在，很多人都要急匆匆地吃完饭离开。我最讨厌学生们这样做。请别这样。要等每个人都吃完。耐心点。在我们都吃完以后，桌上有个人要把菜盘都清理掉。你在清理菜盘的时候，要把它们送回厨房。厨房的员工会帮助你的。一定要谢谢他们。然后要有人收拾盘子。通常没人想做这件事。因为这更困难，盘子更重，要花更多时间。如果谁能提出清理盘子，而不是要西老师指定一个人的话，就很好了。"

简不说话了，而我明白了她的暗示，决定谁都不叫。诡异的沉默，学生们面面相觑，觉得自己应该做些什么但不太确定应该是什么。本是第一个领会到大家在等什么的人。"能由我来清理这些盘子吗，西老师？"

"谢谢你，本。"

当他开始收面前的盘子，把吃剩的菜刮到一个盘子里，而将其他盘子叠起来的时候，简对这种糟糕的餐桌礼仪发起了牢骚。"本，请不要在桌上清理盘子。把盘子端到分菜桌上，在那里搞。"本害羞而笨拙地挪到了分菜桌边，还尝试找个方法把清理到一半的盘子带过去，而简对这个年轻男孩的同情心使她找到一个方法来帮他，"如果有谁能帮个手就好了。"

就在这个时候，这些男孩们都迅速站起来把自己的盘子端到临近的分菜桌上。在她笑着对男孩们说"谢谢！"的时候，我与简对视一笑。她对这样的情况见怪不怪了，而且我知道不久以前我也一样是个有点迷失的男孩。

虽然苦苦挣扎了一番——比任何之后的会餐都要痛苦，但我们的第一顿饭终于结束了。学生们都看上去闷闷不乐的。他们几乎粒米未进。我们坐在被称为"哈利·波特大厅"的食堂里；这地方的效果之一就是让人觉得自己无比渺小。房间的庞大和高高的天花板、深色木镶板和故人的画像似乎都在强调这个空间的重要性和在座各位的微不足道。学生们在聚餐结束时显得更渺小了，肩膀垂下，头像乌龟一样缩在肩膀间，两臂紧贴身侧。我们吃饭的时候，周围是一百二十五个从其他楼里过来的崭新却同样紧张的学生，大厅安静得诡异。除了几个老师下的命令外，很少有人开口说话。高三学生经过食堂外，偷偷张望并大声笑，像是在不断提醒我们这尴尬的沉默。

就算是埃文，这个自从入校就一直在试着散发自信的人，也浑身不舒服的样子。没人知道在这个新的环境里怎么是好。他们对这个地方没有真实体验，不知道在这里是什么角色和身份，也不知道怎么控制一言一行。虽然许多学生以前跟家长一起在餐馆、乡村俱乐部和节日聚会上吃过正餐，但经验好像在这里失灵了。可能是因为与每天舒适的生活完全脱离后造成的不适所造成的。但所有的学生——无论富贵贫穷、黑人还是白人，都在这第一顿饭、第一堂课上表现得坐立不安。

慢慢地，通过一年中一次又一次的聚餐经历，这些学生会学会如何在正餐时表现得像是"平时"吃饭一样——就像他们没跟老师坐在一起似的，而年长的学生呢，就好像他们没有穿着西装领带或是连衣裙一样。简单说，他们会学着去搞定它。我在校的每一年，正式聚餐从来不是进行轻松对话或随意开个玩笑的地方，没有哪个学生会刻意去说点俏皮话。但这最终会变成家常便饭。

但在这一学年的早些时候，没有"菜鸟"知道怎么去搞定一切。第一堂课也是一个信息：你还不懂怎么做最基本的事，但我们会教你，从零开始。这堂课和之后其他课是种子，是一种自我意识的培养，这是每个学生将来都会赖以生存的东西。如何跟长辈坐在一起，如何自如地穿着西装和礼服，就像是天天穿的衣服一样，如何闲聊——所有这些技能还没有培养就已经开始慢慢印刻在学生身上了。学校把自己放在等级制度的顶端，其他人一级一级地往下排。是通过这样无休止的练习、参与到等级阶梯里、学习各种规定、弄清楚什么时候爬和什么时候停之后，学生才能最终不受等级制度所限，而是利用它让自己上升——学校教了他们正确向上爬的方法。

用餐后，所有新生和老师都要去老礼拜堂参加第一次晚祷活动——从 1856 年建校伊始就保持的传统。老礼拜堂是整个校园最美丽的地方之一：位于校园中心地带、私密，也放不下所有的学生。但全体新生都要在睡前在这间礼拜堂里度过他们的第一个夜晚，而且所有临近毕业的学生也要在这里做最后的晚祷。这些首祷和晚祷活动被赋予了巨大的象征意义。克雷格·安德森（Craig Anderson）这位校长兼前任主教大人主持着傍晚的整个流程："现在，让我*真诚*欢迎你们来到圣保罗。从此刻开始你们将在这里共度时光。而我们要先祷告。你们在这里的这段时间，会听到和学习许多祷告词，但这段是特别的。它会成为*属于你*的祷告。这是我们的校祷词。"

当他说这些话的时候，我在想，"校祷词是什么？"我很惊讶，在学校那么多年我还是不知道这么基本的东西——理应是*属于我*的祷词。在我变得更紧张前，想着可能自己没有自以为那么了解学校时，安德森开始了祷告，"哦神圣的主，因这生命中的所有幸福，我们永远不会忘了要善良。请帮助我们在友谊中要无私、对没有我们快乐的人要关心，且要乐于承担他人的负担。耶稣基督我们的救世主，阿门。"

我很吃惊。距上次我说出这些话或其他祷词已经有九年了，但我不需要去念——这些词就像条件反射一样从我嘴里蹦出来。我都记得。而且虽然对自己在校的时间没有多愁善感的情绪，我仍觉得这是一个感情上颇受触动的时刻。这是我的祷词，可能是我唯一的祷词。然而这些新生大多面如槁木、无精打采。他们说祷词的时候有气无力。祷词对他们来说没有像对我那样的象征意义。从一个像圣保罗这样的地方学到的东西，它的力量是随着时间增长的。这些学生会在接下来的几年里跟各种各样的老师有多少礼貌的谈话呢？他们会背诵校祷词多少次呢？而且每受教一次，这些技能会愈来愈深地影响他们是谁。这种影响如此之深，以至于几年后他们还会记得那段祷词，而且它不受控制地仍保有一定意味。

在学生离开首次晚祷活动后，一阵响亮的喧闹在外面爆发。那些还在室内的人看上去都惊呆了。他们在走廊里拖行，慢慢穿过老旧的木门走入黑暗。包围着老礼拜堂的是所有的高三学生、宿舍长和许多老师。他们在为新生欢呼。通过这首次夜祷，他们已经成为了圣保罗的一部分。这是一天中第一个真正意义上的欢乐时刻。新生依次经受了整理房间、向父母道别、穿戴正装、学习餐桌礼仪和一场庄严的宗教仪式的折磨。但现在他们在学校的第一天到达了一个戏剧化的高潮。根据传统，那些在接下来九个月会与他们一同踏入礼拜堂、即将以校友身份离开的学生们要为新生们欢呼，为整所学校欢呼。

住我们楼里的高三学生找到我们的新生并拥抱他们，在他们身边尖叫，还鼓掌。他们的叫声不可思议。但新生们那激动和松一口气的状态是显而易见的。学校可能还是有点意思，而不全是阴郁的功课。在我们一起走回宿舍楼的路上，新生松了松领带；也有人把衬衫从裤子里拉出来。乔治看着其他学生，笑着说："太棒了！"他们也都笑着点头。

这些活动的余震没有在学生身上消失。"好吧，我以为我已经把以前的我留在家里了，"一个叫杰森的新生告诉我，"然后经历了所有这些事情后，我意识到我已经是一个崭新的自己了。我是新事物的一部分。我要从头开始。然后我们做了这些事情，比如吃饭，还告诉我怎么做这个、一定要做那个……但都还不错。我现在是这里的一分子了。是有点紧张，但我知道一切都会挺好的。这些事情让我觉得自己是新人，但又是某项古老传统的一分子。好酷。"

圣保罗象征性的入校仪式——从学习进餐到首次晚祷到几天后的入座仪式，制造了"新"学生。这一堂堂课追求的是把每个孩子从心惊胆颤、连穿着自己衣服都有点忐忑的菜鸟转变成某种新的角色，一个"圣保罗人"。学会成为这个新的自我，很大一部分是学会具身化一套新的关系和估量自己在其中的位置。杰森和其他学生当然知道怎样进餐：这样的事情他做过几百上千回了；他们父母毫无疑问在餐桌上纠正过他的礼仪习惯。但还是有指导存在的必要。圣保罗认为他要从头再来，从最基础的开始。过去的特权经历不足挂齿，反而是在学校上的课才是最重要的——从此刻开始。机会在你手中。

穿什么和怎么穿

每种不合规矩的衣着新生都有。男孩子带了高翻领毛衣，以为这要比衬衫领带更容易穿到正餐聚会上。家长也支持这种打扮，觉得会比较耐脏和抗皱。这些新买的高翻领毛衣登场仅此一次，然后就再也不会离开衣橱了。女孩子带了些过于女孩子气的日常衣物（比如印着花朵图案的连衣裙）和会马上被吐槽不够性感的正装（朴素的全身长裙）。她们行李箱的大部分空间都装着"小女孩"的衣服——她们会马上明白，这样是好也是坏——应该要穿得像个女人。几乎所有新生，无论是男生还是女生，带来的衣服都太大了。虽然对这些在长身体的孩子来说比较实用，但他们会很快拒绝穿这些超尺码的衣服。

我是在学年第一个月的月末才开始注意到新生衣橱的缩水。我一开始以为是学生不能或不愿洗衣服导致他们没干净衣服穿。然而我注意到，自己楼里的新生讲究地一周要少量地洗好几次衣物，还发现很多新生定了每周上门取递的私人洗衣服务。学生不是在洗衣服方面有困难；他们是只有少部分衣服能选择来穿。

秋季的第五周周末是家长周末，很多学生会在那时回家两天。那些住得太远的人通常会跟父母在当地宾馆（或是到波士顿或纽约的宾馆）住两天。大多数国际学生跟其他住在新英格兰洲或离得比较近的学生"回家"。

几乎所有学生回来的时候都焕然一新。他们有了新发型、新衣服、新鞋子、新手表、新的房间布置、新音乐、新的DVD——好像所有东西都是新的。这个转变非常戏剧化。当我的一个学生迈克尔从康涅狄格州回来后，我差点认不出他了。"迈克尔！你……你剪了个新发型！"

"是的，西老师。"迈克尔单调的回答透露出他对我注意到他形象变化一事的不耐烦。

"迈克尔很想要一个新发型，"他的妈妈插话进来，"他在我印象中去辛迪那里已经很久了，但这次他想来点新鲜的。"

"妈！"

迈克尔发现了一个来自同镇的高三学生剪头发的地方，并在几周前就安排好跟他妈妈一起到同一个人那里剪。迈克尔入校的时候有个男孩子气的发型——某种跳上跳下、晃来晃去的西瓜头，突出了他仍然稚气的脸部曲线。在他十月份返回学校的时候，他两边的头发都剪得很服帖，头顶上尖尖地隆起。他明显花了很多时间站在浴室的镜子前面，捣鼓着怎么用美发用品。他努力想要看上去更有男子气概。

肯是一个从纽约来的新生，他返校的时候带了好几袋的新衣服。学期开始的头三个周六晚上，他都穿一件夏威夷风格的衬衫。他很明显喜欢那件衬衫，而且可能还觉得在周末晚上穿着它漫步校园颇有庆祝的意味。但第三个周末的时候我听到有几个高三学生就这件衬衫调侃他。我再也没见他穿过这件衣服。他的新衣服格外地有学院范儿。他带了几件亮色的有领 Polo 衫和一条有粉色斑点的方格子裤子。在假期后的第一天，他穿了两件衬衫，每件的领子都竖了起来，搭配那些裤子。他开始裸足穿船鞋，这成为一个持续的习惯，以至于到了深冬季节有老师开始提醒他可能会感冒——有个老师甚至要求他回宿舍把袜子穿上。

假期后，我注意到墙上的新海报和从屋子里传出的新音乐。格蕾丝是一个以前经常到我办公室来跟我讨论小提琴的学生（我和她都会拉），这次她过来问了件不太搭调的事情。"西老师，呃，你听说过 DMX[①] 吗？”

"你是说，唱'漆黑不见五指，炎炎地狱'的 DMX？"

"呃……"格蕾丝不知道我提到的老专辑是什么。

"那个饶舌歌手？"

"对！"

"当然听说过。但很久没听了。我不太听饶舌乐。"我说出这话以后，格蕾丝有点失望地看着我。虽然我是个年轻的老师，那刻我觉得自己有点儿，苍老。

"我刚买了 *Grand Champ*！"

"*Grand Champ*？"我大声问。

"他的新专辑！"

"我已经落伍了。"

抓住这个帮我赶上潮流的机会，格蕾丝说，"你应该听一下。"这样的谈话让我震惊。对格蕾丝这样一个从波士顿郊区来的女孩来说，这似乎是个不太可能，而且突然的转变。

这个话题没有停留太久。几个月后，格蕾丝和我马上回到了讨论小提琴曲目和技巧的节奏里。但是格蕾丝抱着极大的热情尝试过硬核饶舌。个把月后，我问她为什么买了那张专辑。

"我不知道。我想你是明白的，我去了第一次舞会但是我真的一首歌都没听过。在中学我还听过一些呢，那些歌也很有趣。所以我感到有点不合群。而且安博——我的室友——她老是在听 DMX 的歌。所以我就是想去学着听一下。我真的再也不怎么

---

① DMX：原名艾尔·西蒙斯（Earl Simmons），美国说唱歌手。——译注

听这样的歌了。挺怪的。我好像还是有点喜欢这些歌。哎，我不懂。"

这次谈话之后的数月，我当了一次舞会的监护人，格蕾丝也在那里跟着 DMX 的歌唱，跳上跳下，两手从肩膀舞到膝盖边——模仿最新的嘻哈视频里的动作。

迈克尔、肯和格蕾丝回到学校后，外表和行为举止都发生了变化。没有哪个变化是一次性定型的。他们没有马上融入学校的新生活，在换了新发型、衣服或音乐后也不一定就有了归属感。了解沙拉叉和正餐叉的区别、知道古典时期音乐和巴洛克时期音乐的区别，或是分辨现代与后现代艺术不是圣保罗教育中最重要的部分。作为一个老师我感到很沮丧，最重要的学习过程跟教室里发生的事没什么关系（虽然我们会在第五章看到反例）。这些学生反而在学一些其他的高中生也在学的稀松平常的俗事：衣着发型、怎样随着不同类型的音乐摇摆。他们在千万个不同的方面学着如何将一个新的角色和位置具体表现出来。

在迈克尔的例子里，他在他妈妈和我注意到他的变化时表现得很沮丧——我俩点出了他希望是自然转变的那个过程。肯学会了作为一个学院范儿的纽约客"应该"要穿什么。在格蕾丝的例子里，就是要表现得好像她懂饶舌、喜欢饶舌。这三个人都从老生身上学到如何把自己变成一个更合格的"圣保罗人"。重要的是，虽然这一堂堂课是认知意义上的——这些学生们意识到什么是"合适的"，但他们的内里经历的是一种表演性质、身体力行的转变。十月的那个周末发生的是一阵身体变化的小旋风——如何遵循对一个精英的仪表上的期待的规定。

这些转变跟我们以为的经典精英行为没什么关系。其实它们好像就是最普通的高中生大改造。但却是这些表面上很肤浅的细节成为了日常生活的主心骨，且对一个人能毫不费劲地把自己定位成一个"圣保罗人"十分关键。虽然迈克尔、肯和格蕾丝在到圣保罗读书前就已经是精英了，但他们仍然要从头学起——他们与生俱来的淡定是不够的。

虽然他们的父亲可能在这些学生在学校的卷轴上签到时嘀咕两句，*到底是谁付的钱*，但这样的独立，无论是真是假——是在圣保罗的关键一步。这些经历给了学生一种感觉，就是他们的地位既不是他们祖先打拼来的，也不是对财富的继承——新的或旧的形式。他们反而是通过自己努力和对必要经历的缓慢培养来坚持在学校待下去。所有学生都要从零开始学：从最基本和日常的地方开始改变自己，从吃饭到穿着。当他们开始接受自己新的外表时，这些世俗的社会实践行为也在模糊学生彼此之间的差异。许多在圣保罗发生的事，看上去跟在其他高中发生的一样，是荷尔蒙旺盛的表现。但这种表面的相似是关键：学生们学会让自己和其他非私立学校的学生之间的差异消失，或者更确切地说，是消除自己和非精英世界的他人之间的差距。这样就能建构一种说法，就是圣保罗与其他学校的区别不在于明显的特权和财富。他们跟我们看上去一模一样。不是说他们拥有我们获取不了的特权信息，也不是说他们用财买通自己去一些高级俱乐部的路，而是说在特权被成功具身化后，他们和我们的隔阂显得自然，这几乎是"他们是谁"造成的不可避免的结果。

差异

如果有特权背景的学生不利用他们已掌握的特权，那是因为他们可能还掌握着其他帮他们在圣保罗步步为营的资源。其中之一可能就是精确的分辨能力。我们可能以为让精英群体与众不同的是我们其他人可能做不到的分辨细微差异和品位的能力，而这种能力或许使他们占据有利地位。你穿的西装要花1000美元还是10000美元？你可能知道巴赫的哥德堡变奏曲，但你知道旺达·兰多芙斯卡的经典版与格伦·古尔德才华横溢的特殊演绎版，还有穆雷·佩拉希亚大胆的现代合成版之间有什么区别吗？你能区分一瓶1980年和1981年的波尔多葡萄酒吗？毫无疑问有一个关于这些细节的世界，一整套透露你对生活中高雅事物的了解的语言。

做一个圣保罗人意味着了解这些细微的差别。有一天傍晚，坐在我宿舍楼公共休息室里的一个高二学生哈里森正在跟一个新生讨论买礼服衬衫的时候要注意什么以及哪里能买到。他们刚从正式聚餐回来。哈里森已经过了青春期，比其他男孩子高许多。他的声音很低沉，而且他的口音里有一股强烈的受过英式教育的痕迹。哈里森在学校很受欢迎，也受到诸多年轻学生的尊敬。我觉得他好像浑身有股权威的味道。这里发生的不是对话，而是哈里森一个人在那里滔滔不绝地显摆自己的知识，告诉别人他早就知道了其他人应该要了解的东西。我忍不住想到，这个场景是呈现那些把精英与社会大众分开的东西的最佳范例。

"你要注意线脚的数目。我说，这件品克牌衬衫是 200 支的——这比我的 Polo 衫要柔软轻盈得多。"我很自豪自己知道哈里森在说些什么。我也想过要买一件托马斯·品克的衬衫——但我那尚未摆脱的移民心态占了上风；我没法说服自己去花那 150 美金。哈里森继续说，"但是品克牌的衬衫还是不怎么适合你。就是说，如果你去像萨维尔街这样的地方——离邦德街不远，你能买到一件*真正*的衬衫。为你而做的衬衫。"在房间里我肯定有其他学生跟我疑惑同一个问题："邦德街在哪里？"（可能在康科德或波士顿，但也更有可能是在纽约），但没人愿意承认这点，所以也没人问。

然后哈里森开始说到这样一件定制衬衫的护理工作。"问题是这里没有能洗这些衬衫的地方。你不能直接把它们放到洗衣机里，而且干洗也会把衣服弄坏的。这真是个问题。我现在是在水池里洗。可能还是管用的。手洗是最好的。但这真是个问题。我之前没有想到。"

这是我不知道的。我从来没有想过手洗自己的衬衫。我没意识到自己是在毁衣服——但我马上想起也没几件能被毁的。虽然我的兄弟近十年都住在伦敦，我也常拜访他，我还是不知道萨维尔街在哪里，也不知道这条街因高质量的裁缝而著名。很明显在场的其他年轻学生也不知道。在哈里森脱下衬衫让其他学生摸一摸的时候，我忍不住也加入到这个仪式中，感叹衬衫的柔软质地。我被那一刻蛊惑了。我目睹着新精英的训练过程。

次周周日，我开车跟楼里的三个高三学生詹姆斯、彼得和艾德一起去波士顿吃粤式点心。在路上，他们都提到了哈里森跟年轻学生的对话。

"我听说星期二哈里森跟那些菜鸟说衣服还是别的什么话题的时候你正好值班。"

"是啊。还挺有意思的。"

话音刚落，艾德就插进来说，"全是放屁，简直了。"

我真的惊呆了。

"谁要买像那样的衬衫啊？"彼得故意问。

"连我老爸都不会。"詹姆斯也决定加进来。我知道詹姆斯和彼得都来自比较富裕的家庭。既然付得起圣保罗的学费，他们的父母也能给他们买像哈里森穿的那种衬衫。

"是啊。可能拉里会买吧。"

我以为我楼里的高三学生可能跟别的高三学生不太一样，就问他们拉里是谁。

彼得回答说，"哦，那些从香港来的人。他们穿得可狂了。"

但为了强调这是香港特色而不是圣保罗特色，詹姆斯跟我说，"对。但这里没有其他人那样穿。哈里森不知道自己在说些什么。"

当时，在哈里森跟新生的谈话后，艾德的房间里来过一些人向他咨询。新生们很担心即使跟家长一起疯狂购物后他们还是买不到合适的衣服。所以他们去找艾德这个高三学生讨教。艾德骄傲地说，"我的衬衫都是从二手店来的。"

但他的室友詹姆斯也不能忍受这种鬼话。"瞎吹吧你。"

"好吧好吧。但它们也不是要花 300 美元的那种变态衬衫。跟你们说吧，是我自己买的。"

彼得是最不清楚发生了什么事情的人。虽然詹姆斯和艾德好像都有点火气，彼得还是不太明白。"我连哈里森在说什么都听不懂。"

在我解释萨维尔街——就在邦德街旁边，以及这些伦敦裁缝据说能做出最精良的衬衣的事情时，彼得受到的震惊有增无减。"哪里？开玩笑吧？？！你有那种衬衫吗？"

"没有，"我斩钉截铁地说，"从来没听说过那个地方。我得在谷歌上找找。"

"但我要说的就是那个，"彼得冷静下来后说，"连*你*都没听说过，"意思是如果我这个老圣保罗人都没有听说过，那么"没有人会懂。而且谁会为了买件衬衫就到伦敦走一遭啊？"

詹姆斯的疑问也更直接了，"谁会有这种定制的衬衫啊？"

话题继续时艾德告诉我说，他和詹姆斯要花很多时间安抚新生的焦虑情绪。"我们要把他们带到外面，跟他们说这些都是狗屁。我甚至让史密斯看了我的衣橱。在这里没人关心那档子事情。"只有在新生看了高三学生的衣橱、摸过高三学生的衬衫和确定他们的衬衫之间没什么不一样的时候，焦虑才会消散。

詹姆斯又插话进来，"哈里森就是那样怪。"艾德和彼得纷纷同意："对，他不太着调。"

我在公共休息室里目睹的不是一个体现差异重要性的例子，而是一个关于美国精英和欧洲精英的差别的例子。对细微差别的表演行为被解读成"狗屁"——因为用力过猛而表现不出淡定。强调这些衣着上的细节不是精英们要学习的，而是恰与之相反——说明"不着调"。哈里森和那些从香港来的小伙子可能因为他们的品位而被放过一马。但在美国情况不同。

艾德说自己的衬衫是从二手店淘来的这一点太过分了。他的好朋友詹姆斯才不会让他用这种言不由衷蒙混过关；艾德的衬衫不是*真的*从二手店淘来的，他的其他衣服也不是。学生很少试着"扮穷"。几年前还是学生的时候，我见过别的学生这样做——在他们的信托基金足以让他们买下一个鞋厂的时候穿那种用胶带粘牢的旧鞋子。只有极端有钱的学生才会这样做，来向其他人显摆自己对生活无忧无虑的状态。他们想怎样就怎样，他们的财富会保护他们。而如今，穿着体现的越来越不是你的社会地位——贫穷还是富贵，清贫乐道还是装模做样，而更多是你个性的表达，某种学生觉得像阶级这样的分类所无法表现的东西。购物的时候，艾德是在证明自己，强调自己个人的、仪表上的经历。

随着学年的推进，我一次又一次目睹了学生是如何对"他们"和世界上其他人之间的差异表现出低调的态度。他们跟大多数美国青少年确有千差万别：从家庭条件，到他们在寒假时滑雪的地点，到回家等着他们的暑期实习机会。但没人会吹嘘这些有钱人的玩意儿。哈里森对衬衫的演讲没有再发生，无论是他还是其他人，因为随着时间推移，新生们反复学习到这条浅显的真理：使他们与众不同的不是衬衫。

学生学会不去强调精英知识或是欣赏那些让他们与众不同的东西（或躲在它们背后）。反之，他们学会在不同的文化界限间自由穿梭。他们学会了博采众长也*想要无所不包*。格蕾丝学会跟我聊 DMX 和小提琴技巧。学生们没有利用他们的财富和特有的知识制造界限，而是用各种方法表现出一个公平的环境。你身上穿的衬衫的质量如何根本不重要；重要的是谁穿。

瞎吹

这章里提到的一些细节：为了正式聚餐而穿着打扮的乐趣、开学日全方位的不自在和对精英衣着的抵制，好像在暗示圣保罗中学是一个没有社会阶级差异的世界。任何上过高中的人都知道，那个说法又天真又错误。圣保罗不可能对真实世界里无穷无尽的等级制度免疫，也不可能成为一个文化乌托邦。就像学生们忽视特权、金钱、权利这些许多人会继承的东西投下的阴影，他们也会刻意贬低和乡村俱乐部会员身份紧密相关的那些财富带来的细微差异的价值。这些差异的消失在维持一个表面上公平的竞技场。但这个故事远远不是全貌。在追求表现淡定之路上，可能会有严重的问题产生。

冬季学期刚开始不久，我在相当漫长的一天后走路回家，路上听见两个黑人女孩，一个高三和一个新生，在讨论作业。我无意中认识的高三学生卡拉是一个很厉害的学生，而新生蕾西的人文课老师是我的一个好朋友。最近，他高兴地告诉我，她开始"开窍"了。我无意中听到了她们的对话。

卡拉是一个榜样，对待自己的地位很严肃，也密切关注着新生们的适应过程。"你那篇论文写得怎么样？"

"我不知道。我觉得全是在瞎吹。"

卡拉强调了自己的问题，又问了一遍，"好不好？你写得怎么样？"

"还可以吧我觉得，"蕾西不情愿地答道，"但还挺别扭的。"

卡拉安慰着蕾西，但从某个角度上，这样的行为直接与学校的核心原则相抵触。她跟蕾西说，"好吧，你在这里就是要学会这样做。通篇都要瞎吹。"

次日，当卡拉走过我办公室时，我问了她关于跟蕾西的交流。卡拉除了道歉以外什么都没说。她很明显是怕我对她向新生介绍学校的方式生气。虽然我安慰说，自己只是对她话里的意思感兴趣，但我没法让她跟我说实话。

几周前，卡拉敲了我办公室的门。"我一直在思考你之前问我的问题。"她说。我请她坐下；她现在很想聊一聊。她很沮丧，但也愿意对一些她已经思考许久的事情发表看法。

"我在这里学得真的很不错，"她开始说，"但我以前不是这样的。我一开始成绩很差。而且我以为是因为自己笨或是什么的。好像我就是没法开窍。但问题就是那个，我没开窍。我不是蠢，只是不知道怎么样像你期望的那样表达自己。就是说，回头看自己的论文，我也不觉得它们很糟糕。它们就是不太一样。直到我学会怎样像你希望的那样说、那样写之前，我都挺傻的。"

卡拉在教我一些东西。从她的话里我察觉到一种责备，她的沮丧也显而易见。我从来没教过卡拉，但我明白她话里的意思。我是一个学校的期望的代表；我是"你"的一部分。而那个

"你"有一种运作方式、一种组织逻辑，那不是她的。十分钟后，卡拉用一种惊人的清晰话语总结了自己的想法："我没有变聪明。我学的只是怎样用不同的方式说一样的事情。不是我的方式，而是你们的。"

她跟蕾西说，学生必须学会在圣保罗"通篇瞎吹"的时候，这就是她话里的意思。这与像常春藤和精英寄宿制学校所声称的目的直接相反。卡拉的成功秘诀只是一种说法。她的论文没有写得更好，"它们只是不一样。"让她聪明的是"学习怎样像老师希望的那样说"。最重要的是，在圣保罗她只要学会说"一样的东西"，但要用我的而不是她的语言。卡拉对在圣保罗学习的描述与大多数学生描绘的有本质区别。不过卡拉自己也跟她大部分其他同学不同。

我开始让学生跟我说说自己的"圣保罗时刻"——一个他们觉得自己突然"开窍"、对原来一直搞不懂的事豁然开朗的时刻。每个人好像都完全明白我在找的答案是什么，用强调了这些活动对个人的意义的方式，描述了自己的转变。学生们说自己一直很努力，然后最终顿悟。"开窍"的过程不是说学生们决定撩起袖子开始努力，而是说他们一直都在努力。某一天，就开窍了。乔治是一个来自工薪阶层的白人男孩，家人世世代代都务农，他的那种说法，我一次次听到。

"我明白自己一定要在这里非常努力。我的父母跟我说过，其他孩子都会有很好的基础，但我不可能有像他们一样的基础。他们还告诉我，我有别人没有的东西：我习惯做任何事都非常努力。"乔治对我笑了。我以为他是为自己的工作习惯自豪。但其实他是在嘲笑自己的天真。"天啊，他们真错了！每个人都很努力。但有一天我突然开窍了。当时坐在贝尔福先生的课上，他在讲我们下一篇论文的事情。我只是*知道*他想要我们写一些什么。就好像之前我一直坐在黑暗中，有人突然把灯打开了！我还是很拼命……但现在我懂了。我开窍了。"

这样的故事跟卡拉的故事差不多——只是用更光辉的词语描述了。我问乔治，有没有觉得自己现在是"瞎吹"，是不是他的"开窍"只是把自己的经历转译成别人语言的一种方式。乔治花了很久才回答我说，他不明白我在问什么。

最后他告诉我，"西老师，你懂的。而你是一个年长、睿智、受过教育的人。我真不明白这个世界是怎么运作的，但我开始懂了，这跟'瞎吹'没关系，就是学习事物的运作方式。你教我们的不就是这些嘛！否则为什么大家付那么多钱呢？！？我开始明白世界是怎么回事了。"

卡拉与乔治有共鸣，她也开始明白世界是怎么回事了。但乔治和卡拉对"开窍"的解释不同。对卡拉来说，这意味着把自己的话转译成我的话，卡拉觉得两者是平等的——"一件事情，就是表达方式不同"——但在精英世界里，一种就是要高于另一种。对乔治来说，这意味着学习真实世界里的事物运作方式，而不是他熟悉的那个世界。乔治的观点会受到学校里许多其他工薪阶层或中产阶级家庭孩子们的认同。除了少数人外，其他人都觉得能接触到这些真实的成功人士世界中"事物运作方式"很重要。虽然从来没有挑明，但言下之意是，这样的表现不是他们可以在家里学到的东西。事实上，我发现大部分工薪和中产阶级的学生都是圣保罗模式的最坚定的拥趸。

随着乔治那样的故事越积越多，我开始发现，之所以卡拉有别于此是跟种族有关的。卡拉对圣保罗教育的合理性抱有疑问。圣保罗就是一套你需要适应的瞎吹系统，而不是对世界的运作方式的合理理解。或者说得更好听些，这只是其中一种理解事物的方式。圣保罗的"瞎吹"之处不在于说学校的愿景是一纸空气，而是说这种愿景中包含的是一种信仰，认为自己对世界独特的理解方式是"*正确的那个*"这样的信仰。让卡拉失望的就是这件事：*她的方法不被认可*。

虽然卡拉是个公认的好学生，也在学校广受欢迎，但对学校的这种态度会让她的日子很难过。老师对她的努力的感受有所不同。他们经常告诉我，他们希望她能"更热情"些，无论是她的努力还是性格都很"冷"。她很努力，但都太"正式"和"有距离感"了。而且有学生也告诉我，他们觉得跟她有些"距离"。卡拉的一个闺蜜偷偷跟我说："有时候我觉得我们只是在这里走个过场……我不明白，对她来说有时候不太一样。好像我们不是真的有什么联系，我倒是记得在电影里看到过类似的，就仿佛我们*不是自己*，而是发生在别人身上的。好像我们之间的关系是别人的，或者我旁观到的。也不是所有时候都这样，但挺诡异的。我在任何人身上都没有这样的感觉。或者说其他人身上都没有。"

卡拉用她自己的话来说，学会了"表演"，而不是学会真的去用一种自然的方式表现自己是学校的一分子。她拒绝把圣保罗看作是自然法则，而只是众多法则中的一种可能性，于是她和学校以及学校里的一些人产生了距离。大家可能觉得这种距离是负面的，或把它当作一种反抗意识，而卡拉说自己"过去弱势群体的身份是一个占优势的身份"。

无论如何，卡拉代表了那些顺利掌握了圣保罗"隐藏课程"的人。虽然她一开始遇到了困难，但后来也没有比其他学生挣扎更多。她努力了，在班里也名列前茅，考上了一所很棒的大学。如果说谁能在圣保罗探索到课程里"隐藏"的东西，肯定是卡拉；她能理解在学校里没有挑明的规则，把自己对这些事物的理解按这些规则转译，并取得好成绩。而卡拉的经历也告诉我们，这还是不够。对她来说，就算掌握隐藏课程都有些迫不得已；老师很明显能觉察到她对学校课程的抵触，这种行为也影响到她的人际关系。因为她对课程设置的合理性抱有质疑——只是一种不同类型的瞎吹——她没法按照学校的那一套与人交往，而看透了这一切的她的成功也是比较自然的。

卡拉的例子逼着我们承认圣保罗教育的设想：只有你相信圣保罗的方法就是正确（自然）的方法，才会表现出淡定。这不是什么虚假形式的瞎吹，这就是世界运作的方式。卡拉属于所有学生中少数几个*能*在圣保罗这样跟我聊天的人之一。可能其他人也想这么说，但却没有。学校和学生都不停在讲努力、英才、优秀的时候，几乎没人提到，这些关键词对那些不在学校的人意味着什么。换句话说，如果圣保罗是一个培育英才的地方——如果你是因为个人的努力和优秀来到这里的——那么为什么学校里大多数学生都是有钱人家出来的？为什么黑人和拉丁裔学生只有这点？为什么黑人和拉丁裔学生的成绩不如白人和亚裔？为什么虽然女生总是要比男生成绩好，但学生性别所占比例总是相同？为什么学生大多从城市或城郊来？为什么大多数都是东岸来的人？为什么那么多学生的家长以前上的都是寄宿制学校，尤其是圣保罗？这些问题大多数都不太容易回答。事实上，因为答案太明显所以我们会忽视诸如此类的问题。但如果我们*真心*相信学校是属于那些优秀、努力、值得来的学生——而没有其他因素会限制谁申请、谁会被录取、谁会来的话——那么这些问题会很难答。卡拉提出了这些问题。而她的答案是，这些拥有特权的群体掌握了属于自己的一套"了解"世界的方法。不是她的方法。从结果看，她的答案八九不离十。

我认为，那些趾高气昂地表现出淡定、舒适和对圣保罗的了解的学生遇到的第一个挑战是去经历这个地方——他们可以说是"被放到了现在的位置"。我觉得言下之意是，"精英"学生在进入圣保罗前其实不具备归属的标记——或至少说，他们在来到圣保罗前的生活对他们在学校的成功没有影响。然而，从卡拉对学校的批评中可以得知，这种观点需要调整。

让我们暂时回到布迪厄的理论上。布迪厄认为，精英学生更可能存在于精英学校里，因为他们的性情和院校的逻辑之间有对应的关系。这些学生在踏入校园前就共享着"正确的"文化品位。我在圣保罗的经历挑战了这种看法；我发现来自"圣保罗家族"的学生，或是对高雅的事物表现出品位的人，都遭受到了一定的鄙视。所有学生，无论家庭背景如何，都在圣保罗感到了一定的不适，要从头学起。跟法国的情况不一样，在这所学校里存在着对经历的重视。我相信，对具身化知识的强调直接关系到当今美国的卓异论：把经历的重要性排在首位，意味着最重要的是*你是谁*而不是*你从哪里来*。但卡拉把学校阐释成一种"瞎吹"——某种非常独特且佯装是整个世界运作方式的社会组织方式，意味着对某些学生来说，尤其是非白人学生，在他们对世界的理解与学校的组织逻辑间存在许多矛盾。卡拉不是唯一指出这点的黑人学生。她的角度仅仅是最具有说服力的。

矛盾的核心是英才体系自身。卡拉看到学习对英才体系的运用：这种体系对我们大多数人都模糊了持续不平等的存在，而对她来说这种不平等却在学校随处可见。她的观察使大家能用另一种不同的方式解读诸如切斯·阿博特这样的学生——他对特权的表现不是自大傲慢而可能是一种对学校最"诚实的"态度，因为学校事实上不是一个英才体系。就是说，如果你相信美国最好的学生不是都从已经很富有的，能为高中支付一年 40,000 美金的家庭来的话，这就不是英才体系。而如果你相信校友的孩子不应该比别的孩子拥有更大的录取机会，那这也不是英才体系。如果你相信男孩不应该比女孩赢得更多学习方面的奖，即使女孩子比他们成绩要好，那这学校也不是基于英才体系的。如果你相信白人清教徒不应该占学校的大部分人口，那也不叫英才体系。

卡拉和其他跟她一样的学生真诚地感激学校为他们提供的机会。然而，他们也对理解这样一个复杂的矛盾关系有困难。在走过这些修剪美观的草坪时，他们一定会遇到问题。*家里面其他能来这里但又没来这里的孩子们怎么样了？为什么这里的那*

么多学生家里都很有钱？为什么这里很少有人跟我看上去一样？

相比而言，有特权家庭背景的学生通常不会被这样的问题困扰——如果他们能意识到的话。无论如何，他们套用的过往经历与在圣保罗的相比类似*得多*。美国院校系统是跟街区分布紧密相关的，而这些街区通常在经济上和种族上都趋于同化。像圣保罗这样的地方很难进（录取率远低于 20%）。相较家里的同龄人——那些很有可能被圣保罗筛掉的人，家庭富裕的学生付出了更多的努力或是被证明更有天赋。所以对这些学生来说，学校的确看上去像是一个英才体系。在寄宿制学校大量"不同"的学生——非白人、中产和工薪阶级，为富学生的想法提供了支持。与过去经历相比，这所学校确实像个大熔炉。

但相对属于弱势群体的学生，他们的探索之路更为崎岖。朱莉是一个新来的非裔美国女孩，她指出自己在学校最初几周的兴奋之情。"我坐在那里心里暗爽道，'这是真的！这是真的！'难以置信。我现在真的在圣保罗了。然后我想到了在我之前坐在这里的人们。就凭你！他们也经历了同样的过程，坐在一间屋子里，迎接我即将开始的生活。他们做到了。五十年前可能我不会在这里，但此刻我就在这里，跟每个人一样，完全有权利在这里。"她知道在不久前像她这样的学生是不受欢迎的。是美国对机会的承诺和公民们的斗争，才使像朱莉这样的学生上得了圣保罗。但如果坚持使用美国梦来解释一个人在学校的处境的话，就是在模糊不平等的持久性。在圣保罗念书的机会有一个问题——要适应一种往往与一个人自己的经历、家庭的背景相悖的方向，可能勤奋努力和英才在后一种环境下不那么受重视。这是一种富学生不需要处理的矛盾。而由于不需要处理这些矛盾，使他们更轻松容易地在学校有自在的感觉。

这使得乔治的例子有些难理解。他是一个农民家庭出身的白人男孩。虽然许多非白人学生会跟卡拉有相似的感情，但我却发现白人工薪和中产阶级的学生大多数跟乔治一样：他们属于学校最坚定的拥趸。那为什么在这个矛盾的拉锯中会有种族的因素存在？为什么非白人学生更倾向于把学校教育看作是"瞎吹"，而非精英的白人学生会成为最坚定的拥趸？如果我对卡拉地位的解释是正确的，而非白人学生必须处理英才教育体系与持续不平等的事实间的矛盾，那为什么中产和工薪阶级的白人学生不会与这个矛盾产生正面冲突，或是把学校教育看作是"瞎吹"？

我相信答案是跟种族有关的。种族问题在精英群体中仍然很重要。这与威廉·尤里乌斯·威尔逊（William Julius Wilson）的研究截然相反。威尔逊指出，

> 一个黑人的机会多数取决于他的经济阶级地位，而不是他每天跟白人的来往……尽管过去的障碍充满种族压迫的性质，但是新的障碍表明一个重要的阶级统治的诞生……
>
> 在现代工业时代，对黑人群体中特定一部分人的统治，以及对另一些人来说的社会升级经历，这些问题跟经济阶级［而不是跟种族压迫］的关系要来得更直接。

　　威尔逊在美国发现了聚集在贫穷城区的底层黑人，与最终能意识到一些对平等的允诺的中层与上层的黑人之间的分歧。他认为，这种分歧导致了种族因素的淡化；阶级才是重点。威尔逊关注的主要是底层和中产阶层，而在关注精英群体时我发现了不太一样的现象：种族还是很重要的。接下来我会给出解释。

　　首先，非白人学生通常被同龄人视作流行文化合法的承载者。在听学生们讨论流行音乐的时候，很明显是非白人学生掌握了话语权。在舞会上，白人学生总是会跟非白人学生一起玩，并模仿他们的动作；即使有白人学生，也很少彼此之间这样来往。在我参加正式聚餐的餐桌上，如果一组人都是白人，白人学生会说他们是从"纽约"或"芝加哥"来的，即使有些人的家在郊区；在非白人学生也在时，他们就说是从城市"外头"来的，或者直接说出小镇的名字。我猜，这是因为非白人学生算是更合格的"城里人"；虽然郊区的白人学生想要相信自己是"从城里来的"——甚至把自己归到其他白人学生之中，但他们在更有资格这么说的非白人城里人（不是所有非白人学生都是从城里来的，但他们通常都这么承认）面前不太敢这么说。学生们在特定的领域里——音乐、舞蹈、潮流文化方面，认可非白人的权威和合法性。但与此同时，他们的出类拔萃让他们站在令圣保罗学生独特的对立面。在被看作是流行文化合法和正统的承载者时，非白人握有话语权，但讽刺地是这种权利与特权的外在表现背道而驰。这是因为，这种权利来自于他们与社会生活中普通的、日常的部分的联系，这种联系涉及的是美国的大多数人而不是精英们独有的素质。学生跟非白人学生交往的时候，不是说后者在不同社会情境下（从饶舌乐到古典音乐）都能自如应付，而是表现得好像他们的权威和淡定是在一个特殊领域：流行文化。

其次，更重要的是，黑人学生拥有比在欧洲旅行时习得的葡萄酒品位或知识更明显的标记：他们的身体。当阶级差异可能"消失"或在人际交往间淡化时，种族差异做不到。有些人可能说美国人越来越"无视"种族了，这一点在这个黑人成为国家总统的时代更可信——但我们还知道，美国人特别善于分辨细微的种族差异。

我不断答错"你从哪里来？"这个问题。我开始讲述自己住过的地方的事情，但很快就明白这不是大家真正在问的。从某些地方可以看出，我不是完全的白人。提问者想知道我是"什么成分"，但也知道可能这样的问题有一些不妥。我故意绕开答案，一部分是想逼迫提问者说出话里的意思，另一部分是因为我有时也会忘记，大家对我在纽约出生这件事不感兴趣而对我父母的出生地感兴趣的事实。这时候，我必须把话题从我的出生地转到我家族的源头。对我和其他很多人来说，种族在每时每刻的人际来往中都很突出。美国人努力让许多人与人之间的差异"消失"，但种族消失不了。精英们是一个在今时今日付出加倍努力让差异看上去消失的群体，但在他们中间，种族因素在随时提醒大家，这不是件容易的事，而且想要忽略所有差异留下的痕迹是不可能的。

如果这些就是种族在精英们中很重要的原因，那为什么阶级不再重要呢？我相信阶级也是比较重要的，但在当今这个特别的美国，精英们很容易忽视这个因素。上一章里，我认为非精英白人学生的一个问题就是他们"真心"对学校抱以信任；他们对学校过分地相信，造成了一定程度上的敬畏之情而不是淡定。同一点在乔治身上被验证。从某个角度说，出身寒门的白人学生，相较于非白人学生来说，要解决一种不同的矛盾，而他们对学校的相信不一定是件好事。尽管黑人学生与学校系统产生冲突只是其中一种手段，而把特权的表现视为"瞎吹"是另一种手段，但是像乔治这样工薪阶层的学生却总是告诉我，他们在学的就是世界运作的方式。

无论是出身寒门的学生还是非白人学生，他们都承认，世界如何运作这件事有许多版本；区别是出身寒门的学生更愿意认同他们自己的看法，而非白人学生不愿意放弃自己的世界来接受圣保罗人的角度。如果我们回忆一下他说的话，乔治的意思是他没有卡拉那么看重"他从哪里来"。这个区别可能也不怎么出人意料："黑人的骄傲"在过去的五十年里已经成为了一种丰富、有涵养的生活方式；"穷人的骄傲"却没能火起来。美国缺少一种持续的阶级流动，与民权和女权运动比较，就可以得出，阶级属性的显著性在圣保罗家境比较贫寒的男生和女生的生活里的弹性要小一些。

但过去半个世纪里越来越开放的环境，以及伴随着各种"权利"运动产生的自我意识和自尊，阻碍了圣保罗对年轻人的再塑造。在上两章中我记录的圣保罗给学生上的诸多课里，基本的假设是学生会愿意屈从——他们很乐意被重塑成一个"圣保罗人"，并享受着成为其中一员后所拥有的特权。但一旦你发现自己内在身份中的骄傲与优势——作为一个黑人，或者作为一个在下一章中提到的女性，那放弃旧的自我、接受一个圣保罗人的角度可能就不怎么令人心驰神往。

在圣保罗的成功需要掌握学校给你上的课，要求学生们重塑自我。大多数人乐此不疲。像切斯·阿博特这样的人是特例，他们这些人出身富贵家庭、早就等不及要甩掉他们对家族、金钱或地位的依赖。这类老式的继承在当今社会是有问题的。而当他们在像圣保罗这样一所精英学校的"新"家不断为他们提供好处、给了他们舒适生存的空间时，放弃他们的根不是什么问题。出身寒门的白人学生似乎也同样乐意放弃自己对阶级的意识，因为他们觉得圣保罗在教他们世界运作的方法，而且在这里学的东西比任何他们在家里学的都要更有价值。好比阶级在美国不是一个特别显著的身份，放弃阶级也不会造成巨大失落感。非白人学生，还有我们会看到，很多女性——不愿意随便放弃她们努力争取来的自我去表现圣保罗的模式。卡拉对学校需要她改变的地方闷闷不乐。那些在进入圣保罗前对自己的身份趾高气扬的人在学校遇到了最大的困难；他们不愿意摆脱之前特别的经历来发展他们新的"精英"经历，这使得他们更加不擅长将面对特权时的淡定具体表现出来。

皮埃尔·布迪厄的成果可以用一句很流行的格言"改变越多，不变越多"来概括。本章中的许多话题一点都不新鲜。圣保罗给学生上的第一课就是他们早就知道的东西：如何吃一顿饭。从这样最基本的地方开始，学校想要强调的是，学生在入校的时候连最基本的事情都不懂。他们必须从头学起。目的不是要看轻谁。反之，教这些日常行为是为了强调在学校经历的重要性。来学校之前的那些——财富、头衔、地位、基础，都不重要。重要的是你的天赋和行为。

许多这样的课，教的不是知识而是淡定。聚餐的例子是最典型的。所有的高中生都知道怎么吃一顿饭，大多数来圣保罗的学生也都知道正式的餐桌礼仪，但他们无法在学校的头几个月里做得很好。男生女生买新衣服、彼此借衣服、弄新发型。但光有这些是不够的；一件在萨维尔街定制的衬衫成就不了一个人。关键是练习。只有有了经验你才能获得淡定，这对成为精英来说是最重要的筹码。于是我们明白了关于淡定的小把戏：淡定需要坚持不懈的系统化努力，但结果应该是"自然"的、不费吹灰之力的。就像等级制度在上一章中被淡化一样，为了特权而付出的努力也要被淡化（通过淡定自然化）。卡拉让我们得以质疑这种自然。

在与非白人学生谈论他们来到圣保罗前的生活时，让我吃惊的是大家普遍抱有一个观念：他们不认为自己是例外——作为学校里最聪明的学生。事实上，他们常说起在家里跟他们差不多的人，其他跟他们差不多的男生女生，也可能有同样的资格到圣保罗来念书。但是出身富贵的白人学生却从来不提圣保罗以外的人。他们相信自己是因为出类拔萃进了圣保罗。所以，他们不需要花时间去想那些没进这所学校的人。这些学生把圣保罗的世界观作为真理。与此同时他们也获得了淡定，顺利进入了圣保罗人的新角色。

　　然而卡拉永远无法找到淡定的点。她的同龄人和老师都觉得跟她之间的来往很正式，有距离感和强迫感。她知道自己来自何方，而当她学会如何转译时，又不愿意放弃成为圣保罗人前的自己。她受不了的是，圣保罗装作自己是普世的（"世界运作的方式"）但实际上却是因情况而异的。虽然她从来没有明说过，但我知道她受不了的是，即使学校在灌输英才教育的价值观，也从来不问那个最难回答的问题：如果世界有了那么大的改变，为什么我们的改变那么小？

第四章

性别与特权表演

社会的整个结构占据了人际交往的核心，通过感觉和欣赏的机制印刻在参与交往的人身上。

——皮埃尔·布迪厄

所有书本和伟大人物都在向大家宣扬要培养思量自我行为的习惯，这是个极其错误的常识，因为真相是完全相反的。文明的进步，是通过拓展大家能不假思索做出的重要行为的数量。思量行为就像是一场战役中骑士发动的攻击——数量非常有限、需要健康的马匹，而且仅在关键时刻才会发生。

——阿尔弗雷德·诺斯·怀特海德

玛丽·菲舍几乎老是疯疯癫癫甚至失魂落魄的。虽然每个人都迫不及待告诉你他们有多忙，但还是有学生会刻意显示出控制和管理这些数不清的事务的能力。玛丽却有些焦头烂额了。她的生活不算是一场灾难，至少没法子与不太洗澡或不太洗衣服的学生比，但是好像已到了悬崖的边缘。虽然经常有其他学生在校园随意出入，书包轻靠在肩上或是一手拿着一本笔记本和几本书，玛丽却总是迅速穿过校园，身体前倾不知向何处。如果她站直，那鼓起的 L.L. Bean 牌书包的重量好像就会把她甩倒在地上。大卫是我做教练的那个队的一名队员，当我们从网球训练课回来的时候，正看见玛丽急匆匆地向图书馆走去。"她又来这一套了！"大卫微笑着说。

"你什么意思？"我问他。

"你只会说这句话吗——'你什么意思？'"

"你没想过吗？"

大卫看着我，对于要回答我无休止的问题而感到沮丧。"这是第一次。"

我没有放过他。"哦？"

"我不知道。我真的挺喜欢玛丽的。但还是有些不对劲。好像她不一样。我的意思是，她没有比别人多做那么多。她好不到哪里去。我们在这里散步，她在那里急吼吼的。"他说这些的时候，几乎完美地模仿了玛丽穿过校园的特殊姿态。我忍不住笑了，但马上又想起来自己教师的身份，坚定地说，"好吧！"希望他可以停下来，我也可以让自己平静下来。

"管他呢。你在笑了。"

"我不该这样的。所以她不太合群？"

"不是那样的。嘖，稍微有点。我想只是她不太懂。"

我说出了心中的疑惑，"她不懂什么？"

大卫对我接二连三的问题不耐烦了，想结束这番对话，"我不知道。这不该是你的工作吗？"

与大卫交谈后，我意识到自己远没有注意到玛丽有什么特别之处。因为从来没在教室里见过她，所以我向几个老师打听了一下。"她是个好学生，"她人文课的老师告诉我说，"挺坚强的，其实。她总是能完成作业。但是天啊，有时候她有点太紧张,好像要崩溃似的。我差不多能感受到她身体的振动了。"这个词让我联想到一群紧张颤抖的小狗们,这个类比很传神。玛丽从来没崩溃过,她意志坚毅,捱过了圣保罗和自己崩溃的趋势。为什么那么多人注意到她、对她好奇呢?玛丽是我在第二章中提到的准则的集中体现,那个圣保罗人曾引以为傲的标准:无休止的努力。但是她走偏了。她的一整套表现,和她成为了一个令社区中其他人产生好奇心的谜这一点,都泄露了她极度缺乏淡定。她获得了成功了,但成功却来之不易。

我们在研究行为时,倾向于关注认知方面的解释。我们社科学者采集人们的信息时,最感兴趣的是他们脑中发生的事情:做调查问卷,询问他们的想法;做采访,尽职尽责地理解他们重要的内心世界。即使当我们通过观察人们行为以采集数据时,也会问,"这些行为背后的动机是什么?这如何有助于我们彻底想明白这些人到底在想什么?"理性人理论——经济学家们发明的一种方法,是这种普遍思维逻辑的最精妙的例子。人是行走的计算器,能量化欲望并权衡各种约束条件后,快速分析出思路。

如果我们想一想从自己脖子到脚趾发生的事情,会发现什么?或许身体不只是一个让大脑理解的信息输入机制。身体自身反而可以是探究的场所。在这点上我踩着前人的脚印。米歇尔·福柯(Michel Foucault)认为"身体也直接卷入某种政治领域;权力关系对其产生直接作用;控制它,干预它,给它打上标记,训练它,折磨它,强迫它完成某些任务、表现某些仪式和发出某些信号"。福柯认为这是"身体的政治技术学",而这一技术的表现可以体现在"分类、操控、演练、技能和功能性活动"中。简而言之,我们的身体是宏大社会中权力关系的表达形式,一举一动都表现着在权力关系中自身的位置。沿着相似脉络,与其相左的是弗洛伊德式的社会心理学,后者重视我们如何认知世界并生存其中。布迪厄认为,社会禁令不是我们能通过大脑"习得"的东西——它们不是记载在某种无法观察的"超我"上,而是在身体的"记忆体"上留下印记。我们在世界里的经验印刻在身体上:"我们通过身体来学习。社会秩序通过这种长期的对峙进入到身体当中,这个过程可能波澜不惊,也可能汹涌澎湃,但总是由情感生活为标志,或者说得更精确一些,由环境中的情感交互为标志。……最重要的社会禁令不是通过头脑来传达,而是把身体作为'记忆体'。"我们的社会知识不只是一些授予我们的认知框架,而是身体上的印记。通过观察身体在世界中相关联的处境,我们可以看到超越任何个体的身体特征,能看到"整个结构……位于互动的核心"。

我们能看到,做一个精英的关键,是表现出属于群体的正确身体行为。而对身体的强调不是什么艰苦的学业负担,不是去做个沉重的书呆子。恰恰相反:成为圣保罗的一分子是一个身体上的过程。学生们学会以特定的方式交往,实际上是在具身化他们的特权。大家可以看到,学生们将圣保罗的逻辑印刻在自己和同辈人的身体上。要理解精英,必须先理解他们的身体规范和这种规范所产生的交往"标记"。而且,这些规范和标记的花招在于,作为社会印记,看上去是每个学生个体自然的、特色的、独有的,而不是帮助加剧持续的不平等的社会性产物。

大家带着这种思路回到大卫对我的挑战上，看看是否能发现，到底玛丽没领会到的是什么。

身体的误识别

我对玛丽了解不少。她的导师是我的朋友，她还在一个我当过教练的足球队里踢球。一天下午，在放学后体育训练前，我在主校楼撞见了她。"嗨，西老师！"玛丽给我打招呼。虽然经常显得在疲于奔命，但她总是彬彬有礼。此刻她稍微更放松些，其实只是在大厅里漫步。"气色不错嘛，玛丽，"我回应道，"好像你过了不错的一天。"

"周五啦！"

"明天没课吗？"[①]

"就一节！"玛丽微笑着大声说，明显有一丝轻松的感觉，"其他的都被取消了。"

"不错。如释重负吧！"

"哦！我这个周末还是有好多事，"她说，一丝担忧掠过她的面孔，"不过今天晚上我应该会去看场电影。"

"应该的。"我用一种同事中的许多人在经年累月的教书经历中掌握的语调说，试着听上去像个温柔富同情心的辅导员，但仍很平淡。

"我不确定。以后要付出代价的。"

---

① 学生在星期六要上半天的课。

"没人在临死的时候会说'我希望再多完成些工作！'的。"

玛丽用怀疑的眼光打量着我，注意到我是周五下午这幢楼里最后的一个人了。"只有你这样说！而且，我的意思是，我打赌许多人临终时希望当初自己的日子过得更好些。你有什么别的方法达成这个愿望吗？我们必须为之付出努力。"

"是的。但一部电影不会杀了你哟。"

玛丽明显对我厌烦了，但仍保持礼貌态度。她向大门走去。"嗯。多谢，西老师！"

我对玛丽的表扬是有目的的。但也很明显我不自觉地尝试对玛丽灌输某种淡定的心态，虽然得承认哪怕一丝的放松都会夺走玛丽很多时间。当我尝试削弱努力的重要性，说"没人在临死的时候会说'我希望再多完成些工作！'的"的时候，玛丽对此嗤之以鼻，并提醒我，我似乎总是在办公室里，且生活中的成就是努力奋斗的结果。这段"关于努力的谈话"与我和学生、教员、员工间发生过的无数次对话相类似。玛丽与别的学生没什么不同，而且她明显在学校过得不愉快。像大卫说的那样，她的同学似乎挺喜欢她的。所以有可能是我误解了玛丽。难道我过分强调了要表现出淡定的重要性吗？

几天后的某个傍晚，我正在图书馆里看书。每天特定的一些时段里，图书馆很安静。它静坐在校园中某个湖泊的边上，当你向窗外望去，感觉更像是一艘船而不是一幢楼，漂浮在湖泊上、伫立在一片荒原之中。学生开始涌入图书馆，我也准备离开了；不久这个地方就会被各种活动占满，而我只想放松一下。有一组人迅速在我身旁的桌边集结，准备钻研一个科学项目。玛丽是组内的一分子。他们花了些时间才开始——刚开始组员对八卦比对工作要起劲。玛丽越来越不安。开始她只是不时打断，但她的同学一直都在忽视她，悄悄把作业、数据交给她，或是看看她然后回到他们的谈话中。几分钟都没人理她后，有点生气的玛丽终于威胁着要走了。

"我还有好多作业呢！如果大家现在不开始的话，我得走了。我们可以再找时间开会。"

"好吧好吧好吧。"汤姆说，显然有点不耐烦和鄙视，好像他在跟一个胡搅蛮缠的小妹妹周旋。

"我明白。只是……啧……"玛丽结巴了。汤姆在鄙视她，她紧张了，不知道怎么救场。

"是啊，你忙不过来。我们都是啊。"苏珊，这组的第三个人，尝试打个圆场。但汤姆还没说完呢。

"会怎么样呢，玛丽？"

"什么？"她的声音颤抖起来。我觉得她可能要哭了。

"噢，不要！我们没有准时开始！"他嘲弄道。

玛丽重新恢复勇气和自信。"我今天晚上事情很多……"

可是汤姆继续折磨她。"我没有吗？"

"我们都是啊。但我真心想快点着手讨论起来。"

"我不想吗？"汤姆又问。

苏珊此刻已经吵够了。她开始把书从包里拿出来。"不会花很长时间的。"

"我听说布莱特、杰妮、考林花了六个小时。"玛丽说。她似乎对猜到他们早就该开始了这事显得幸灾乐祸。

"什么？六个小时？"汤姆觉得不可思议，"他们还没开始呢。"

"他们开始了！"

"我猜你要花十二个小时吧，不是吗！"汤姆又嘲弄道，"要比别人更努力，对吧！"

苏珊没有理睬他们。"我们分下工吧。"

"很不幸你跟我们分到一起啊，玛丽。你一定要检查我们的作业！你就是一定要更努力，对吧。"汤姆笑了，注意到我在看他时，尝试把话语里的残忍变成幽默。玛丽跟汤姆一起笑起来，没有什么其他的理由，就是因为不舒服。当她开始要说些什么时，苏珊在她开口前就打断了。"好了。来吧，我们开始。"

玛丽对英才教育模式深信不疑。她曾对我强烈表示："我打赌，很多人临终时希望当初自己的日子过得更好些。你有什么别的方法吗？*我们必须为之付出努力。*"对大多数圣保罗人来说，勤奋努力是一种理解模式——肯定很重要，但如果能方便换成其他的话，一定是会被换掉的——但对玛丽来说，这是她安排生活的方式。经过这次和汤姆的交谈后，我看到玛丽在校园里奔来跑去的时候稍微有点不同了。她具身化的不仅是"想出人头地，就得努力工作"这种说法，甚至是一种更过时的表现：勤奋努力是取得领先的*唯*一方式。

玛丽和其他学生的区别在于，虽然每个人都在说自己有很多事情要做，玛丽却把它表*现*出来了——通过鼓起的背包、坚定的步伐和对努力的不停提醒。大多数学生对他们描述的貌似难以对付的工作表现出了某种漠不关心的态度。而玛丽，你能感到这堆事情对她来说是最重要的。众所周知，在美国的许多高中里，玛丽的态度是很典型的。大家甚至会在玛丽身上发现自己的影子。在一所典型的美国高中里，表现出努力的学生，也就是"决心"要做一个有意识的青少年的人，会受到同伴的排挤而变得没有归属感。然而在圣保罗，跟其他几所在学业上很坚持的学校一样，盛行一种异样的文化。学生都强调自己有多努力；甚至互相"竞争"，比较谁的功课多。努力进取是家常便饭，卓越优秀是你的任务，表现最好的学生通常人气也最高。然而对玛丽的排斥在大多数学校也不令人惊奇，可是在一所极度推崇努力和成就的学校里，这挺令人费解的。

但就像大卫说的，她还没领会过来。虽然大家都说忙不过来，但都对此表露出淡定或冷淡的态度。努力这件事其实无所谓，完成任务的困难过程也不会被表现出来。事实上，成就几乎是被动"产生"的——好像学生自己没做什么或去做也不是什么困难的事。汤姆的行为是抓住玛丽坚信勤奋努力这一点，并以此折磨她。大家可以看到，勤奋努力是一个学生可以用来说明他们在等级制度里往上爬的框架，但这个框架伴随着用功的身体行为。他们的行为注定是要恰恰相反的：无比淡定。为什么这些学生没有获得成功？因为勤奋努力来之甚易——自然天成。

第二天下午，我看见玛丽回到了图书馆，被她惯常的焦虑所压制着，身体的每块肌肉都拧紧了似的。当准备离开时，我走向她的桌子，部分是因为很担心前一天与汤姆的谈话伤害到了她。她抬头看我时，已经没有了前几个星期周五时常有的气场，也就是她从主校楼走出来，跟朋友们就看电影的事情争执的那次。"你好，西老师。"她说，尝试营造温暖的氛围，却失败了。我不怎么惊讶，可以看见她脸上的紧张。"我一定得把这份科学报告做完。我们分了工，但不同的部分之间不相容！塔特尔老师很计较写作本身，不仅限结果。"当我回复说，"打包票你这次做得不错"时，她马上说，"但愿如此，最近就干这事儿了。"

玛丽也没有比学校里的其他人用功那么多。很多学生在房间里花的时间跟玛丽在图书馆花的一样多，尤其是女生们。大卫在话里指出了这点，"她没比别人多完成多少。"不过其他学生没有在学校把勤奋努力这一点展现为身份的一部分。玛丽后来告诉我，"我老是担心自己会落后。"像汤姆这样的孩子操控着这种恐惧感，让她觉得自己没有归属感。

这种表现带有性别化色彩。简单说，女生必须要比男生更用功。数不清的研究都证明了，在全国范围内，女生在大学里的成绩和表现都比男生好，这很大程度上是因为她们更努力。但是精英大学是追求一个男女性别比例更均衡的院校，即使女生是更强的候选人。圣保罗的女生必须要比男生更努力才能在大学申请者的"女生储备库"中占有一席之地[①]。这种对加倍努力的要求使得女生很难表现出在圣保罗必备的淡定。

玛丽不仅没有表现出淡定，跟学校里其他的女生不同的是，她看上去太实在了。穿着舒适的抓绒外套和裤子，衣服很大程度

---

① 这是精英大学的特有情况。虽然很多非精英大学现在会有 40∶60 的男女比例，录取更多优秀的女生，但是精英学校继续录取一些不那么优秀的男生来维持一个对半开的男女比例。我经常开玩笑说，大学录取过程中最大的平权法案是针对男性的。

上都是经济适用品。她在书包的重压下穿越校园的笨重步伐，使她展露不出任何性别特征。鉴于其他女生在学校里的样子，这点尤其突出；跟玛丽不同，大多数女生都积极利用她们的性存在 [①]。

具身化的淡定

"学穿衣打扮"不只是学习怎么穿，而是通过穿衣来规范人的身体。我们可以把文化当作一种资源——像钱一样有价值的"资本"。但文化不仅是我们*以实际经验为基础*对世界的认知——比如，对红酒单的熟悉或是知道在哪里买最靓的衬衫。一个人必须懂得看上去就很像那么回事儿——在言行举止中*标记*归属。与散布和表现起来相对简单（很难在一个较开放的社会里排斥）的认知性知识不同，这种身体上的知识很难去模仿或具体表现出来，因为这样的知识依赖于经历。

在我在圣保罗的时候，女生的长裙总是引起争议的焦点，特别是在正式聚餐时。在这些聚餐场合，男生必须要穿夹克衫、戴领带，女生也必须要穿着正式——不过由于没有像夹克领带这样的"标准"穿着，女生在着装方面有更多弹性。有些女生觉得这种弹性太模棱两可，搞得很难去找到"合适的"衣着。男生老是抱怨女生几乎可以穿所有她们想穿的衣服，这样一来

---

① 性存在（sexuality）：指的是传统概念的生理上的性，在特定的社会时空中，以人的活动为载体所表现出来的响应形态，是一个更广泛和全面的概念。根据词义，在本书中也被翻译为"性"。——译注

着装要求就不公平。女生则抱怨，实际上在穿着方面的选择很受局限。丽是一个来自纽约的拉丁姑娘，她跟我说，"我要么穿得好像要去舞会，要么穿得像个站街的（妓女），要么就像个四十五岁的商业领袖。我一样都不是。"

但几顿饭下来，主要的抱怨还是来自老师，他们都在说聚餐时女生穿得太少了。就在我到圣保罗以前，管理层针对女生着装更改了校规：现在必须要遮肩，就有了所谓的"不露肩条款"。这个小小的改动成为了最令教员们头疼的事，也是女生们不断抗议的主题。特别是年轻的单身男老师们，虽然知道自己一定要强制执行"不露肩条款"，但很多人都不太喜欢对女生的外表给出任何评论。叫一个女生回到宿舍换衣服，就是公开承认对女性身体和性别的注意。这种注意，对很多男老师来说是越界的，而且暴露了他们宁可不去承认的紧张关系。高三女生已经十八岁了，而有几个男老师才从大学毕业不久。女生会经常试探这种紧张关系并挑战适当性的底线。比如有一个学生，在几次聚餐后与我的一次会面里，穿的衣服几乎薄如蝉翼。而且在我就餐的桌上，女生常穿着差不多的衣服出席。

开学的前几个星期，我每次要求女生离开餐桌换衣服，都会遭到抵抗。她们通常的回复就是，要走至少十分钟才能回到住的地方。来回要二十分钟的话，就要错过这顿饭了。这种回复绝对是杀手锏。教师总是担心学生吃不好——更糟的是，女生尤其吃得不够。大多数教师都不愿意让一个女生什么都不吃就回家。所以随着学期的深入，跟其他同事一样，我会指出她们穿着上的不当，悄悄示意她们回去换，但从来不要求谁离开餐桌。结果，变化甚微。这些女生继续想穿什么就穿什么，而且如果持续受到压力，就常常在晚餐开始时围上一条会随着晚餐的进行不时从肩膀上飘落的披肩。成年人继续假装没注意到，然后在每次教师会议上为女生们的春光乍泄而唉声叹气。

女生对不露肩条款的挑战是意料之中的事，而她们的紧张关系展现了在圣保罗表现淡定的重要一面以及衣着在这段经历中所扮演的核心角色。一方面，学校想要夺走她们向教师权力发出挑战的主要媒介之一。通过造成教员的不适，让她们意识到，拥有这样的身体说明她们（差不多）已经是女人了——不是孩子了，已经成年了，以及通过让老师们意识到我们不是永远正确的，而且至少我们有些人也是拥有不当的冲动、欲望和想法的个体，女生有能力利用自己的"性"来倒转学校里的权威。

另一方面，一些女生目睹了校规的变化——准确地说，是我觉得——因为男人不被期待有自控的能力，女生们还要做一个让步。圣保罗的女生被要求去处理这个矛盾：她们必须学会淡定地穿正装——为女性设计的衣服通常有点露——同时她们又会觉得，好像这样的行为有些不对，有些危险和不当的地方。你怎么可能一边很淡定，一边同时感到自己做的事情是不当的呢？

正式聚餐的意义不只是穿*什么*，而是给了女孩子们一个展露身材的机会。虽然这种不适和对教师的挑战是重要的，这不是女生表现的主要目的。女孩子们利用这些聚餐和他人进行对话。有人希望，能给坐在她们这桌并令她们感兴趣的男生留下好印象。但多半时候，当我问她们为什么在聚餐上这样着装时，大多数人从来都不会提到男孩子。"我说，我从来没机会好好打扮一下。而且这也很好玩。你应该在聚餐前来寝室看看！"艾米莉很激动地跟我描述那我不可能有机会见到的场景。"女孩子们跑来跑去，借衣服、化妆品、围巾、项链，什么都借。这是寝室里我觉得最好玩的事情。有时候是我整个星期的高潮！我们都在那里为了同一件事准备……而且会让大家觉得……我不知道。但我有机会也乐意尝试平时不可能的穿着和打扮。有时候林德赛或卡罗会有一条新裙子什么的。看她们穿这些很酷。要么就是自己也试试，看看在我身上怎么样。我觉得跟你说这些挺怪的。你可能无所谓，但林德赛的妈妈刚给她寄来这条裙子，她上个星期就穿了。这个星期她却把裙子给我了，居然说我穿得更好看！"

穿着的仪式为的不是——或不只是——男孩子。就像艾米莉告诉我的，"你可能无所谓。"她以为我无所谓，不仅因为她知道我对时尚的随便态度，或是知道我是个老师，也因为穿着打扮是女生特有的交流彼此在学校是属于哪一派的方式。在被问到聚餐穿着一事的时候，艾米莉提到的第一件事情就是她在闺蜜楼里的经历。艾米莉在这点上并非独树一帜。许多女生在说到穿着选择时从来不提男生。运用衣服和展露身材是表达和争取自己地位的一部分。她们不仅在与等级制度这一制造了等级和差异的机制周旋，也在整理彼此的关系并在日常生活中创造意义——我们马上就会看得更清楚。穿着打扮这一身体表演行为被寄予热切期望，而且偶尔也令人揪心并引发焦虑——是这些拥有特权的女生们的日常生活的一部分。

这进一步解释了女生对"不露肩"规定的抵制——简单说，这条规定限制了女生自我表达的空间。穿着、展露身材、和对

"性"的利用是圣保罗女生们日常生活的核心原则（而且我想，在美国的每所高中都是如此）。我们不应该忘记艾米莉是怎么描述这些场景的："好玩。"女生们对她们的性存在抱着玩乐的态度；就像艾米莉后来跟我聊的，"有的人一定要把整件事［正式聚餐］搞得很有意思；我靠的是衣装。"能让聚餐有趣的裙子不是有多特别；除了圣保罗的富家子弟，没人会穿高级女装。大多数女生穿的反而都是那些凸显女生身材的裙子。如果回忆一下小丽说的关于穿什么的风险——"我要么穿得好像是去毕业舞会，要么像是在站街的（妓女），要么就是像个四十五岁的商界精英。我一样都不是。"——我们看到的不只是正装对人的限制。我们来看一个在纽约工薪阶级家庭长大的拉丁裔女生，她遇到了一对难题：穿*什么*和怎么穿。再来看看我的一个穿"吊带长裙"的学生可能会在另一个地方被看作是"站街的（妓女）"。然而，她理直气壮地穿她的吊带裙子，以便在举手投足间表现出自己在做不一样的事情：向其他女生表现自我，以及表现一个圣保罗女生的特权。做这样一个女生的特权之一是，无论穿得多露骨，也不会被错认为是一个妓女 ①。

———————————

① 大家不能忽视另一个矛盾：身体表现和身体淡定不是相同的概念。虽然淡定可以带入生活，但表现受到的反馈会随着我们年龄渐长而有所不同。简单说，青春无价。年轻、健康的身体让人感到幸福，有些人可能会动欲念，有些人会怀念自己的青春，还有人单纯欣赏身体之美。而日渐衰老、下垂的身体就不那么令人陶醉了。有人可能会问一个我在学校做的这份民族志无法回答的问题："如果身体表现对女性来说很重要，那随着年龄的增长该如何是好？年长的女性不总是要比年轻的吃亏一些吗？"

知与行是两码事。如果我们思考一下这章和上一章里的例子——从看上去像是穿着老爸的西装的男生，到展露和规范身体的女生，两者既是表达也是挑战——融入学校不只是"知道"或学会一套规定。这需要一套身体的规范和持续的联系，直到你能轻而易举"过关"。但有时候这种过关需要付出一定代价。对身体的规范不总是一个简单又愉悦的过程。尤其对女生来说，学会淡定地面对"性存在"这一课，与表现特权的可能性直接冲突。

通过"性"归属

从在学校的第一天开始，圣保罗的学生就迅速学会了一套新词汇、一种新的互相联系的方式和一种新的理解自我的角度。我们已经看了许多学校通过仪式力求于把学生重塑为圣保罗人的例子。而这种转变的另一个关键手段是整蛊仪式。在九十年代，整蛊行为在男生寝室楼里相当普遍。在这场被称为"菜鸟奥林匹克"的活动中，年轻的男孩子会受到不同程度的欺负（和各种虐待）——在半夜被吵醒、喝水比赛、拳击、折磨人的智力训练、被逼在寒冷的午夜跑步、遭到殴打，还有在极少的情况下，受到性虐待。

这些整蛊事件在开学的那几天最频繁，然后慢慢减少——偶尔会暂停。贯穿整个九十年代，整蛊，尤其是身体上的整蛊，通常是"男生的事"。但一定的奥林匹克活动远远超过体罚，晋级到精神虐待的范畴，而且据说女生也会经历她们自己的仪式性虐待——从圈出女生身上的脂肪到逼着新来的女生长时间不准说话。

九十年代末期，学校开始调查和惩戒在男生宿舍发生的整蛊行为；管理层采用了坚决不饶恕原则，整蛊可以导致被开除。这个回应几乎只针对男生，而且指的就是寝室里的活动。其他方式的整蛊——尤其是在运动队里和女生中间的——大多被忽略了。如大家所料，整蛊仪式仍然是学校的一部分。

在我在圣保罗的第二个晚上，几乎所有宿舍楼都搞了个"菜鸟之夜"的活动。教师不但不禁止这些仪式，还默许了这件事，但也设定了底线。深夜里，在教师离开宿舍楼各自回家后，各种不同的活动在每幢楼里开始。但我听说普遍的目的都是"欢迎新生入校"和"给他们一个学生角度的入校简介"。教师们大体上是认同这种学生角度的入校简介的重要性的。由于学生之间交往的社会规则很复杂，迅速理解这些条条框框对适应住宿生活来说很重要。

在我的楼里，高三学生来和我以及其他导师粗略地交流过他们应该说什么、怎么说、做什么。对这个计划满意后，我们同意会在活动开始的时候离场。我们要求学生能够担负起作为高三学生的责任并树立威信，而不是单单用条条框框的规则来把他们当婴儿对待。在教新学生时，老师通常倚仗高年级学生的威信，在调解学生矛盾时亦是如此。楼里有无数鸡毛蒜皮的矛盾，而高三学生在处理这些事的过程中往往承担了领袖角色。这教会他们如何去领导。对老师来说，让学生自我调解问题，不仅是在培养他们的责任心，也帮助他们缓解经常巡查学生所

引起的头痛。由于最近就有男生因为整蛊活动被开除了，所以
我们不费吹灰之力就能保证我们的男孩子们在仪式中保持尊重
和克制。

　　男孩子们意识到这种自我控制的重要性，也珍视老师给予
他们的权威。但即使有了条条框框，他们仍坚信能向新生提供
真正的圣保罗入门——老师没有能力给予的入门，因为我们其
实不怎么了解学校的运作方式。男孩子们会跟新生说一些在我
们面前不会提到的事情——怎么不惹事、如果惹上麻烦了该怎
么办、怎么处理恋爱或性关系（性在学校是被禁止的），还有日
历上一些要注意的重要活动（尤其是舞会）。他们还会向新生解
释，任何时候都不要敲别人的门，他们随时随地都应该直接走
进去（圣保罗的门是不装锁的）。虽然这可能不时会引起尴尬，
但这个措施很必要。原因很简单：如果有人敲门了，证明这是个
老师。而如果你在做什么你不该做的事，这会马上提醒你，门
的另一边是谁。这一点对大多数新生来说是最难领会的。

　　年长的女生也珍视这种权威，但方式截然不同。当我问她
们，在这样的活动中会做些什么时，她们说有一大堆话题：讨
论男生、老师、性、自己、在学校应有的期望，以及怎样塑造
一个好名声并避免"坏"名声，还有她们只是增进彼此的了解。
但问得再深一些，很多女生就会透漏，这些活动潜在的大主题
是性。像我们在正式聚餐前看到的打扮场景那样，"性"是圣保
罗女生生活中一种重要的表达。虽然成年人相比以前来说更愿
意为女生提供性教育，但这种教育通常否认了女生具有性的行
为能力这一点。我们认为青春期的男生性欲很强，盲目地受性

欲的驱使，而不太会去考虑女生的性存在——除了担心她们会是男生欲望的对象外。但其实"性"对她们的日常生活格外重要，而且这类有关"性"的话题很少被她们身边的成年人谈论到，如此一来，导致的结果应该不会让人太吃惊。女生们把对于"性"的探索作为自己的责任担当起来，并且互为老师。

女生们的菜鸟之夜也是各种各样的。这些活动基本上无伤大雅，很多都是关于不同宿舍和不同运动队的八卦。女生被提醒不要成为高三男生的猎物——有些男生会因为特别爱追女生被单独拉出来说。在她们花太多时间跟任何男生在一起前，新生被告知，应该跟宿舍里的高三学生聊一聊来了解一下那个男生的风评。一场比较早的舞会颇受关注，学生称之为"搞"[①]，是一场高三学生为所有楼里的新生找舞伴的聚会。学生们格外重视这次舞会，因为女生的性魅力取决于她们在"搞"这个活动场合中的价值。如果一个受欢迎的高年级男生对一个新来的女生感兴趣，对她和她寝室的地位来说都是件大事。反之，这些女生和她们的楼都会遭殃。舞会名字的双重含义是有目的的——既是指一个人可能因为有个糟糕（没人要）的舞伴而被"搞"，也是指舞会可能会促成一对炮友关系。年长的女生扮演着大姐大的角色。她们红脸黑脸都要唱：轮流照顾和折磨新来的女生。超重的女生会不断被拿来开玩笑，所以厌食症在圣保罗非常普遍，而且整个校园都几乎没有胖学生。在菜鸟之夜，看上去有"经验"的女生会被不断问到她们过去的性经验，而且

---

① "搞"（Screw）：圣保罗中学新生舞会的名称。——译注

同时受到高年级女生的称赞和诋毁。有几幢楼会玩这么一种游戏，高三学生会把一包糖放在新来的女生之间传，每人拿几颗。在新生拿好糖后才告诉她们，每拿一颗糖就要说一个自己的秘密。在有些楼里，挑明了是要说跟男生间发生过的事。这个活动有两个目的，一是套出新生过去的性经历，二是给这些女生做出规矩，认识到糖拿得太多的坏处。那些拿了满满一堆糖的人要说很多关于初夜的细节。

然而在我任教的那年里，菜鸟之夜截然不同。半夜里，巴克莱楼的高三女生脱掉平时的衣服直到几乎一丝不挂，然后戴上假发，身上和脸上画上颜料，再叫醒每个楼里的新生。她们首先把这些女生锁在衣柜里。然后她们逼着这些女生穿成人尿布，她们就是这样解释给新生的："快把这些穿上，因为你们在学校算小宝宝。"这些新生接着被带到高三学生的寝室里玩一个叫"我从来没有"的赤裸裸的游戏（在游戏里要承认她们做过的性行为）。高三男生会被叫来，强迫这些女生跟他们聊关于性的话题。新来的女生会被取一些新的充满性意味的绰号，比如"后门贝奇"。女生用香蕉玩深喉游戏——模仿口交的场面，比谁能把香蕉放得最深。

没几天，学校里关于这些事情的谣言四起，不到一个星期教务处就开始尽力调查巴克莱楼里发生的事情以及学校里的其他"菜鸟之夜"。教务处提议，十栋女生宿舍楼中的四栋要接受纪律处分，虽然最后只有两幢楼受到惩罚。巴克莱楼发生的事件是那年最极端的（而且据最近毕业的校友说，是圣保罗有史以来最过分的）。随着谣言的散播，老师、管理层、家长和校友都震惊了。《康科德日报》上有了几篇关于圣保罗"性丑闻"的文章，而读者也对学校格外不满，尤其是对教务主任被引用的这句话，"这些犯错误的孩子都是好孩子。没人受伤。我们觉得自己在处理这件事的时候很小心，以求保护这些孩子。"最后，管理层勒令五个高三女生因违反宿舍规定而停学一学期。在另一幢楼即爱默生楼里，事情没有那么严重，高三的只是被停学两星期。学生大部分都不是因事件本身震惊，而是对学校的反应更目瞪口呆。在爱默生楼里参与了这些活动的新生甚至站出来为高三的辩护。在一封写给警察局的信里，新生承认自己那晚过得很开心。

"我们觉得那晚是了解高三学生的大好机会，而且不觉得有什么不合适的地方，"有个新生这样写道，"在决定您的纪律处分时，请考虑到我们所有人都自主决定参加这个活动，而且也过得很舒服。"这些新生说是"自愿"去爱默生地下室的，觉得自己的新绰号很搞笑，也享受玩"我从来没有"这个游戏的过程。"有人发给我们一些糖，然后我们可以在鲜奶油、香蕉或布朗尼蛋糕中选择其一。再说一次吧，所有的新生都想参加也想吃这些东西，没有人是被逼的。"

在调查阶段，学生对发生的事情惊人地诚实。老生们不仅觉得这些活动很合适，也觉得这才是欢迎新生来校的正确做法之一。有的人甚至觉着这种介绍很必要，说是有益于新生知道"学校是怎么运作的"。跟学生集体请愿一事一样，"欢迎"和"必要"这种说法也受到教师的极力辩驳。但很多时候，学生们相信自己的行为已经被老师和管理层默许了。

"他们是知情的。"史黛西告诉我。她是一个参与了比较温和的"菜鸟之夜"的黑人女生。"我说，我们跟自己楼里的老师讨论过。老师们同意离开，让我们跟学生交流、欢迎她们。我说，有些她们必须知道的事情是不能在老师面前说的。"

我不太相信。听说了巴克莱楼发生的事情后，我问她，学生必须知道的是什么事情。

"唉，你懂的。别装了，西老师，"史黛西笑了。她狡黠地看着我说，"你也在。我说，你的第一年很重要！你懂的，要说些什么。"

但我让她说明白一些。"朋友？男朋友？课？你说的到底是什么？"

"好了，别装了！"她笑着，"全部都是，我想是吧。就像怎么参加舞会或者约会。我说，你在第一年要安置好你生活的方方面面。而且你想做得不出差错。你想表现得出色，但也想交到好的朋友然后表现得好。而宿舍呢，它们各有不同风评。就像你是在汉密尔顿楼。"史黛西微笑看着我，几乎有点鄙夷的意思。她知道，我那幢楼有个"书呆子"的名声。"那些人挺好的。但他们……"她在评价我当辅导员的那一幢楼时很小心，"这样说吧，去那里的女生不多。你必须要知道的就是这样的事情。"

在这个节骨眼上，我进一步追问史黛西。我对学校里发生的事情很失望，而且觉得她对巴克莱楼事件的严重性避而不谈。"但就我知道的来说，发生在菜鸟之夜的不仅仅是那些事情。"

"好吧，大多数地方就这些事。"她马上收起了笑容，"我不太了解巴克莱楼。但就算是在那里……也不是……就不是。很多内容都是关于那事的。"她明显变激动了，"而且人人都知道。罗伯茨[巴克莱楼的楼长]也知道！我的意思是，她们告诉他了。他也跟她们说了。但每个人都装得好像什么都没有发生过！"

史黛西在某种程度上是说对了。参加了性虐待仪式的学生跟她们的楼长说过要有一个没有老师的聚会。楼长也觉得这是个不错的主意。此时，协议达成。奥利弗·罗伯茨跟她们说得很清楚，气氛一定要是互相尊重的。原话是，他告诉她们，"不要做任何你不能跟你阿婆说的事情。"这个"阿婆标准"不断被老师们强调，来为他们对这些活动的默许辩护。而管理层也利用这点来争辩，虽然"欢迎活动"——比"菜鸟之夜"更温和的说法——没有被禁止，但有明确的规定告诉学生底线是什么。

众女生，无论有没有参加这些活动——持有两个略微互相矛盾的观点。一方面，有人说从来没从任何老师那里听说过"阿婆标准"。另一方面，她们争辩说，自己做的事情虽然稍微有点越界，却是既合理又必须的。这只是告诉新生关于圣保罗"真相"的一种手段。有个高三女生这样说，"我们做的事情是一个学生必须知道的，但老师没法教。"剩下的就是师生间的拉锯。学生继续称他们的活动为"欢迎仪式"；但老师会说这些活动是"整蛊"并诉诸"阿婆标准"作为证据，说学生没法理直气壮地跟别人说他们做了什么。所以学生们很不满。他们对自己做的事的看法跟老师们的不太一样。而且，老师们早就了解情况了，但只有最近才对此事评价得如此负面（并反应强烈），这点让很多人恼火。从学生的角度看，如果老师对"菜鸟之夜"有异议，早就该说些什么了。有个学生告诉我，"真的，都这样搞了好多年了！"

　　性和"性存在"的共同点是，两者对女生来说都是获得归属和"欢迎"的一条渠道。高三女生马上要告诉新来的女生并让她们牢记的东西——被视作为理解圣保罗"真实"生活的必须的一部分，是学生开始接触性和"性存在"的重要一课。仪式性的整蛊活动对新来的女生强调了"性存在"的重要性，就像每周在寝室里的打扮行为教的一样，女生们学会整理、表达和周旋彼此的地位。这是一种身体上的记忆。整蛊的目的是在女生的身体上印刻下她们在学校里的地位。这个活动无疑是一种精神折磨，但这几样事情——深喉游戏、打扮、被关在衣柜里等等——主要是一种身体规范和记忆。在"教"那些新来的女生关于学校的知识时，高年级女生不是告诉她们什么是重要的。这些知识被印刻到这些新来的女生的身体上；正如大家所见，身体及其能表现的无数形式对精英及其性别来说都有重要的含义。

　　男生们在大部分情况下对发生的这些事情很淡漠。有句话在男生间这样传，"如果你整了谁，就会被开除"。"整蛊"在这里指体罚。高三男生常常对新来的男生很苛刻或很鄙视，但几乎不会动他们一根手指头。男生之间自觉地避免身体接触。我在圣保罗的时候，校园里只发生过一次打架事件。跟别的高中比起来，这很惊人。这场"冲突"发生在一个春天，两个当事人在曲棍球队里是好朋友。其中一个男生叫克雷格，跟另一个男生的妹妹发生了性关系。那个叫詹姆斯的哥哥很生气，就约了克雷格到学校的一个操场上解决问题。詹姆斯想挑衅克雷格跟他打，推推搡搡的，但克雷格拒绝了很久，两手放在身边，不断重复说，"我不会跟你打的。"这次交锋以詹姆斯将克雷格推倒在地后走开告终。两个校曲棍球队最强壮的队员之间居然没有发生什么严重的肢体暴力，很令人吃惊。但如果大家思考一下圣保罗的特点就不那么难理解了。简单说吧，"冲突"在圣保罗从来都不是身体上的；就算是，也不会是人们通常会联想到的那种很公然的暴力。冲突通常不会以互相殴打告终，而是最后一个不理另一个，让另一个人感到孤立。我们不能忽视这些男生对身体力量的自我控制和在一个非生理层面上对权力重新调整这一过程中的阶层因素。

　　尽管——或者说因为——暴力行为相对罕见，管理层还是相当重视。有个教导主任描述了 90 年代晚期开始实行的无暴力政策，"我们开始因为整蛊事件开除一些男学生的时候，其他学生很快就学会不闹了。他们很久都不会忘记这个教训，也不会再乱整人了。而且不只是整人这方面，也不再有男子汉大丈夫打打杀杀的鸟事。"教导主任对这种"鸟事"的无视正说明了圣保罗思维——暴力是愚蠢的，与精英成就背道而驰，而且虽然没人会这样说，但暴力是粗鄙的下等人的行为。这不是说男生可以免于身体规范和印刻，而是说这种印刻不会通过肢体暴力发生——这种印刻的一部分是对这种肢体行为的抵制。但由于对这种暴力的严厉禁止，男生大多对整蛊风波疑惑不解、置身事外。知道我在教导主任办公室做事以及我问问题的习惯后，一些男生尝试从我这里套出女生宿舍里到底发生了什么的消息。流言传得很夸张（而且根据结果看，也成了真相的一部分）。大多数人的脑中都会不自觉地浮现这个场景，半裸的女生深夜潜伏在宿舍里玩性游戏。

尽管在公共场合都表现出了震惊和失望，很多老师私下里说他们对巴克莱楼发生的事情不怎么吃惊。在媒体和操心的父母听力所及范围之外，许多老师对学校里女生实际上比男生更恶毒一事抱以同情。在他们看来，女生可能在一天早上醒来，然后发现很多朋友开始忽视她们。这样残忍的事情在春季达到顶峰，因为那是进行次年宿舍安排的时候。学生可以申请自己跟谁住、住在哪里。一群群的学生都互相商量好怎么做来使朋友之间能一起住。每年春天都有些女生发现自己的朋友跟她们撒了谎——没有把她们的名字填在室友申请表上。她们发现之前的朋友会一起住在校园某处，而自己却被抛下了。老师们对*谁*主导了巴克莱楼的整蛊事件也不吃惊。"这些女生本来就不该住在一起，"一个老师跟我说，"她们很恶毒。就是很糟糕。"他指责学校的管理层，"他们知道的，但就是袖手旁观。他们就是不想做一些不受孩子们待见的决定。"

让我吃惊的是，老师们完全没意识到菜鸟之夜和学校官方活动间的对应关系。总之，圣保罗是建立在仪式上的。学校自身就有大量类似活动——虽然没有在身体上涂颜料或是成人尿布这样的桥段——落实到学校里的每一天、每一年甚至是每个学生在学校的整个轨迹上。每位老师和管理人员都在强调仪式性活动的重要性，这样就是将等级制度强加于人，而且还强调了什么是一份圣保罗教育中"真正重要"的部分。礼拜堂里的"占座"象征了等级制度对社区日常生活的重要性。类似的，从正式聚餐到高三沙发到校园某个湖泊旁高三预留的船坞，这些都是对学生们的正式挑战，是一些点醒他们的意识并帮助促进他们理解如何表现的瞬间。

所有的学生活动都借鉴了这些官方仪式的精髓。这些神圣的时间、空间和仪式被重新改编为学校的"第二"生活——学生生活——并为之创造形式和提供意义。大多数学生自创的仪式都单纯被视为学校的一部分；它们已是圣保罗经历中不可或缺的基础。所以在有些仪式越了我们（或是我们祖母一辈人）的界时，大家真的会吃惊吗？跟许多官方活动一样，这些巴克莱楼里高三女生自创的仪式强调了等级制度和个体的地位——此处，指的是在宿舍楼的等级制度关系中她们的统治地位和菜鸟们的从属地位。高三女生没想到的是，她们仪式中昭然的"性"会引起如此大的不安。这些高三学生知道，学会利用身体——如何规范它，如何展示它，如何理解你渐渐浮出水面的性存在，这是圣保罗经历中的关键一部分。但她们没有意识到其他人对这点有多不舒服。

所有这些例子都指向了学生拼命融入学校的方式：他们如何寻找能融入的空间、如何彼此影响来定义什么是融入、决定融入的重要象征性标志是什么、如何适应彼此来成为一个圣保罗人。这些仪式也反映了学生无法什么地方都能融入这一事实。他们必须接受在现有身份系统中的地位。以上写的这些仪式是学校（和精英生活）的系统印刻在学生的身体上的无数形式的示例。新生了解到他们处于学校的底层，学会将这种地位部分以通过对整蛊和身体控制的规范行为表现出来。回到早先的一个论点，在学生将这种从属地位表现出来的时候，他们学会占据学校各种复杂关系组成的阶梯的底层。一个人在圣保罗求学时很关键的一点，是要弄明白如何在等级制度的不同梯级间周旋，直到爬上顶端、成功在别人身上印刻这种从属地位。通过这样的锻炼，你上能跟 CEO 聊、下能跟清洁工聊，从而变成一个自然淡定的精英，过上一种不断向上爬的生活。

巴克莱楼里的女生"搞错"的是，她们的整蛊行为不该那么极端。她们在顶层和底层间建构了太大的鸿沟，使得等级制度中的距离太大了。仪式性的性虐待意味着，可能等级是不能讨价还价的，那些顶端的人太遥远太占优势了。这堂课没有被接受（当然，这样的行为也无法被接受）。

特权的表演性

巴克莱楼的整蛊事件，或者许多其他程度较轻的菜鸟之夜的过程——极具戏剧性，从化妆到道具、角色名称到角色扮演一应俱全。我们可能要进一步研究，学校的各种关系是如何被表演出来而不单单是习得的。朱迪斯·巴特勒（Judith Butler）认为，我们不应该将社会分类仅仅视为存在的"东西"而要视作是一种表演。对表演性的强调将我们对人与人的来往方式的理解复杂化，而且暗示了"动机和行为通常不是发自内心而是来自于个体发现自我的情景"。我们的视野不应限于强加于行动者的规定和规范，而是要把重点放在探究行动者自己如何在生活的许多情景中创造特定的关系上。

巴特勒认为，这些表演推动了将实际上有差异的社会分类变成含蓄的内在状态：一旦排演熟练后，这些表演让社会建构的差异看上去自然天成。她的研究中与我们在讨论的问题密切相关的部分是性别问题。巴特勒认为，我们总是在做性别表演，并在此过程中创造了社会架构是真实的、本能的且自然天成于我们内在的假象。

> 性别不应该被构建成一个固定的身份或是各种行动者模仿的核心；性别应该是一种随着时间而精密建构的身份，通过*程式化的重复行为*形成于外部空间中。性别的效应通过身体的姿势、动作和不同的行为风格来建构一个不变的性别化个体的假象……值得一提的是，如果性别是通过内在不连贯的行为建构的，那么*外表的物质性*从严格意义上说是一个建构的身份，是一项普通的社会观众（包括行动者本人）都会相信并根据这种信仰付诸实践的表演性成就。

我们能看到圣保罗学生在性别和无数自身其他方面的程式化的重复行为。通过重复，这些学生积累经验并产生具身化的特权，不是"努力"而看起来像是轻轻松松浑然天成的属性。这种自然化的特权跟巴特勒对性别的论调一样，掩盖了特权是优势社会地位（比如上一所40000美金一年的高中）的产物的事实。这不仅阻止了其他人去表现精英独有的标记，也在淡定心态很难复制的情况下，暗示了那些没有被特权所标记的人只是"不够格"。

我们能延伸这些观点来思考一下精英之间的关系。做一名精英不是说有个头衔或拥有一个行动者的"内在"特质（技能、天赋、人力资本）就可以了；这是一个由伴随精英院校（学校、俱乐部、家庭、人际网络等等）经历得到印记和经验而得以实现具身化的表演性行为。我们的品位、性情和倾向不单是我们与生俱来的；它们是通过我们在这个世界的生活经历慢慢积累的。它们不仅存在于我们的脑中，也是我们反复表演的结果，于是这些表演看上去越来越不像是一种我们扮演的虚拟角色——一份可能有利于我们的角色，而是越来越像我们自然的自我。

作为对整蛊风波回应的一部分，学校在寝室楼里组织了一系列关于性和"性存在"的讨论会。结果是这些讨论有时候甚至比原来巴克莱楼的意外更让人不适。在某个讨论会中，一个威望较高的高三女生说，"这就像是你能给一个人最好的礼物。这是你能做的最无私的事情之一。"她说的，是为一个男生口交。女生们用不同的方式一次又一次提到，利用"性存在"作为一种"无私的馈赠"。而且圣保罗不是特例。米尔顿中学——某所跟圣保罗差不多的预科学校，在我在圣保罗的那年里也颇受自己的性丑闻所影响。这个例子中，一个女生为她的男友及另外的四个男生在体育馆里口交。她这样做是"作为给他的生日礼物"。圣保罗中学发生的讨论就是针对米尔顿中学的这个事件的。

把一个人的"性存在"当作是"无私的馈赠"或是可以奉献的东西，是在强调女生的"性存在"和特权的矛盾。虽然在许多关系里我们都看见了特权——"亲密的尊重"、自治、权威、自我管理、淡定和对兴趣的培养——女生的"性存在"常通过无私奉献的形式体现。女性的表演"性存在"和特权的行为常导致无法被解决的深层矛盾的出现。虽然女生公开在宿舍楼里谈论性和"性存在"，还说性是一种馈赠，但男生宿舍里的论调截然不同。这些讨论各不相同，取决于参与的男生的状态是单身还是恋爱中，但它们都有一个共同点：男生把自己的性欲描述为自然的、受荷尔蒙驱使的。没有人会提到馈赠的概念。

"你知道的，我们在经历这些变化。"丹说。在他刚来学校的时候，你会看见丹每次舞会都牵着不同的女生，或者是每个星期都有不同的女生到他房间里来。现在作为高三学生，他对自己的性魅力超级自信。"而你现在就是能觉得不一样。从新生到现在——哇！大变化。"

"对！就是这个阶段。"吉姆马上跟着说。

史蒂夫突然笑出来。作为一个特别调皮的高一学生，他忍不住要说笑："而且你们要在进我们房间前敲门是有原因的。"这个房间爆发出笑声。史蒂夫总是拿我们敲学生房门的事情开玩笑，说是老师们不想撞到男生打飞机的场景——据说这是青春期的男生抓紧任何机会要做的事。

丹觉得自己已经过了愣头青的阶段了。"但真的，这很难^①。"史蒂夫又笑了，声音更大，就是因为这最后一个词。丹狠狠瞪了他一眼。房间几乎马上静下来。丹看着一个特别崇拜他的年轻学生，继续讲述自己探索性的经历。"这是我们应该在做的事情。

---

① 原文为"hard"，有"难"和"硬"两种意思，构成双关。——译注

正值青春。现在跟凯蒂约会是有点不同了，但以前除了性什么都不想。"

后来我继续问丹，他说的话是什么意思。我想知道凯蒂是满足了他的性欲还是改变了他。"她改变了我的想法。我们的恋爱关系对我很重要。不只是身体上的。就是说，她教会我的，不是说怎么去控制，而是让我明白什么是重要的。所以她陪我经历了这整个疯狂的阶段。"这种对男性性欲的自然化是男性特权的一种形式。女生被视为对自己的性存在有更多的控制从而能够通过恋爱关系控制一个男生的性存在。在我们更具体地讨论女生时，这些男生说了很不一样的话，而且更保守和拘谨。无论如何，能看出性别角色在圣保罗是如何被表演出来的。在许多男生的眼里，女生被视作是性权力的持有者，而这是一种她们能够操纵、剥削、控制和改变他人的权力。

"你看她们吃顿饭穿成那样！"史蒂夫几乎是在尖叫，"我说，别装了！"

"像是她们在怂恿你。而且是逍遥法外。我说，如果我穿成那样……"安德鲁说不下去了。他接下来的话淹没在一群男生的嘲笑里。他们说，你难道要穿件黑色小短裙去参加正式聚餐吗。"别这样！认真点！你知道我在说什么。逍遥法外。她们穿成这样就是要别人去注意的。"

"然后你就去盯着她们了！"

"如果她们回看了一眼，你也会这么做的！"安德鲁辩解道。

"至少聚餐更有意思了！"

"是啊，那只剩一个问题了，老是我最后一个清盘子，"史蒂夫在抱怨自己总是在聚餐结束后做这件最吃力不讨好的事：端盘子。他扭头对宿舍楼里的一个导师说，"你记得的。你叫苏珊把盘子拿走，然后我说我来吧。我这样做是因为……嗯……就是……我一点也不想。但就是我要做的！"

女生被视为在操纵男生做他们不想做的事情。但这种"操纵"不是女生唯一做的事。像丹说的那样，谈恋爱改变了他。凯蒂把他从性欲中解脱出来变得"不一样"。不只是男生提到过这种改造的潜力，老师们也这样说。在做网球队教练时，我跟一个选手相处得很不好，他很不认真，走在成为问题少年的道路上。有一个比较了解他的老师跟我说，"布莱恩最好是能交个女朋友。秋季时他有一个，那好多了。她真的让他老实不少。"标准的看法是，男生有不受控制的性欲，这为他们带来了各种麻烦；谢天谢地，女生能操控或转变他们。

这对女生来说是个两难境地。在整蛊丑闻和米尔顿中学的事件后，学校非常担心学校里的性保健问题，尤其是女生。从这个角度上，女生是一个教士口中说的"新的性规范"即草率性行为（尤其是口交）和"性存在"表达的受害者。大家认为是女生对男生表演性行为，是女生受鼓动表达自己作为性存在。但另一方面，没人提到男生因为自己的性存在而遭罪。对青春期男生来说，性欲是个本能的问题——身体发展期的结果，让他们明显无法控制自己。简单说，把男生的性欲说成是自然的、受荷尔蒙驱使的，就等于在说男生不需要对任何性关系负责任。而且很矛盾的是，女生既是新的不健康关系的受害者，又是唯一有能力控制这些关系的一方。在她们自述的经历和他述的故事里，这些女生是自己可控的情况下的受害者。

这个矛盾的情况是在利用女性解放的论调，显得是她们在越轨和制造问题。这样进退两难的情况对应了我们当前的文化建构，这个建构将女生置于掌握更多话语权和不那么依赖异性的角色中，但这也使得女生成为了被指责的对象。女性的"性存在"愈发突出，而男生自然化的"性存在"隐没在背景里。女权运动的重点之一就是掌握自己的"性存在"，这一点遭到曲解，以致现在变成在社会关系间通向完全平等的障碍。对于她们表演性的身体表现来说，女生被置于一个更加自知自持的位置；男生，正相反，可以随时以他们只是在"自然"表现为借口。男生在"性存在"这件事上可以依赖一种对学校里的女生来说基本不存在的性淡定。

结果是两性间的巨大差异。女生的表演行为与表演特权的方式之间是相悖的：换句话说，做女孩和做精英间是矛盾的。女生必须控制自己的"性存在"，她们必须在行为中保持自我意识以控制自己和控制男孩们无过错的欲望。但这种控制是淡定的反面，也是让勤奋努力看上去像是不费吹灰之力的精英目标的反面。而且虽然女生的"性存在"对她们的人际关系来说很重要，但是这种"性存在"表达经常遭到学校老师失望的反应。"不露肩"的规定就是一个例子，而且老师对女生在舞会上的穿着也颇有微词，指责她们穿太少了，会不断跟她们谈话。在此过程中，这些女生学会自如地穿那些正式、有点露的衣服，但同时为此感到羞愧和难堪。在学校对"性存在"的表达，需要女生参与到与正确的表现特权的方式相悖的表演行为中。

弃权

　　玲是一个出身富贵之家的高二学生，在我们坐下聊天的时候，她跟这个叫苏珊的女生已经交往两个月了。她很乐意分享这段新的跟女友间的半公开关系。"我说，这真的有改变。不想这么说，但现在我不用再理会那些乱七八糟的事，真的很棒。我牵着苏珊的手在路上走的时候，大家现在会用奇怪的眼光打量我。以前我会很困扰。但现在就是要让他们看到，让他们知道我变了。再也不趟这浑水玩那些愚蠢的游戏之后，我觉得自己快乐多了。应该这样讲，我*知道*自己更快乐了。"

　　玲没说自己是个女同性恋者，但通过她这段有点暧昧的关系，她改变了了自己，也改变了在学校的生活。聊天的时候，她穿着一条松松垮垮的工装裤和一件圣保罗的套头衫。她的上身表示自己没有完全抵制学校——虽然只有少部分人会对她的圣保罗女生不常穿的工装裤这点表示惊讶。她舒服地坐在我的办公室里，在聊天的时候盯着我看。除了在想到父母的时候，她不担心有个"拉拉"① 的名声。"在听到我和苏珊的事情后，我妈完全疯了！"她大声说，"我挺难过的，所以我就跟她说我们是很好的朋友。但这就是康涅狄格州恶心的地方。很多人认识我的家人。他们会把话传来传去。我在校外的日子被搞得很不好过。"

----

① 拉拉：女同性恋者。——译注

虽然在提到校外生活时玲很生气，但她在学校里相对来说是无忧无虑的。她提到了自己宿舍生活的变化——现在没什么女生会来她的房间，尤其是有人避免跟她同时在洗手间里——但大部分时间里她没注意到和苏珊在一起后有什么变化。

许多学生把玲看作是个社会异类。他们不仅把她当怪物，还质疑她留在学校里这一事实。有一次我跟一群学生说到跟玲聊天的事情，他们说，"你跟她聊天做什么？"另一个人也插进来说，"对啊，我以为你在这里是为了研究圣保罗。"玲不被视为一个圣保罗人，不仅是因为她的性取向。我在的那年，学生会主席基恩出柜了。他是学校里威望最高的学生之一，而他出柜的事让他的人气不降反升。然而，在他的行为举止中，基恩也没有挑战学校。他走路、说话、穿着和行为举止都像是个圣保罗人。相反地，玲就没有这样。她表演自己身份的方式有点不同，某种程度上是在挑战一个女生应有的行为——甚至是圣保罗的一个学生。在选择对"那些愚蠢的游戏"弃权的时候，玲成功地（也可能是不明智地）冲击了一个圣保罗人的底线：她暴露了同龄人那些貌似"自然"的装束和表演背后的虚伪，证明了她们表面上的淡定不是天生的，而是选择故意装出来的——跟她弃权的选择差不多。.

我问玲，"那些愚蠢的游戏"指的是什么，她说了很多——关于为每次公开活动做准备、关于每时每刻都要担心自己的形象、还有最重要的总是担心别人的看法。现在她觉得没有这些包袱了。

"天啊！我觉得自己现在太有空了。要为礼拜、聚餐、舞会

甚至是串门 [拜访一个男生的宿舍] 做准备都太花时间了！就算是刚从床上爬起来，在去礼拜堂之前已没多少时间换衣服的时候，我都要在发型和脸上花很多时间，"她说，嘲笑着以前的自己，"有时候我还会换上衣——不是换什么漂亮的衣服而是换一件觉得看上去更好看一些的不同的睡衣。然后我会飞奔去参加礼拜。疯了！最糟的是，这都不是为了自己做的。我不知道做这些是为了谁，但从来都不是因为自己想要这样。"

不管玲有多强调自己已经从"性存在"的身份体制中解脱出来了，她还是忍不住滔滔不觉地说起自己在别人眼中的形象，还把自己的生活跟以前玩"那些愚蠢游戏"时比较。她跟我说的所有事情几乎都是跟那些游戏有关的。无论是现在学生们怎么看待她的衣着，还是他们如何密切关注她的宿舍生活，玲的基准是其他女生的看法。而且虽然她好像在暗示，自己的表现有改变是因为她现在想这样，但我进一步问她怎样穿着的时候，答案就截然不同了。"我觉得很好玩。比如，我可以让很多人不舒服。他们看着我、打量我的衣着，但他们也会思考自己的衣着。就是说，是*我让*他们想到这些的！"她说，抓了抓自己的工装裤，"我在早上穿着打扮的时候就会这样想。"

玲对"那些愚蠢的游戏"的拒绝没能使她彻底改造自己成为任何她想变成的样子。她的抵触行为甚至与她希望反对的"性"制度是相呼应的。所以，虽然玲站在其他女生群体行为方式的反面，但是在把自己定义成女生群体的反面的同时，她也在进一步神化这个群体。虽然她不玩那些为了他人打扮、在主导的"性存在"制度下努力的"愚蠢的游戏"，但她还是深陷于此。她从身体上表达了自己的反抗（坐姿"如男生"），而且参与到了与其他女生的表演相呼应的表演行为中。如玲所预料，她强迫同学去思考她们表现出的淡定，不单是对内在自我的表达，本身也是一种表演。而且虽然她愿意承认自己新颖的着装和仪态也是一种表演，但她好像没有意识到，自己和学校在如何将特权表现出来这一点上是紧密相连的①。

对男生来说只是单纯在反抗这个要把他们融入千篇一律的圣保罗人模子的过程。不过他们有更多反抗的可能性。当像玲这样的女生从*内*反抗针对女生的"性存在"的分层系统时，我们可以看到男生得以"脱离"这个分层系统而转投别的系统。

埃里克·金受到几乎每个老师的喜爱。他勤奋努力、聪明，还能在几乎每个场合都"为所应为"；他和每个人友好相处，而且对其他新老同学都很友善。虽然他极其努力、态度端正，但埃里克没有表现出任何玛丽的那种紧张焦虑的样子。就算再忙，他都表现得安然自若。学生们尊重他付出的努力、感谢他的友善，而且可能甚至崇拜他在圣保罗的生存方式。但他的人气也

---

① 读者可能想知道同性恋现象在学校有多普遍，还有性行为、酗酒、吸毒在学校是否频繁。跟精英学生给人的印象相反，嗑了药的群交派对和疯狂聚会其实很少。校园里从来没发生过，因为被逮住和被惩罚的风险太大了。学校在普查学生健康时，通常发现他们和其他高中生没什么不一样，就是压力再大一些，这也不奇怪。但学生性行为的频率、发生第一次性行为的比例和酒精与毒品方面的数值都跟美国其他学校差不多。他们通常是离开校园后才有越界行为，因为如果在学校里这样做又被抓住了，大学可能会发现有过这些越轨行为的记录，这最终可能会影响他们被录取的概率。而如果是在家里或者宾馆里做这些事情的，大学通常不会知情。

不是极高。埃里克没有一个很有魅力的女朋友；他甚至连个女朋友都没有。人气高的那些同学不会邀请他在假期一起到校外度假。事实上，他的同龄人不常去他的房间或是跟他一起到镇子上吃晚饭。他从工作理念和外在行为上都是一个"理想的"圣保罗学生，但还是缺了些什么。

有女生来找埃里克时，她们跟他交往的方式有别于跟喜欢的男生交往的方式。埃里克寝室里的另一个男生，乔尼，就经常有女生来拜访（约过会或"约过炮"）。这些拜访基本上都是漫无目的的。在串寝的时候，这些女生要告诉老师原因。来看乔尼的女生通常会说诸如"西老师好，我想来看看乔尼是不是在……呃，他在房间里吗？"的话。对比而言，女生来看埃里克的时候——相较的频率要小很多，她们总是会说一个具体的原因："西老师，我想跟埃里克聊聊微积分作业，他在吗？"乔尼的访问者绝对不会跟我透漏，她们是想跟他亲热一下还是要做其他的事。无论如何，女生来找埃里克的原因没什么值得怀疑的：做微积分，而不是来找他玩。

只有一个有意思的例外，凯特是个有魅力又受欢迎的女生，她很明显对埃里克有好感。她经常来找他"一起做作业"。有一次吃午饭的时候，我跟他们的老师聊天说到凯特，指出可能埃里克很擅长数学，那个老师笑着指正了我。

"其实啊，西莫斯，凯特的数字至少跟埃里克一样好，甚至更有天分。但她没有那么努力。"帕克告诉我。

"真的吗？那为什么她老是来找他讲作业的事情呢？"

作为一个资深老师，帕克嘲笑我说，"你还是很不了解这些孩子！你以为她为什么老是来呢？"

我无法相信。可不可能他们已经在一起了？

"当然不是。"

"这……那是？"我困惑地问道。

"好吧，他们可能对彼此有好感，但这在这里是行不通的。我的意思是，她会跟像詹姆斯这样的人在一起。"帕克说。詹姆斯是学校里最帅、最受欢迎的男生之一。帕克忍不住要拿我和凯特开个玩笑："至少这个星期是这样。"

"哦！"我叫道。对凯特和埃里克这对貌似情投意合的璧人不会在一起这件事的担心抑或是失望之情反映在我的脸上。

"在高中很难，"帕克实事求是地告诉我，"在这里更难。"

在此次与帕克的谈话后，我一次又一次注意到，凯特来看埃里克的时候她是在说不同版本的"我来这里做微积分"。无论是我、埃里克还是公共休息室里的其他人，甚至是凯特自己都很清楚，凯特来找埃里克是*因为作业*，而不是因为埃里克这个人。

当我向埃里克问起凯特的来访时，他没透露什么，"我们一起学习。这挺好的。我跟很多人合作得都不太好。但我俩好像找到了一个一加一大于二的合作方式。"好像无论何时埃里克都反感像其他男生一样被指责。虽然很明显是有好感的，但他没告诉我他喜欢凯特，而且也毫无作为，因为其他男生在这一点上打败了他。于是他在跟其他男生争夺凯特的性吸引一事上弃权了。但埃里克对这个不利于他的等级制度的"反抗"跟玲的情况不同；其实看上去根本不像是反抗，而像是回避，至少大体上是。埃里克只是选择不在运动能力和魅力的战场上与大家竞争。埃里克是个有能力的运动员，也谈不上没有魅力，但他也是个勤奋努力的好学生，发挥着这方面的特长。在我问埃里克为什么不跟一些更"受欢迎"的学生在一起玩的时候，他告诉我，"你懂的，西老师，如果你妈妈是个亚裔，情况就不同了。我的意思是，我最好努力一点！不然她会杀了我的。她一直都逼得很紧，而且有段时间里只是在逼我。现在我也逼自己。"

但我发现埃里克的分析大体上令人不太满意。有跟埃里克差不多努力的孩子没有自我表现为勤奋努力的。一些人气很高的孩子实际上在学习上花了跟埃里克差不多的时间，但他们不会在整个社区里像埃里克这样建构自己。区别是，在学校对优秀的分级里，埃里克可能是顶尖的；在魅力、性能力或运动能力的排位上他可能是在中档。所以他只是在主导的性魅力和吸引力的领域弃权了，而转投以他的学术能力为基础的其他领域。埃里克能在一个不同的领域竞争的前提是有这样一个领域，一个对玲或玛丽来说不存在的领域。而且像凯特这样地位很高的女生的来访，说明这样做会产生我从来没在像玲这样的学生身上观察到的那种好处。对这一点不要太在意。不是说男生的日子更好过或是他们的弃权行为成效更显著。事实上男生的多层分级系统本身就有很多等级（运动能力和魅力是最高级别的）。但也有其他男生可以容身的系统，这些系统允许一种不同形式的反抗存在，既不造成破坏也不产生冲突。

如果我们回想玛丽的例子，可能会疑惑，为什么埃里克能因为他坚持勤奋努力而获得"成功"，但玛丽却不行。埃里克的座右铭肯定是"我最好努力一点！"；玛丽相信的东西很类似：

"我们要努力。"所以用什么才能解释埃里克和玛丽间的区别呢？有两件事。首先，像我们讨论过的，有一个性别差异在那里决定了男生和女生行为表达的选择范围。女生被"性存在"主导；男生有更多选择。于是埃里克拥有对玛丽来说不存在的选择。其次，回到这个章节整体的主题，埃里克采用了勤奋优秀的框架，而他也利用了"自然"的身体表现。虽然玛丽在校园里穿梭，承受着书包的重压，但埃里克让一切看上去好像勤奋是他与生俱来的任务——对他来说轻而易举，或者说与生俱来。所以，他的表演行为跟圣保罗人的理想状态相符合。对玛丽来说，表现自己的努力是个挑战，部分是因为这样做以另一种方式表示她没有融入学校，而是把自己放在了占主导地位的"性存在"表达的对立面。埃里克能泰然处之，因为他的行为对男生来说是被允许的；玛丽好像要崩溃了，因为她不享受这种可能性。

如果想一想史蒂芬·埃默里，我们就能理解埃里克的选择和玛丽的两难境地。史蒂芬绝对不是一个优秀学生，其实他在学习上非常平庸。他也是个平庸的运动员，而且看上去一副凌乱的样子——要么好像已经穿着他的衣服睡了好几天，要么就是闭着眼睛从地上一堆东西里捡出来似的。这不是说他很邋遢或是说他没有努力；相反，他努力不融入这个模板。而且跟玲不同的是，几乎所有老师和同学都挺喜欢他的。这是因为他是个艺术家（或表现得这样）。史蒂芬会弹吉他，也会写诗；他在短剧中亮相，也在每学期的校艺术展中展出自己的画作。他没被每天的学习压力弄疯，也没有屈服于每天"扮靓"的压力。史蒂芬采用了有点不同的折衷策略，而且学生和老师都尊重这点——某种程度上。

大家都看出来史蒂芬跟别人表现得不一样——安排事务的时候有不同的优先等级。在其他学生讨论在放假期间为一个将来的作业和 SAT 考试做准备时，史蒂芬插进来说，"我就是做不了那种事情。我不是不擅长。但做了又有什么用？是啊，可能会上哈佛。可接下来呢？法学院？"史蒂芬在等回应，但知道没人会接他话，"然后你会像疯了一样工作。像我爸爸那样。他根本不知道如何去生活。要么就是他忘记了做一个普通人是什么样子的。甚至是如何做一个人。我不要变成那样。我在找寻自己喜欢什么，而不是不顾一切去做让我'成功'的事——不管那顶帽子的意义是什么。"

史蒂芬貌似已经放弃了圣保罗的努力理念，但其实他没有。他放弃的是谈论努力和履行努力的"常规"模式。史蒂芬的日程表跟其他学生排得一样满。他也选了很多课，晚上也很忙，无论是在艺术工作室里还是在短剧排练现场。

但他不是到各个寝室"四处走动"，去找其他女生和男生。他在正装舞会中表现得也不活跃，而且在去的时候，也穿得"很奇怪"。其他学生注意到了这个区别。有一次从舞会回来，我宿舍楼里的男生正兴致勃勃地议论着他。

"史蒂芬真是个怪胎，"亚历克斯说，用了老圣保罗人的行话说他很奇怪而且很可能抽大麻，"你看到他昨晚穿了什么吗？"

他的室友曼尼等不及要加入。"我的天啊，是这样的，那是什么啊？"

"我不知道。但不管那是什么我也想来一件！"

　　我困惑地问他们在议论些什么。曼尼转过身来看我，意思是我不会理解的。"你一定得看看，西老师。他穿的那些*疯狂的*裤子。"

　　"我打赌这是他自己做的。"

　　"但愿如此，"莱恩也加进来，"除非是盲童做的，他在慈善拍卖上买的。"

　　"黑得漂亮。"曼尼注意到我的困惑，试着把他的衣着画下来，"真的，不骗你。都像是我们会扔掉的那种衣服。而且都是鼓出来瘪下去又鼓出来的样子。就像说唱歌手 MC Hammer 穿的裤子。而且更怪。"

　　"不是更怪是更丑，"亚历克斯说，"而且他的衬衫也是一个路子。"

　　莱恩是学校里比较保守的学生之一，很少不穿一件一尘不染的压印的布鲁克斯兄弟牌衬衫就离开自己的房间。他带些许鄙夷地说，"那家伙够怪的。"

　　曼尼稍微有点波西米亚风格，所以对这样的奇装异服有点维护，他反驳说，"但很聪明。他的艺术作品真的很赞。"

　　"好吧。可能有一天我会买不起。"亚历克斯说。

　　莱恩仍然无动于衷。"如果裤子看上去是那样的，我不知道你为什么想要一条。"

　　"有人想要。"

　　根据这些学生的对话，看得出在史蒂芬身上古怪与天分并存。从我的角度来看，他可能有点古怪，但就像你很多人已经猜到的，他的艺术从什么方面看都没什么天赋。这不是贬低他的天分，只是说他是一个画技不错的青少年。而且如果撇开那些圣保罗的觉得他不是个天才的批评言论，在这个社区里他被视为艺术表现的极点：一个"奇怪"但这种奇怪不碍事的人。部分是因为圣保罗的学生总是过分估计学生群体的智商。每个等级制度顶端的那些人都被认为不只是学校里最好的学生，而且是世界上存在的最好的学生。无论是音乐还是壁球，数学还是曲棍球，科学还是创意写作，在学校里表现得最好的学生被解读为在将来的人生道路上也能攀爬到顶端。所以史蒂芬受到这些学生的高度赞扬；他们热切地指出，就算他很"奇怪"，他也很"聪明"，而且他的作品最终会卖到一个连他同学都付不起的高价。因为，在同龄人的故事中，史蒂芬注定会有个搞艺术的名声，所以他在圣保罗的地位不是那么令人吃惊。虽然他摈弃了一些圣保罗人的标准表现——比如疯狂的勤奋努力和精心安排的社交生活——但他在最重要的方面表现得很"自然"，也是所有圣保罗的学生想要也通常感到自信的方面：一个不平凡的人。

这不是说史蒂芬人气非常高。但即使他对埃里克拥有的传统魅力和运动能力无所顾及，也不会像玲一样受到那么负面的反馈。而且问题不单单是"性"。有一次学生会主席在礼拜堂里演讲的时候出柜了，收获了我在圣保罗有史以来听到过时间最长的掌声。其他同性恋男生也是以差不多的方法被接受的。那么区别就是，男生*可以*弃权。他们可以做聪明人，或是一个古怪的有艺术气息的人。有些人很"搞笑"，也有人扮作可爱的书呆子，还有人甘做"基佬"。男生拥有各种的选择来表现得不同、玩不同的游戏，而且在他们玩这个游戏的时候，也有不同

的方法来表现自己的优秀。而在"脱离""性存在"体制的过程
中，玲没有别的选择。这样的挑战强调了女生的身体表现不是
"自然"的，而是一种表演，就像她的一样。与之相比，男生能
够参与到其他表现方式中，不挑战而是去顺应这种在学校占主
导的表演自然淡定的行为。埃里克在学术能力上的表现单纯是
他的自然表现。史蒂芬艺术的一面类似地也是自我的一种展现；
这需要努力——他经常整天都在艺术楼里，或画画或弹吉他。
但这种努力看上去很淡定，因为这就是他。

　　所有的学生都以这样那样的方式表演着。但对他们成就
的主要衡量标准是，他们是否在特定的情景下做出了正确的表
现——在这里就是圣保罗的精英训练。玛丽深信英才教育模式，
但她没有理解怎么正确去表现出这种努力。玛丽和其他学生的
区别是，虽然大家都在讨论自己有多少事情要做，她的头等大
罪就是她把这种努力秀出来了。大多数其他学生对他们描述的
堆积如山的作业都有一种无所谓的态度。玛丽努力的行为是正
确的；然而，在她对这个框架的切身表现中，她没弄清楚应该怎
样具体表现特权：她没有表现出淡定。但是我们在这里一定要小
心，不要把玛丽的不淡定解读成她的某种失败。"性存在"主导
的女生的等级体制也限制了玛丽"正确"表现圣保罗学校里关
系的能力。

　　如我们所见，女生面对着男生没有面对的矛盾。在成为一
个女生和成为一个精英间有矛盾的地方。女生的"性存在"需
要一种带有自我意识的控制；这是她们一定要，也必须控制的一

部分，而这阻碍了很重要的对自然淡定的表演。所以学校本身对于"性存在"的期望，要求女生们有与特权表现相悖的表演行为。很明显，对一些女生来说这不是什么大问题。对非常有魅力、人气很高的女生来说，这些矛盾不太显著，因为这种等级制度的存在就是为了鼓励她们的特质。但对校园里的大多数女生来说，这些矛盾显而易见。因此抑郁的男女生比例极度失调——女生遭罪的情况要多得多——还有因为精神压力必须要离校的学生基本都是女生的事实证明了这些挑战的存在。

就连想要弃权也不是一件简单的事情。通过她雄心勃勃的关系，玲追求的是把自己隔离在校园里这些有关性和"性存在"的"愚蠢的游戏"之外。但玲对"那些蠢游戏"的拒绝也没能让她得以随心所欲地改头换面，反而连她的反抗行为都与她力求反抗的"性存在"体制相呼应了。对比而言，埃里克和史蒂芬也选择退出这种对魅力、运动能力、性魅力的角逐。但是他们的弃权行为没有损害最终的目标；他们发现了其他不构成挑战，反而还服从了主导的自然淡定的身体表演。男生拥有着对玲和玛丽不存在的选择。而且，他们能把自己的性欲当作是一个自然的生理时期的表现，而不是要跟其他女生周旋并且用来管理男生性欲的东西——像女生们学会的——给了男生一种少数女生才能享受到的自然淡定。

在过去的五十年中，精英们已经适应甚至采用了许多在全美国都普遍的大众生活方式。很多时候精英与自身群体之外的我们越来越相像。这是六十年代庞大的社会和文化运动的产物；公平性是被广泛接受的目标——如果还不是放之四海皆准的话。

但是我们对平等的诉求产生了一个令人好奇和意外的结果：如果精英跟我们很像，那么他们的形象每天都在暗示，精英之所以是精英，是因为他们内在、个人的区别，而不是因为任何他们拥有的分类上的优势。简单讲，精英的"大众性"既是过去五十年需求民主化的结果，也是一种模糊了仍真实存在分类差异的机制，也是这种机制在帮助维护美国存在的不平等。

在一个阶级间与人群间的差异正看似逐渐消失的世界里，外表成为了精英重要的标志、身份的隐形标识。圣保罗基本而不为人道的办校目的之一就是教新精英们如何将他们的特权具体表现出来。圣保罗的校园生活给学生上了一系列的课，将特权印刻在每个人身上；学生们通过每天的身体力行摸索到，新精英的基础就是要知道如何展现自然的淡定。在他们获得这种淡定后，通常会在无意识状态下继续推动特权的"把戏"：掩盖那些使特权得以实现的关系。教大家面对特权时要淡定，接受财富和权力的自然性，是像圣保罗这样的精英院校的基本功能。

我们许多人都对权力的运作方式有了足够的领悟——抑或足够倦怠——来意识到我们所在的这个世界中的根本性的不平等。但我觉得我们通常不会意识到的是，文化和社会结构如何深埋于我们自己的身体之中。如果我们把文化看作是资源，我们应该不仅将它视作是一种认知资源而且也是一种互动的资源。视文化为互动的（或相关的）暗示着文化所包含的自然的身体标记。这些标记不仅从属于个体、被行动者所"拥有"，也被关系网中的其他人承认是有价值的。就是说，只有其他人在你身上发现了它的价值，资本才是存在的。

第五章

学习《贝奥武夫》和《大白鲨》

教育是一件伟大的事情，但也要牢记，没有什么值得
了解的知识是可以教了就懂的。

——奥斯卡·王尔德

就是别上任何必须要读《贝奥武夫》这本书的课。

——伍迪·艾伦

现在再来说一说第一章里提到的精英群体的变革。精英们
知己知彼，组成了一个保护自己利益的"阶级"。他们拥有一种
独特的文化来凸显自己的不同，并与其他人区别开。如今的精
英们口味却更"杂"，在文化组成上也相对自由地跨越社会边界
并体现差异。他们不再通过排外来定义自己，而是通过包容一
切获得权力。精英之所以为精英，不是因为单一的视角和目标，
而要归结于他们挑选、抉择、组合多个社会阶层的能力。"曲高
和寡的势利眼"差不多绝种了。取而代之的是奉行世界主义原则
的精英们，他们自由地消费着或高雅、或通俗、或雅俗共赏的
文化①。新兴的青少年精英从古典到饶舌都听；用餐地点既可以
是高档餐厅也可以是大众食肆。在世界各地，他们都能游刃有

---

① 这样的说法基于社会分层与文化分层紧密相连这一点。

余。大家甚至要求我们的精英具备这种海纳百川的杂食性。我们不想要一个贵族总统，我们想要的总统是一个既能和英国女王打交道，又能舒服地坐在草坪躺椅上举办一个啤酒节的人。

当今的精英们共有的不仅是文化上的杂食性倾向，也是一种欣赏和做很多事情的能力。他们有钱亦有闲来做更广泛的探索，这不单培植阶级属性，也培植了个人属性。而且，这种选择不只体现精英对文化和品位的认知方式，也反映了他们自我构建的方式——他们的群体不再狭隘排外，而是包容多样。从这个角度看，精英与边缘群体的区别是，如今品位受限的恰恰是边缘群体。他们固步自封，排斥一切的未知。

不是说社会阶级间的差异就此消失，而是说，阶级鸿沟的表现方式在变化。过去五十年里，开放精英群体的压力一直在增加，而精英的文化行为也在不断扩展。这个群体已经接纳吸收了一些他们过去不屑的群体的文化和品位。但这种新手段——杂食——本身是一个象征性标记。杂食在精英中发展成一种无所谓的态度，或者说是对地位的淡定。精英们无论何时何地都游刃有余。新精英们就好像在说，"瞧！我们不是什么排外的俱乐部，我们甚至是所有人中最大众化的。无论是饶舌还是歌剧，高级餐厅还是高速公路旁的速食店，我们接受一切！"这种姿态使他们从民主实践中获得特权，而不是通过贵族式的排斥。但这些手段，这种杂食，成为了他们差异性的标志。跟随古典社会学家马克思·韦伯（Max Weber）的脚步，我认为特权是一种"标识"——一种特权阶级对彼此以及弱势群体展示的东西。而通过展示这些标识，特权阶级似乎在对弱势群体声明，"你们固步自封，你们自己选择不利用这个新的开放世界的优势，你们自己的兴趣寥寥，这些可以解释你们现在的地位和暂时受到的不公。"

大胆的能力

让我们回到新罕布什尔州的康科德市，来看看杂食行为的现场版。临近故事的结尾，我们终于可以说说大家去学校最主要的原因：学习。最后才谈到学习，不是完全没有讽刺意味的。大家可以看见，学习是圣保罗学生心里最不紧迫的事情。但只有研究了学习的实质，我们才能真正理解精英是如何形成以及他们如何看待自我以及与世界的关系的。在这里，让我们考察一下圣保罗对待学习的方式，包括学生实际上在学什么、怎么学，还有最终学习是如何塑造他们在社会上的行为的。

圣保罗的课程跟大多数高中不同。学生不修英语、历史、社会科学这些课，而是只上一门课，人文课，也就是所有以上领域的一种综合。除此以外，大多数学生在数学上要一直学到微积分，更有几门高级课程可以选（包括线性代数和高等数学研讨会）；大多数学生还要修至少一门高级科学课。圣保罗的学生有机会学习各种语言：汉语、日语、法语、西班牙语、德语、拉丁语和希腊语。学生也有机会修很多音乐课、芭蕾课、戏剧课和美术课。每个学科都设置了研讨会课程。一个学年有三个学期，每个学生每个学期修五门课——很多人的课时要超过这个数目。人文、数学、科学和语言课都要延伸到整个学年。但当学生升级后，就拥有越来越多课程"选择"。在人文学科，有五十种以上的课程可以选，从"当代爱尔兰文学和历史"，到"夏娃之女：宗教中的女性经历"。就研讨会来说，有关于莎士比亚的，也有关于托尼·莫里森（Toni Morrison）①的，还有名为"21世纪与全球化"和"中东之声"的课。但经典著作不是教学的全部，学生还可以选一门名为"漫画小说的崛起"的课。在科学方面，学生有机会学习人工智能、机器人工程和银河系天文学；在美术方面，既有关于欧洲和美洲艺术的研讨会，也有从音乐作曲到家具设计的课程。这样的课程设置，生生地把圣保罗学生与普通的高中生区别开。学校的课程体系不一样，量很大，对学业的要求也远远超越大多数其他学校。这个体系在学生中灌输了这样一种思想，就是他们在生活中拥有巨大的能力和无尽的选择。

圣保罗经常宣称自己的课程体系是全国首屈一指的。在它的招生广告里，学校夸耀自己拥有"最高的学业成就"而且"学生在学科准备上傲视同龄人"。无论是热血沸腾的管理层，还是无精打采的青少年学生，都认为圣保罗课程体系的核心是人文学科。人文学科引导学生进入历史、文学和世界历史中不同年代的思想的大门。人文系将自己的项目描述为一项交叉学科，是对"伟大问题"的多义研究。

人文学科的老师传授一种滋养着好奇心，而且鼓励学生有自己的想法的思维习惯。三学年的交叉学科核心课程体系采用的是一个"大问题"切入点……课程体系首先是文学和历史的结合，也包括了宗教研究、艺术史、哲学和政治学。这种结合让学生有机会在一个文化框架下理解文学和历史事件，并且让他们能够与"文字"交互，譬如说，一件艺术品、神学论文，一个短篇故事或电影……人文学科的老师优先培养的是针对课堂内容的激烈讨论、学术研究和批判性阅读与推理的技能。学生的写作跨越不同风格，比如分析性论文、个人陈述、艺术诠释和创造性作品。

值得一提的是，课程的目的不是教学生知道"东西"。例如，重点不是死记硬背历史事件，而是培养"思维习惯"，鼓励一种独特的把自己和世界万物与他人联系起来的方式。

圣保罗学生要修的第一门课是人文 III。这节课的学习方式常常与学生们在初中里习惯的那种截然不同。学生无所不读，从《荷马史诗》到《古兰经》，从索福克勒斯到乔瑟的作品。他们也被要求"大胆想"，去回答不可能的问题。课程围绕着诸如"什么是爱？""什么是美德？""宗教是如何改变世界的？""什么是历史？""什么是他者？""什么是神话？"这样的问题展开。课程目标不仅仅是要领新生入"西方传统中心思想"的大门。

人文 III 通过文学、宗教和历史追溯了西方传统中心思想。按历史顺序，课程始于古希腊，终于中世纪欧洲。学生从文学和历史的角度阅读诗歌、戏剧和散文，还要学会辨识普世的主题，在古代和现代的文字间，在黑白文字和影像、视觉艺术或音乐间寻找联系……学生通过学习怎样批判性地分析原始资料成为独立的研究者，他们做翔实的笔记，并且将这些内容运用到针对性的研究和写作中。

学生们为这堂课所震惊。课程内容不仅颇具挑战性，而且还要求他们用不同的方式思考世界。就像一个黑人新生丹尼尔告诉我的那样，"你知道吗，这种人文的东西对我来说太不一样了。是啊，这不只是为了应付考试。我比较习惯原来的方法。但现在好像，怎么说呢，好像*任何东西*都有可能出现在考试中。我就说嘛，*任何东西*。'什么是美德？'天啊，很深奥啊。我们以前从来不需要这样想问题。至少不是在学校里。"

圣保罗的学生在青春期伊始来到校园里，被寄予学习"西方传统中心思想"的厚望。老师要求他们用多种不同方法探索多种不同形式的文字，从诗歌到戏剧到散文，通过文学和历史的角度，找到自始至终贯穿的普世的主题。老师要求他们在历史框架下思考问题，以及在古代和现代间建立跨历史的联系。通过此方法，学生们要不断思考令人耳鸣目眩的主题，包括理性、文化、美德、英雄主义和神的进化。学生也要变不可能为可能，被鼓励着去相信广袤无垠的世界对他们是可知的。

在高二时，这种大胆到达了顶峰。人文 V 是欧洲文化传统的入门，从文艺复兴到第一次世界大战。目的是追溯西方文明中极为重大的启蒙运动的发展历程。我从课程介绍中引用了很长一段，因为短短的简介无法充分说明这门课内含的骄傲与对学生的期待。

  学生会在人文 V 中遭遇到对欧洲文明的全面的跨学科学习方式，从文艺复兴的开始到第一次世界大战，综合了文学、视觉、音乐、历史、哲学和宗教的主题，这有助于培养对理解 21 世纪的复杂性有用的多重视角。课程是以介绍中世纪世界观作为切入点，开始于对意大利文艺复兴的深入研究，重点则是深究人文主义的萌芽，就像彼特拉克的信件、莎士比亚的十四行诗等多种多样的文学中所表达的那样。在艺术领域，则是通过诸如明暗对照技法和马萨乔作品中使用的灭点透视技法所表达的视觉现实主义。我们会讨论文艺复兴文化中佛罗伦萨的新柏拉图主义的影响，而且会分析文艺复兴鼎盛时期的艺术家们——尤其是拉斐尔、达芬奇和米开朗琪罗作品中的构图和内容。学习重心之后将转移到新教改革及其对伊丽莎白时期的英格兰的影响，尤其是莎士比亚的戏剧——这个时期的登峰之作之一。

  冬季学期的重点会转移到启蒙运动的后续发展，包括造成法国大革命的哲学和文化源动力。其中一部分就是剖析科学革命带来的洞见和影响，尤其是要研究理性主义和启蒙思想家们对传统宗教虔诚观的怀疑性批判。在这段时间里，学生要自己选择探究一个与人文 V 大纲相关的话题，并就此撰写一篇八到十页紧扣论题的研究论文……冬季学期的末尾要学到浪漫主义兴起的内容，这场运动以形成小说这种文学形式而告终，也催生了不少令人耳熟能详的西方古典音乐。虽然简·奥斯汀和浪漫主义诗人是着重研究的对象，但学生也要熟悉像戈雅这样的浪漫主义艺术家，他的作品与大卫这类新古典主义艺术家的作品形成鲜明对比。

春季学期里，学生要审视工业革命对十九世纪双高成就的影响：体现了启蒙运动中对共和制愿望的自由民主改革，以及民族主义在欧洲的增长，后者也是发动骇人的第一次世界大战的原因。马克思的经典小册子《共产党宣言》和易卜生充满争议的戏剧作品《玩偶之家》被当作社会批判来研究，而康拉德简短有力的小说《黑暗之心》也被拿来分析，以展现一种对围绕欧洲帝国主义的问题的多层面的剖析。贯穿整个学年，课程的重点都在于培养学生的声音，无论是课堂讨论，还是通过各种创意性文字和演讲的写作……

欧洲历史的这些年反映着不同时期的伟大创造和改变，其间艺术蓬勃发展，人类也发展出一种新的自我意识。而且许多统治着当今世界的重要思想、文化和政治力量都是在这段时期中崛起的，给了我们丰富也不时令人伤脑筋的遗产。人文 V 这门课将我们所在世界的最好和最坏的元素包罗其中，呈现给我们的学生。

所有这些内容都要在一个学年里的三十个星期里完成，都是面向十六七岁的孩子的。这是人文系的最后一门必修课，也是学校学术视野的顶峰。人文 V 结课后，就像一位老师所说的那样，"一个学生的西方文化入门到此结束。还有很多要学的，但接下来学什么是学生自己的选择。"

这门课的庞大规模令人感动到害怕。光想想这些，想想要在历史的狂潮中翻滚和前进，就很诱人。这也是圣保罗傲慢的产物。怎么可能有这样一个人能教所有上面提到的东西呢？当我预备教在学校里的第一堂课时，马上发现自己问了错误的问题。显而易见这些期望是荒谬的，没有任何高中生可以把这门课教的东西统统学会。后来我终于明白了，越是重要的问题，越是难回答：将不同材料以这样的方法呈现给青少年们，意味着什么？

或许重点不是无所不*知*。圣保罗给予学生的优势不是知识造成的等级。我们知道，知识不再是精英们得以独霸的领域。而这些年来，信息的流动是如此自由，以至于越来越不可能利用信息来排斥他人。与之形成对比的是，那些做出重要*决策*的领导者不是要懂得多，而是要有一种思维习惯。圣保罗教的是，即使还在高中，所有事情都可以通过这些习惯来达成。这种让我觉得专横自大和吃惊不已的世界观，在圣保罗几乎每个青少年的心中却是理所当然的。

虽然我惊异于这个貌似什么都在教的不可能完成的任务，但学校自身似乎对此毫不在意。确实，圣保罗的手段很接近柏拉图在《理想国》中描绘的教育蓝图。根据他著名的洞穴隐喻，柏拉图告诉我们："教育不专属于一群人，就是说，把知识灌输给缺少知识的灵魂，就像是赐予盲人以视力……学习的力量存在于每个人的灵魂深处……每个人都能看见但方向却不正确。"

简而言之，教育不是教学生他们不知道的东西，而是教他们如何独立思考（用柏拉图的话来说，如何"转向光"）。这些思维习惯，与事实或对"东西"的学习截然不同。要求学生锻炼思考的习惯，就等于一方面要求学生去认识世界，而另一方面要他们学会如何与周边世界相关联。从柏拉图的角度看，知识早已在人心中，难的是找到释放知识的途径。

玫瑰战争是什么？法国大革命发生于何年何月？哪些是导致此事件的主要因素？谁牵涉其中？希腊共和国的政体是什么样的？这些问题是学生在完成他们人文课的学习后无法回答的。这些课程的侧重点不是历史事件或文化，而是利用它们来问"更大"和通常更抽象的问题：神话是什么？他者指谁？我们要对谁尽义务？这两种流派的学习，导致的是面对世界的两种截然不同的手段。前一组问题期望学生记住事实和实质性细节，这个方法对每个接受过更"传统"教育的人来说都耳熟能详。回答这些问题的难度在于，人难免会犯错误。可是后一组问题是一个更"先进的"培养习惯的教学模式的结果：这些问题的答案没有对错。它们透露的不是知识，而是认知的流派。这些问题关注的不是细节，而是我们世界中不可触摸的现实，是阐述和观点。非黑即白的法则在这里行不通。我们可以看到，这种不可触摸性，为特权作为一种新的排斥形势留有余地——不是你知道什么而是你怎么知道的。这样的习惯就是像圣保罗这样的学校所灌输给学生的。

"其实我知道的东西也不错，"一个校友在他结束哈佛的第一年后告诉我，"啧，我吧，不知道怎么来形容。在课堂里，我邻座的所有人都懂得比我多很多。譬如内战时发生了什么，又譬如法国在第二次世界大战的作为。我对那些一无所知。但我知道一些他们不懂的东西。不是事实或其他东西，而是如何去思考。那是我在人文课学到的。"

"'如何去思考'，你指什么？"我问。

"我的意思是，学会了如何往大里思考。就像每个人在哈佛都了解内战。我不了解，但我知道如何理解他们对内战的知晓并运用它。所以他们对一些特别的事情懂很多，而我懂得如何去思考一切。"

圣保罗的课程设置着重的不是"你知道什么"而是"你如何知道"。圣保罗能赋予它的学生精英的标志——思考或与世界相关联的方法——而这最终帮助学生们形成了特权。当从前旧的排他方法维持不下去时，精英们却能新瓶装旧酒。

稍微静下来想想，譬如说，教人文 III 这门课需要什么，还有你需要相信这些高中生拥有哪些能力才能决定教他们这些内容。首先，从你麾下老师的角度，你得对他们全面的文学和历史学、艺术和哲学、社会学、经济学和宗教学的能力有信心。你有多少高中老师能胜任这个？有多少人可以安然地一边教《古兰经》一边教乔瑟？我不想说圣保罗的老师不够格，相反地，我发现他们的能力远超过我的期望。我还发现，学校相信这些事情对个人来说是可以被了解的。大家可以对一个高中老师抱有如此期待，可以期待例外令人震惊的教学成果。

同样，学校期望年轻的学生们能掌握这样的内容。当我对人文 III 的课程架构表示惊讶时——居然要向一群十四岁的人教授"西方传统的中心思想"——有个特别淡定的老教师告诉我，"其实，这个年龄是最好的。我们在他们还很年轻的时候就收了他们。其实还很嫩呢。你就教大学的东西。你知道要让学生去思考有多难。如果你要教一门关于'真理是什么？'的课的话，系里会说什么？他们会告诉你，做些*有用的*。但这些孩子自己还想不明白。所以我们拉他们上正道。他们在自己的生活中思考这些问题，而我们能让他们把这些事情和柏拉图联系起来。"

另一位老师总结得更直接："我们的学生不是*普通的*学生。"就像你能期待同事们一鸣惊人，也可以对学生抱有这样的期待。圣保罗大胆的教学观念需要每个人相信，学生是特别的一群人——不只是老师还有学生。对这些学生来说，世界不是一个封闭的地方；机遇无处不在，一切皆有可能，不存在什么限制。这种世界观允许了对西方世界的巧妙参考和对宏大想法的一种适应。就在学生培养淡定心态时，我们可以看到他们是如何表达自己、如何扮演自己的角色的，而教师也培养学生思维方式上的淡定。圣保罗的学生学会"往大处想"，就好像这是世界上最自然的事。

冬季学期初，有人邀请我就英国修道院的瓦解给一群人文课的学生作演讲。这是一个我在研究生院里当研究助理时就做过的课题。演讲结束后，有个学生来问我是不是能给他"相关资料"，他相信通过自己的研究项目可以对这个话题"做点贡献"。我的回答不太留情面："一个高二学生写的十几页的论文做不了什么贡献。有人倾尽一生在这个课题上。"这个学生好像惊呆了。后来我有点负罪感，但还是忍不住想，之前是不是有人质疑过他的能力。

后来，在那个星期我去听了一节人文课，轮到我被惊呆了。那个老师在教自己的学生用同级别的大词来看待自己的成果——在某个话题上对常识有所贡献。在春冬两季，一些老师跟他们的学生说，应该跟我聊聊，因为我知道怎么做一个大型课题研究。有几个学生热情地带着研究提案来找我，很希望能把自己的课题看作是对人类知识的贡献。这种实诚让人震惊。从小到大我都抱着这样的想法，一个人只有经过严酷艰辛的训练和经年累月的高等教育经历，才能发现复杂的历史社会进程中的一些有价值的东西。圣保罗的学生学到的理念则不一样：十六岁的人花几个星期写篇论文也能做贡献。

就像他们自信能在某个领域做出贡献一样，学生还学会从各种渠道汲取资源。他们学会钻研艺术、文学和历史，还与这些领域互动，从大众的到学术的，而且手头有丰富的资料。例如人文 III 的一个主要作业是要比较史蒂芬·斯皮尔伯格的《大白鲨》和《贝奥武夫》。学生需要从贝奥武夫是人类要面对的怪兽的方式来思考，就像大白鲨是潜行在人性水域（可能甚至是我们内心的水域）的怪兽。这个作业的目的不是为了赐予学生一种高雅的精英知识，而是要教他们在跨度很大的文化之间穿梭自如，从精英到大众灵活转移。他们要学会做文化平等主义者。你可以用谈论《贝奥武夫》的方式谈论《大白鲨》，两者都成为了可借鉴的文化资源。而且最重要的是，世界对你来说是开放的——从高雅文学到恐怖电影。没有"超过底线"的东西——底线不是由你周围的世界的关系建构的，底线在你心中。学生不是凌驾于世俗之上，或是只看下里巴人的恐怖片，而是要学会跟各种文化打交道及以尊重和认真参与的态度对待或高雅或通俗的文化的重要性。作为我们未来的精英，这些学生不能围墙筑垒，而是要不停参与到身边的缤纷世界中。

　　这种圣保罗哲学导致的结果在校园里，甚至是在学生的举手投足间随处可见。学生有这种能做到的自信。世界是一个可以去探索和周旋的空间，不是一套约定俗成的安排或是强加于你的一些规则。学校告诉学生，他们是特别的，而且他们也开始意识到这种特别。① 这是一种自我成就的预言——如果相信万事可能，结果还真可能是这样。但对这自我成就来说，有

————————

① 莫顿说，"人们不仅会对一件事的客观特点发表看法，有时候也会主要回应一件事相关的部分。只要他们赋予了一件事某些意义，那么因此产生的行为和导致的结果，就会被这些意义所影响。"这种说法的鼻祖是"托马斯定理"。托马斯和托马斯写道，"如果人们定义某件事为真实的，它就是真实的。"像凯·埃里克森和霍华德·贝克这样研究异常行为的学者已经系统地分析过这点。埃里克森说，"异常不是任何一种特定行为都有的特点，而是赋予行为之上的属性。"同样地，贝克说，"社会团体制造异常的方式，是通过制定规则，如果违反这些规则就是异常……从这个观点看，异常就不是一个人做出的某个行为的属性，而是他人对'违规者'所施加的规则与裁决。"（1963:9）社会学家们称之为"标签定理"，意为不良行为在一开始是由主要异常行为导致的相对无害的结果。从孩子的角度看，这样的行为是"玩"或"淘气"。然而，从更大范围的社会角度看，是"恶"或是一种"犯规"。社会的反应……是给孩子打上"坏"或"恶"的标签。这个标签反过来会影响孩子的自我意识，他会觉得自己是一个失足少年，然后又增加了他未来做出异常行为的几率……标签定理是这样一个命题，即异常的标签不是随机散布在社会结构中的，而是更频繁地针对那些没有权利的、弱势的和贫穷的人。然而收集到所推崇事物的正面特征，社会学家们就很少去研究。

一种深层的社会性格。古典社会学家爱米尔·涂尔干（Emile Durkheim）谈到了我们从非常微小的区别中吸收巨大意义和影响力的"神化行为"。虽然"自由主义的信仰"可能会神化那些最有能力的人，但事实上这是一种独特的社会安排，让那些只是"有能力"的人登上某种神坛。

想一想某位名人，如果要用他或她的个人特质来解释此人的名声或独特之处可能有点难，因为这些特质跟别人的不会有太大的不一样。但是我们都致力于神化这些人，供奉他们入神坛，帮他们变成现在的样子。我们通过神化她，把"麦当娜"变成了麦当娜。"所谓神化，就是将其与源源不断的宗教式能量相接"，而且这种能量来自于特别的经历。但是，被神化的不一定是神圣的。

> 就跟以前一样，我们看见社会一直从日常的东西中创造神话。如果某天你爱上了一个男人，还在他身上发现了驱动他的愿望和满足这些愿望的方法，这个男人就会在地位上超过其他人，而且被神化。投到他身上的光环完全等同于保护神的光环。而真相是，只有社会才能引领这各种各样的崇拜行为，因为它经常会神化那些本身没什么能力自我神化的个体。

从我们的整个故事能看到，圣保罗的学生相信他们是出类拔萃的。涂尔干认为，人们受限的能力可以被神化，或者说天赋和才能不是内在的特质而是社会的建构。他们会因这种说法而不快。但在讲述一所院校如何训练精英，关于精英文化如何通过拔高一小撮人，不是通过他们的个人特质，而是通过上学这一社会性活动所形成的过程中，我是在坚定地述说一个涂尔干式的故事。学生每天都在通过将自我奉献出来的老师，在校园里经历着神化的过程。这些拥有特权的学生，通过那些神化他们的相互交往和持续大方地对他们提供自我能力和允诺，被造成精英。

这一系统之大胆可谓是惊天地泣鬼神。问一些听上去很深奥的大问题，但你错不了。主要是得培养一种声音和阐述，还有一种有力清晰的表达方式。当美国的大多数院校都忙于把学生教得极其适应平时的测验——那些评估城市、地区、学校、老师和学生的测验——圣保罗把这些实实在在的东西甩在一边。对这些孩子来说，不是要去知道那些事情，而是要学会这种缥缈无形的认识方式，这种学习方法日后也会成为表现淡定的手段。圣保罗在培养以后能用来解释学生成功的个人特质，而不是使用标准的水平测试来衡量他们。

出类拔萃的神话

杰森·安德森来学校时是个滑稽的极客，戴的厚玻璃镜片跟我十二年前刚到圣保罗时戴的一模一样。他的大圆脸上长了不少青春痘，撅着嘴唇，露出了牙齿整形的钢圈。杰森笨拙地挪动着自己庞大的身躯，而鼻腔音很重的嗓音让人立刻明白，他不会太受异性青睐。他拥有一种只有青少年才会有的呆萌的笨拙——再长大几年就能摆脱了。简单说，我对他特别有好感。可能更让人吃惊的是，我意识到自己在这方面并不孤单，大多数学生也很尊敬和喜爱杰森。一部分原因是杰森很容易相处而且友善，也因为他住在一栋照顾和保护他的宿舍楼里。作为一个新生，他在一个最高级别的数学班里，而且即使身边几乎都是高三学生，仍表现优异。高三的甚至会去他房间问他问题——对新生来说极为罕见。

学生们觉得，就算自己足够努力，也无法在数学上与杰森匹敌。这样的推测不是毫无根据。他们欣赏他超乎众人的优秀和天赋，高三学生甚至说，他以后会成为一个数学家。

"你认识安德森吗？"肯问。

"认识啊，怎么了？"我回答。

"那家伙疯了。还是新生就去上布雷登的课！"

"是啊，他以后会得个诺贝尔奖什么的吧。"大卫也插进来。

"白痴，"肯马上纠正大卫说，"诺贝尔没有数学奖。他会得到菲尔茨奖[1]。"

大卫稍带节制地应声道，"管他呢，他就是个奇葩。"

杰森的优异在其他学生中间很知名，且备受吹捧。这些人甚至知道杰森可能会得什么奖——数学领域的最高荣誉，每四年一次，颁发给四十岁以下的数学家。这种假设——在圣保罗

---

[1] 菲尔茨奖（Fields Medal）：每四年颁奖一次，颁给二到四名有卓越贡献的年轻数学家，得奖者须在该年元旦前未满四十岁。被誉为数学界的诺贝尔奖。——译注

某个科目中最棒的学生可能也是全世界最棒的那个——无处不在。当一个叫吉米·陈的学生在礼拜堂里拉奏帕布洛·萨拉萨蒂的《流浪者之歌》（一段高难度的小提琴独奏）时，有个学生知道我会拉小提琴，就问我，吉米在离开圣保罗后是不是能成为一个享誉国际的小提琴独奏家。我回答说吉米跟那个水准还差老远时，受到的反应混合着怀疑和失望。

我在壁球队当教练。队里最好的选手威尔，在联盟里是一个十分杰出的运动员，尤其是作为新生来说。同样，好几次有人问我他是不是能赢得少年奥林匹克运动会的奖牌。在我解释说，虽然威尔是一个优秀的美国选手，但美国队在壁球方面相较而言实力很弱的时候，又遇到了那种失望的反应。相同的神话一次又一次地重复：无论是杰森或吉米还是杰森（或史蒂芬，我们早先遇到的艺术家）都是圣保罗的顶尖，所以放到全世界范围也肯定是个天才[1]。

我在这里不是要贬低圣保罗学生的素质。杰森是一个特别的数学特长生，仅有几所高中能够持续四年激励他。威尔在通往成为全国最优壁球选手的道路上。而且就算是完整演奏一首《流浪者之歌》，也需要在小提琴上的禀异天赋。但是我们都知道，很棒和最棒是有区别的。想象一下，你们学校数学最好的学生会获得菲尔兹奖，你们的壁球选手会赢得奥林匹克，你们的小提琴手会享誉国际，或是你们的艺术家的作品会卖出少有人买得起的高价，这些都超过了非凡，到达了难以置信的境地。

[1] 没错，文中的例子都是男生。稍后我会解释这点。

毋庸置疑这里有一定的十几岁人的心态，他们以为身边的一切就是全世界。但实际情况比这更严重，因为大家通常会接受这些故事，甚至校方还会进行一些加工。学生不是可以简单认为自己有这种潜力——世界将由他们继续创造，他们还要意识到，一些人有远超他们自己的超凡天赋和能力。但在圣保罗，学生们相信自己被这样的天才所*包围*；结果，出类拔萃成为了习以为常的现实。所以就算学生不觉得自己能在每件事情上都卓越非凡，但他们对出类拔萃者抱有一种习以为常——甚至平庸的态度。

老师对这种观念下滋生的骄傲态度不无察觉，而且会担心从社交到学术到体育上对优秀的持续期望会让学生产生心理负担。这种压力特别困扰我学校里最亲近的朋友，也就是学校招生办的史考特·博翰。他提到了在礼拜堂里日夜目睹的情况。有一次他很绝望地发泄道："礼拜堂到底是干嘛的？用来让人做个演讲或是音乐表演。我们呢？我们会马上起立，为难以置信的表现而鼓掌。然后就是层出不穷的关于这些孩子们有多棒的通告。辩论队赢了这个呀，安德森得了个数学奖呀，拉丁语和希腊语的班上每个人都在一些考试中取得了最佳的成绩呀，越野跑的队伍赢了锦标赛，凯莉还破了赛道纪录呀。在这里没有失败者，也没有普通人……不，我不是这意思，我的意思是没人可以做普通人。这些在教他们什么呢？"

史考特比我早两年从圣保罗毕业，觉得自己是"普通的"。他是个优秀、努力的学生。跟我一样，他上了一所很好的文理学院。在圣保罗傍晚时例行的教师篮球赛中，史考特会开玩笑说自己有多"烂",还嘲笑自己的儿子虽然只有三岁,"已经要比我聪明了"。史考特"普通"和"寻常"的伪装与学生们自我展现的方式大相径庭,就算跟很多老师比都是这样。

这种出类拔萃的神话有两个方面令史考特很不爽。首先是学校的每个方面都被视为是非同寻常的。每周至少有一次我们要站在礼拜堂里为非同寻常的演讲或演出而欢呼。每天都有一长串的学生成就。而与之对比,史考特问,有哪些校友在做了不起的事呢?虽然不时也会出一个参议员或艺术家,可毕竟还是少数。"我说,如果每个人都惊为天人,他们会去哪里?他们离开后会怎么样?"校友们最突出的特征就是很多人都很富有。不过,财富明显不是圣保罗引以为傲的那种超凡成就,而是恰恰相反。学校不因为学生有钱而声称他们出类拔萃——这种特权太传统了,校方会说他们天赋禀异且勤奋努力。但缺乏艺术家或运动员、诺贝尔奖或是菲尔茨奖的获得者,就像史考特说的那样,这意味着有些不同的东西。

其次让史考特不满的是,学生不能只做"普通的孩子"。有持续不断的压力存在,逼迫你去把自己想得更好——怎样都行,就是不能普通。从史考特的角度看,这种态度使得许多学生在学校里边缘化。更糟的是,这种有巨大的潜力、等待你去实现的世界观,带来的可能是压迫感而不是自由。虽然学校期待的是出类拔萃,但冰冷的现实是,对几乎每个人来说这都是不可能的。史考特对此的回应,是跟学生强调他自己的"普通",试着让学生知道,普通是一个可见和可以的选择。

事实上,当学生发现史考特是我最亲密的朋友之一时,他们通常不太相信。我在学生中有个"优异"的美名，他们把我作为一个在圣保罗司空见惯的超凡优异人才的完美典范。有谣言称，我是全国最棒的大学壁球选手之一（误），而且按照一个学生的原话，"这代人中技术最精湛的小提琴手之一"（亦误）。还有一个谣言是关于我不凡的家财的——说我继承了阿贾汗的财富（一个特别强大的穆斯林王朝）。每过一段时间，就会有个学生偷瞄我的办公室，看看挂在墙上的传说中很"重要"的挂毯和一幅达利的原画（前者是我父亲几年前在巴基斯坦买的，大约不到五美元；后者则是印刷品）。学生和同事都告诉我，他们讨论过这点，而且很明显我会是命中注定的麦克阿瑟奖（一个"天才"奖项）得主。这样一条清单暴露了学校对自身的非凡和卓越的极度相信，所以在我的例子中，他们坚定不移、不顾一切地搜寻那些非凡的故事。但这些错误的信仰也反映了学生和学校狂妄自大的自我认知。我继承了几十个亿的资产，是个世界级的小提琴演奏家，曾是一个世界级的壁球选手，还是个天才，但在所有这些可能的事业中，我选择了到圣保罗来做一位老师。

　　史考特在抵抗这非凡神话时可不是一个人。教师们通常对学生比较苛刻，希望他们能意识到自己的极限。而当家长付了很多钱给学校后，希望能出成果；所谓成果几乎总是反映在大学录取结果上。随着申请大学的竞争越来越激烈，学生的成绩也在稳步上升。就像在其他精英学校一样，在圣保罗拿个 A 近乎于平均水平，而不是什么了不起的成就。最明显的就是学年末对优异成绩的大做文章，授奖仪式就要花几个小时，而每个在学校的学生都至少要过一次台来接受对自己学业成就的肯定。这些成就的跨度从化学课的最佳学生，到全勤，到整年没拿过一个 C 都包括在内。好像个体教师无论做什么来抵抗非凡神话都收效甚微。每天都有更多的例子来表现这所学校有多棒 [①]。每年至少有一次，为了这样那样的原因，几乎每个学生都要被邀请在全校师生前走个过场并因为他 / 她获得的成就赢得满堂彩。

非常失望

伯克利·拉提摩尔是人文系里一个矮小结实、留胡子的老师。因为有个历史博士学位，人们叫他"拉提摩尔博士"或是背地里喊他"拉特老爹"，学生们尊重他，同事们欣赏他的教学。他的南方腔透露出和蔼可亲的性格，他的小身材也讨人喜欢，像个年长的远房亲戚。

冬季学期的末尾，伯克利的课上在讨论一部查尔斯·狄更斯的作品。一般学年进展到这个时候大部分学生都累趴了。新罕布什尔的冬天漫长而寒冷，这也是一学年里要求最高的时候。一天早晨，我坐在角落里，看学生们慢慢进教室，好多人迟到了。亚历克斯来自加利福尼亚州，他是个聪明却有点顽皮的男

---

① 这跟那些在学校分层系统中位于底层、经常"表现低调"的学生形成鲜明对比。如同安·弗格森（Ann Ferguson）在关于中学里黑人的男子气概的研究中发现的一样："我目睹学校里的学生受到了某些成人无礼的骚扰。对这些低调的孩子的言语上的蔑视，利用的是以学校为名义的规则。在这个情况下，这被视作是创造和维持秩序的重要武器。通常针对的是黑人学生、贫穷学生和问题学生。"

生，正苦苦抱怨着持续的寒冷。与此同时，史黛西这个来自纽约郊区的爱好交际的女生，有数不清的外套要脱却不急着脱下来。此时，伯克利纵容着他的学生。其他时候我已目睹过他和其他老师因为准时的问题责备学生，但伯克利决定应在学期快结束的时候给他们留一些余地，因为学生们单纯只是累了。课堂对话止步不前，观察起来有点痛苦。很明显，这些累得要死的学生没兴趣给我这个参观者留下什么好印象。但伯克利慢慢让他们进入状态，讨论也开始升温。

伯克利指导全班看文章的一个部分，高声念了几段，还快速地总结了一下其他段落，然后问学生，"所以狄更斯在这段里是要表达什么？"一阵尴尬的沉寂，长得让我开始怀疑是不是只有几个人做了阅读，然后艾米莉开始发言，"嗯，这大概是一个关于道德的故事……"

听到这话，大卫马上插进来打断艾米莉。"对。像《世人》。"他说，指的是一部十六世纪的道德短剧。我很震惊大卫居然知道那部作品，直到我渐渐明白这些学生肯定在课上读过；是的，两年前。

"怎么说？"伯克利继续问。在大卫明显没什么别的可说时，伯克利将目光投向了教室里的其他人。

史黛西想要抓住话茬结束这令人难受的沉默，她尝试慢慢去理解这个观点。"好吧，这说了一个你应该有所为和有所不为的故事。好人和坏人。人会变，但有一个清晰的道德世界在那里。"

此时我能觉察到伯克利的沮丧之情。"好吧。但这真的不止是那么简单……这是一部教育小说——以描述主人公成长过程为主题。这就是狄更斯在做的。这不只是一个关于道德的严谨故事，这是关于一个人如何发展这样一个——"

在他话音落下前，大卫几乎是从自己的座位上跳了起来，脱口而出，"差不多像是陀思妥耶夫斯基！"

伯克利退了一步，问道，"这话怎么讲？"

大卫低头看桌子。他苍白的脸色开始泛红。他抬起头，绝望地在老师的脸上寻求帮助。教室里的其他学生将目光从大卫和老师的脸上抽离，有些人彼此交换着奇怪的眼神，然后马上转头以避免此刻的尴尬。

"好吧，我猜你根据这个想法可以把《罪与罚》当作剧本来读。"伯克利巧妙地将话题从陀思妥耶夫斯基转回到教育小说的问题上，解释了这个词和它与这个谈话密切相关的原因。大卫又打断说，"对！"好像他一直都知道伯克利引导的方向似的。伯克利忽略了这第二次插嘴，继续上课。

伯克利做的正是千万个前辈教师们做过的：保全学生的面子。我们能看出来，圣保罗的教学哲学以教授伟大思想和把数不尽的文学作品编入西方文化的大视野中为傲，学生马上依样画葫芦。然而结果至多就是喜忧参半——无畏有价。一个人若要在文本间做出强有力的联系，就需要对涉及的文章及其背景有深刻的理解。圣保罗哲学的优美和荒谬之处恰恰在于它培养着这种假设，就是无论何时，无论他们是不是明白自己在说什么，学生都有能力也应该做出这些联系。

后来大卫的某个老师对我这样描述他："对他的年龄来说太

年轻了。"他精力好得惊人，近乎亢奋。同龄人间他人缘不错，但他有些难预测的抽搐行为会阻碍友谊。他瘦长结实的身板和坐立不安的样子透露出自由不羁的性格，使得跟大卫打交道既令人兴奋又令人疲惫。在大卫抛出关于陀思妥耶夫斯基的论点时，我立刻思索，"大卫真的读过陀思妥耶夫斯基吗？"我在课后问伯克利。他的回答跟我的直觉一致："肯定没有。"几个星期后，在我问大卫的时候，他已经记不得这件事了，咯咯地笑着告诉我，"我不知道。有时候就只是说说。我之前听说过他 [陀思妥耶夫斯基]。可能是在电影里见过？"

大卫的这种随意性联系在学校里比比皆是。课程安排就要求学生在科目间寻找联系。他们要在一节课里学哲学、历史学、英语、艺术史、社会学、政治科学和经济学。同样，在数学课上老师也会提到，他们在学的概念与科学领域中正在进行或发生过的努力有关联（或是被应用过）。美术课也与人文课架构在一个对话体系中。如果这听起来像是一个为培养半瓶醋而架构的理想教育系统的话，这种滑稽的场景近在眼前。我观察过的课堂充满了以上描述的场景的各种变体。那天的谈话对了解狄更斯意义不大，但肯定是鸡尾酒会上的好谈资。但随着在圣保罗待的这年，我渐渐了解了一个更复杂的真相。

在春季学期我给两个高三学生，奥古斯特和李，上了一节关于道德哲学的选修课。这门课不是常规教学大纲的一部分。但除了数不胜数的选修课外，学生可以要求老师针对感兴趣的话题开独立研究课。根据他们在人文 V 中的经历，这两位高三学生对现代道德思想问题产生了兴趣。此时我已经观察课堂有两个学期了，对他们的申请有点心存疑虑。他们想读斯宾诺莎、康德和尼采。这对学生来说要求太高了，我担心这会挑战自己哲学理解的极限。然而奥古斯特和李逼我逼得很紧。他们让之前的人文课老师跟我谈谈。他告诉我，他们是"学校里最有哲学头脑的两个人"。这种描述与其说让人眼前一亮，不如说很搞笑，但也让我决定去教这堂课。部分是因为想看看圣保罗的学生到底能有多复杂老道，看看他们接受的训练是不是让他们达到了我常听闻学生能达到的很高的学术水平。

在备课的时候，我先问这两个学生他们知道些什么。他们告诉我，对康德有不错的理解，而且通晓启蒙哲学背后的思想。我被震撼了，在想自己对至今观察过的课堂做出的嘲讽的判断——学生不可能有这样的知识储备——是不是错误的。我设计了一个从笛卡尔开始、以让·热内的某部小说结束的课程。学生们需要阅读以下书籍：

- 笛卡尔:《第一哲学沉思集》
- 休谟:《人类理解研究》
- 斯宾诺莎:《伦理学》
- 康德:《道德的形而上学基础》
- 王尔德:《道林·格雷的画像》
- 密尔:《论自由与功利主义》
- 尼采:《论道德的谱系》
- 热内:《鲜花圣母》

这些作品要在一个十周的学期里读完。每个读者都能看透我自大的天真。但我相信，虽然很有挑战性，这还是一门可行的课。我成为了圣保罗的一部分，一个追求优异的老师，相信我的学生，向他们灌输超凡卓越的可能性。

研讨课的第一天，我开场就请奥古斯特和李告诉我启蒙思想的基本原则。他们无法给出任何跟启蒙思想发展沾边的回答。根据他们去年完成的人文 V 的大纲以及过去教他们的老师的赞誉，我愣住了。公平来说，两位学生期待的是在学校的最后一个学期能有一节有趣好玩的课，而没在之前的春季学期思考过任何这些问题。他们遭遇我实事求是的做法时，跟我遇到他们一片空白的回答时一样震惊。

我觉得自己被要了。这很好地证明了学校对"思维习惯"的强调最后变成了一种狡黠却不实在的把文章和其他东西关联起来的方法，变成绕着话题打转而不是深入它们。他们对启蒙思想的实质性内容一无所知，却懂得说得好像自己很懂似的（而且在我面前蒙混过关，可能这比知道什么更重要）。后来我问他们，为什么在那么多人里我要教斯宾诺莎——一位以难啃著称的作家，也是一个高中生不太可能知道的"常见的"哲学家的时候，我收获了一个微笑、一个扭曲而让人气愤的回答："他的名字我见过一次，总是很喜欢那个名字。这就是我选他的原因。"我被要了，因为奥古斯特和李只是在找一些新鲜的东西，而不是想表现任何能力。他们想要把哲学和小说、歌曲和绘画结合起来，谈谈关于道德的观点，而且不限于理论范畴而是可以结合艺术和文学。我被这令人激动的可能性冲昏了头脑，而在激动的同时却没发现这个谈话基本没什么营养。

虽然开头不太顺利，奥古斯特和李还是给了我惊喜。虽然他们的思考缺少我之前天真地预期的那种复杂和老练，但大多数内容他们能跟上。这是因为他们擅长这方面。李将哲学观点和她小说中的角色关联起来，而奥古斯特则致力于跟着零散的论据来描摹出它们正式逻辑的整幅图景。课上没什么特别深刻的时候，但我马上意识到自己不应该抱有如此期望。跟身边的同事一样，我已经沾染了这出类拔萃的神话造成的想法，觉得这些孩子总得要比眼前的样子——高中生——厉害。他们才十八岁。就像其他学生不会赢得奥林匹克奖牌或是菲尔茨奖或是在卡耐基音乐厅初试啼声一样，这些高三学生也不会是"最有哲学头脑的人"。他们的普通其实是一种解脱。出类拔萃的神话不全是令人激动的潜力，它也可以是一个庞大的负担——暗示你应该有比现在更强大的压力。

在寻找自己特别之处的过程中，像奥古斯特和李这样的学生探索着自己比别人"更强"的领域。我们已经见过这些特长：杰森在校园里出名是因为他擅长数学；吉米被同学尊敬是因为他们都见过他拉小提琴。我们可以看到新生们努力寻找着自己的定位。有人弹吉他；有人试演话剧、加入戏剧小组或是在学校里找一处令他们感到特别的地方。真的好像什么都行：领导一支天文俱乐部、造火箭模型、曲棍球防守队员、创意写作、哲学思考、绘画、玩电子游戏①。这种特长给了学生卓越的空间，也在他们开始申请大学后有特殊的重要性。

---

① 安内特·拉鲁（Annette Lareau）认为，中产以上阶级为人父母（相比工薪阶级而言）的特点之一，就是他们会努力确保自己的孩子培养特长、天赋或兴趣。

上大学：雾里看花的数学

圣保罗有大约一百个正式的社团和更多非正式的社团。因为只有五百个学生，这意味着几乎每个学生都能在某个小组中当家作主（尤其是高三时）；同样地，学术上的宽泛选择给了学生在学校的不同学科上卓越超群的机会。通过这些数不清的领域，学校的架构决定了每个学生都能找到一个空间，在这个空间里做最棒的那一个。

博学且专攻有不少好处。这在申请大学时是最明显的。我十三岁在考量寄宿制学校的时候，拜访了格罗顿中学，一所地位跟圣保罗相匹敌且容纳了许多美国社会精英的杰出高中。走在校园里，格罗顿的向导洋洋自得地告诉我，"这儿的校长以前会把高三学生聚拢，发给他们三张纸。一张纸的顶端写着'哈佛'，另一张写着'耶鲁'，第三张写着'普林斯顿'。这些纸在高三学生中互相传阅；每个男生都会在其中一张上写上自己的名字。这就是他们当年被大学录取的方式。现在不一样了，但变化也不太大。"这故事当然不是真的，但这代表了过去上一所寄宿制学校在精英眼里的意义。

在圣保罗有个类似的故事。有个校友告诉我，八十年代的时候，哈佛会到圣保罗来面试学生（注意了，是哈佛来找他们）。"我们以前会把哈佛招生办的人弄到斯卡德楼（校园里的一幢楼），在那里大摆酒宴。他们会面试一些人，然后在周末做决定。在他们做决定时我们总是有人在那个房间里。"我永远都没法证实这个故事——怀疑有三分实七分虚。不管怎样，这是关于精英寄宿制学校的传说。它们看起来跟美国最好的大学有千丝万缕的联系——而且还伴随着从哈佛、耶鲁、普林斯顿毕业后拥有的特权和对美好生活的许诺。

有个说法是，寄宿制学校直至今日还在房间里有个拥趸。作为学生的后盾，圣保罗向大学推销着他们不计其数的"非凡的"学生，录取的比例让其他学校羡慕嫉妒恨。我会把像圣保罗这样的学校和精英大学间的来往描述成一种谈判。随着申请大学的竞争愈发激烈，各大学间也越来越重视排名。精英学校利用这种竞争抢占先机。这可能没有格罗顿中学的故事那么简单，但效果是差不多的。

想象你是一个哈佛招生办的人，决定你学校排名的关键之一就是你的收益率——录取的学生最终来校的百分比。收益率越高，录取率就越低，排名也就越高。但当你关注的是优异的学生——有不少——就会遇到一个挑战。这些优异的学生对普林斯顿、耶鲁、斯坦福和任何其他地方来说都是优异的。你怎么知道你选择的这些学生会来你的学校？你没法相信申请者，因为他们都不约而同地会告诉你有多想来你的学校，而如果录取的学生去了别的地方，大学也无能为力。但从他们的高中你能获得更好的信息——你想要的信息，而且你能为有用的信息奖励那所学校，为没用的信息做出惩罚。

现在想象你是圣保罗的人。你希望上哈佛、耶鲁、普林斯顿、斯坦福和其他顶级院校的孩子越多越好。跟很多高中不一样，你的很多学生都有把握进这些学校。但有个问题：一些学生比其他人稍微好一些。这些学生很有可能会被不止一所学校录取——但他们只能去一所，而这会降低你"次好"学生进入这些顶尖院校的机会。所以你该怎么做？你跟学生讨论他们真正想去的学校，然后跟大学交涉。这需要一群大多数学校只能做梦幻想一下的大学咨询师——一个四人办公室，致力于为每届大约 140 个学生找到归宿。他们的工作是深入了解一个个具体的学生——他们的天赋和短处，以及最重要的是，他们想去哪里。

譬如说我就是圣保罗的一个大学咨询师，而我有两个很强的学生——苏珊和比利。苏珊申请哪里就会被录取，她是强中强。比利可能会被一些顶尖大学录取，但他的把握要小一些。比利非常想去耶鲁，苏珊非常想去哈佛，我该怎么做？我会打电话给哈佛。在聊到这些孩子时，我会告诉他们苏珊有多棒，确认他们知道应该录取她。这等于告诉哈佛，如果苏珊被录取了，她一定会去。我可能会说得很直白，鉴于关系的紧密程度，甚至会让哈佛告诉我，他们会录取她。

然后我打电话给耶鲁，为比利争取耶鲁。我告诉他们，比利有多优秀。如果耶鲁问起苏珊，我会说，"你要的是比利。"耶鲁会领会到我话里的含义：苏珊不会去耶鲁——我可能会直白地告诉他们，她会去哈佛。这里的一个细微的挑战是不能让耶鲁觉得他们收的是次好的学生。马上我们会看到怎么克服这个挑战：在你的学校有很多"最好的"学生。苏珊可能在某个领域是最棒的，但比利却在另一个领域占优。因为很了解比利，所以我可能会强调他如何符合一个"耶鲁男生"的标准——他们想要的那种学生。相较而言，苏珊更有"哈佛特质"。通过这样的谈话，耶鲁录取了比利。

通过此类非官方的周旋，作为一个圣保罗的大学咨询师，我把一份常春藤录取机会变成了两份。我将圣保罗送到常春藤的孩子人数加倍了。对哈佛和耶鲁来说，我帮他们提高了收益率。这个套路奏效的前提是，大学咨询师手头有很多高中生可摆布，非常了解他们，而且与这些大学建立了长期的关系（所以是非常牢靠的），涉及的大学还需要有兴趣来接这样的电话。简短来说，这个套路在精英高中和精英大学之间屡试不爽，于是出色的生源大家有份，而且学生和学校很好地完成了配对。

我请你"想象"这个场景，因为没法让大学咨询师或是招生办的人来证实这个过程的真实性，也没法旁观这些讨论，或是说谁跟我就此有过"记录在案"的讨论。这个场景毋庸置疑地会受到所有被卷入方的强烈抵制[①]。让我弄清楚能告诉你的事。精英高中在积极地打这些电话。有一个在精英寄宿制高中工作的大学咨询师告诉我，"我害怕有一天哈佛不再接我们电话了。我不确定我们会怎么做。而且你懂的，他们不是一定要接这些电话的。"

今时如同往日，精英大学仍然要听精英高中的。在一次圣保罗的会议中，校长夺门而入，手里拿了一封信。信来自一所常春藤学校，通知一个学生，她的提前录取资格被延期了。校

---

① 但最近关于大学录取过程的书籍都有差不多的结论。而且更重要的是，这些书都认可了那些向精英高中的学生提供的优势。

长气愤地对我的同事挥舞着信，大声说："针对这件事我们得做点什么。*马上。*"意思很简单：给学校打个电话，说服他们录取她。读者可能会特别惊讶地了解到，这位女生就是住在巴克莱楼里而且因为整蛊其他女生被休学一学期的那位。但还是值得替她争取一下，因为她，圣保罗要利用和这所常春藤学校的亲密关系。很明显不只是学生的素质让他们被大学录取，而是精英高中和大学之间关系的紧密程度。大学无法总是做出令圣保罗满意的决定——有时候咨询师会抱怨他们做了错误的决定，但无论如何，信息在流转，关系在被利用着，而精英们在协助自己得到种种好处。

这不是说学生不重要，不是说他们可以傻待着让整个系统代他们操作。回到我举的例子，苏珊和比利也都有要事得做。指出这点可能看上去有点荒谬，但每堂课明显只有 5% 的学生能成为前 5%。即使是最好的高中也不能说服顶尖院校去录取那些在毕业班里表现得不是最好的学生。那么，这些学校是怎样使大部分学生都挤入前 5% 的呢？这儿有个看上去不太可能的数学逻辑。为什么这些高中里排名后 50% 的学生还是能进入很优秀的大学呢？

首先要注意的是，圣保罗毕业班中排名后 50% 的学生能力也很强。我在圣保罗教书的那年，学生的 SAT 平均分是 1390/1600。这个分数只是比哈佛大一新生的平均分（1470）低一点点。但更重要的是，当我们意识到 5% 代表的不只是一小撮人时，看上去不可能的数学逻辑变得可能了。我们习惯性以为，一届学生中最好的凭的仅是学业范畴上的成绩，这对大多数被排名的高中生来说是千真万确的。但圣保罗拒绝给学生排名，而且它的评分系统（最高荣誉、荣誉、高分通过、通过、不及格）不能转换成 GPA，因为评价结果是分类而不是数字。圣保罗拒绝用单一手段评价学生这一点很引人注目。这里的诀窍是创造尽可能多的评价手段。于是即使学术是比较学生的一种手段，还有其他我们能看到的手段，包括体育、各种艺术、甚至是社区服务——一整套竞技系统。如果你能让几乎所有学生都有吸引大学注意的超常表现——够高的成绩和标准化考试分数，以及创造了许多让他们表现优秀的领域的话，马上你就有了许多"最棒的"学生。

申请大学过程中的角逐给了我们一个不同的角度去解读在像圣保罗这样的地方给予学生的教育。无论他们的学生在学术上有多优秀，最好的 5% 到 10% 的人总是只占全体人数的 5% 到 10%。但如果你的所有学生都能具备同等于大多数其他高中前 10% 的素质，而且如果他们还有些别的特长——会划船，或吹双簧管，或是打壁球，或是前途光明的小提琴演奏家或者画家或者数学家，或是会写有趣的小说，甚至如果你说他们有个不错的哲学脑袋——那马上你的学生对大学院校来说就要更有意思。你有许多前 5% 的人，而且大多数学生都在某个方面达到顶尖。你的学生能与其他地方的学生匹敌，而且还有让他们显得特别的两把刷子。这种组合使他们对大学来说很有吸引力，因为大学不仅想招够格的新生，也想招有趣的人。

在关于一所精英文理学院内幕的民族志中，米切尔·史蒂文斯（Mitchell Stevens）发现，大学不再重复挑选一种类型的学生——譬如说，学术优异的人。他们是在挑选一组人，每个人的故事都在说一件有趣的事情，从一个在爱达荷州乡下的土豆农场家庭长大的孩子到一个去年夏天爬了乞力马扎罗山的人。这些相异的学生给了大学来说自己新一届的学生多么多元、出彩和优秀的机会。

虽然大家可能以为这种对单一学业标准的抵制是一种能增加多样性的手段，但就历史来看，这种做法有一个更卑鄙的源头。杰罗姆·卡拉贝尔（Jerome Karabel）在关于哈佛、耶鲁和普林斯顿录取的研究中发现，这些学校选择性地放弃纯凭学业成就作为录取标准，取而代之的是关注一些更多样、含糊不清和无形的"素质"。通过剖析招生办、大学教导主任和大学校长的个人写作记录，卡拉贝尔发现，这一从学业标准向素质标准的转变的深层推动因素是反犹太主义。二十世纪早期，在整个东岸，犹太移民的孩子在学业上无一不是佼佼者，而且他们的成就使他们得到了通往美国最卓越的大学的入场券。这些过去为有权有势的清教徒家庭培养后代的学校，普遍不满犹太人的大幅度增长，并寻求排挤他们的方法。哈佛、耶鲁和普林斯顿找到的解决之法就是开始弱化学业成绩的重要性，转而关注在WASP间更普遍的个人特质。

渐渐地，"一个好的或有趣的特长"被加入到申请大学的流程中。常春藤的战略很大程度上是成功的。由于定义为"有趣的特长"的，往往是WASP喜闻乐见（且常做）之事，而对于非WASP来说，这些特长很耗时耗财，所以这些学校找到了排挤社会里上升的成员进而保护了有权阶级的方法。史蒂文斯写道，在今天，全国的学校都继续关注特长。而曾植根于排挤行为的学校，如今也开始为高等教育院校取得的多样性成果而庆祝。如果要否认精英学校与曾经相比变得更多样化了，从智识上是说不过去的。但我们必须要想到这种依据"特长"的选择方式继续把天平向精英学校的学生们倾斜，因为他们有更多机会通过多种多样的活动来发展"有趣的特长"，这些活动也是他们每日受到教育的核心部分。

资源很重要。只有你有钱投资让所有人超过平均表现，然后还有余钱来为学生培养多样化的兴趣买单，才能创造多种让学生成功的领域。按照一个人均 8000 美金的预算，大多数高中都没法创设音乐、绘画、摄影、雕塑和舞蹈项目；他们没法支持数不胜数的俱乐部让学生去加入那些从文学、哲学和语言学习到造机器人和从自己的天文台观察天际的科学兴趣小组。大多数高中连支持一个基本的教学大纲都有困难。但由于有一个大约人均 80000 美金的预算，圣保罗能做的要多得多。每个人都能找到自己最擅长的领域，而每个人都能发展自己的一项特长。所以当大学咨询师打电话的时候，他们针对几乎每个学生都有一个有趣的故事要讲——一个大学喜闻乐见的故事。

大胆的结果

上了高二之后学生普遍害怕上伊凡·雷姆的人文课；据说他要求极高、给分极严，在第一个学期给的成绩很明显比大多数同事给的都要低，而且给论文做的评论很尖刻。然而，在跟学生讨论前几年谁上过他的课时，告诉我在他课上得到最高荣誉的人数竟然令人吃惊地多。在查看雷姆班级的年终成绩分布时我发现，接近 80% 的学生都获得了最高荣誉。他是学校里给分最慷慨的老师之一，不得个 A 其实还挺难的。但学生们相信他们是排除万难才得到这个成绩的，而且老师们也为自己当辅导员所带的学生而激动。这是个"了不起的成就"，而且如一位导师所说，通过学习和努力，"打开了雷姆的宝箱"。

这种互相的自我欺骗暗示着一个神奇的矛盾。学生们彼此间公开讨论他们不会做课上布置的阅读作业，教师们也经常为当他们在寝室里看到学生时"他们不在傍晚努力学习"（他们应该在学习的）一事而懊丧，而双方仍维持着通过勤奋和纪律来克服学校里巨大的学业挑战的表面功夫。问题是，为什么？我相信表面功夫很重要，不能让现实挡了道。学生和老师共同努力去*相信*学生是在勤奋努力的，这也就是验证当代精英生活的关键：能力解释了成就，而成就证实了他们的地位。

造成这一切的最简单的方法就是装得"很忙"——在校园里走来走去、跟朋友见面、参加组会。这些忙碌行为绝对也是一种工作，是为了建立和维持关系、让自己融入集体，以及发展出一个富有个人特色的特长，但又不是坐在书桌前做作业。他们与其说是在搞典型的学术活动，不如说是在管理着行为（对自己和对关系）。所以挑得再明一些吧：学生有多努力？他们在做课堂要求的事情吗？比较短的答案是，大多数学生在做最少的事以蒙混过关，同时又装出一副很努力，甚至拼命的样子。

如果说我这一年在圣保罗基本没见过学生看书的话，也只是有一点夸张而已。鉴于学生被布置了的要吸收的材料的量，这样的观察令人吃惊。我决定做个实验，根据一系列的课程安排，花一周来试着完成一个普通的圣保罗高二学生的工作量。我发现每天要花差不多两个半小时在阅读上。其他形式的功课——从数学题到生物实验到练乐器——花了我至少一个小时。然而这周在我的宿舍楼里，在晚上七点半到十一点半之间——主要"学习时间"，我没见过一个学生读书超过半小时的。虽然他们可能利用一天里的其他时间读书，但每天都几乎被上课和课外活动占满了，而且大多数人要到半夜才上床睡觉。可能所有这些学生都比我更有效率？更加可能的解释是令人更伤心也更明显的：学生没在完成所有的作业。

但我坐在教室里时，学生似乎挺了解这些材料的。他们表现得像是完成了作业。有些地方不合情理。我跟学生说了这两者间存在的距离，并且观察了我自己楼里学生的所作所为。跟很多人一样，他们用谷歌，依赖维基百科，为了覆盖海量的课堂阅读，他们主要利用网上的摘要来为上课"准备"。闪光笔记（SparkNotes）是使用率最高的网站，但他们靠的是一大堆不同的网络摘要。我一开始的反应是很气愤的。我觉得学生在"作弊"——不只是针对学术精神而且是对他们自己。当我就此与学生针锋相对时，他们既不生气也不反驳，反应得好像我的愤怒是无理取闹，甚至有点装模做样。

"哎哟，算了吧，西老师！"尼克笑嘻嘻地对我说，"我能做什么？花三个小时读《贝奥武夫》？"

他的室友格拉汉姆加入进来。"对嘛！看不懂啊。"

虽然有点沮丧，我还是强力回应道，"关键就是这个。你努力去读然后就*能*看懂了。"但我还是没能忍住嘴角向上微扬了一下。

格拉汉姆完全没有领会，疑惑地看着我，拒绝接受我装出来的怒火。"别跟我说你在这儿的时候*你*做了所有的阅读。"

"我读得多死了。"

"*现在*这样，"格拉汉姆答道，"但那时呢？"

尼克意识到对话卡住了，而且有点太针对我在圣保罗的个人经历了，便回到自己的观点，"听着，你想让我知道《贝奥武夫》里有些什么？我现在知道里面有什么。"

"这不是关键，"我大声说，"关键是帮你想通这份材料。这比知道发生了什么还要重要。"

"那是论文的目的。"

"所以，你都怎么写论文的？"我疑惑地问道，"写的时候都读书了吗？"

尼克一边嘲笑我的坚持，一边摇头。"当然没有啦。但我的论文都不错。我挺擅长写的。"他解释说，自己会用摘要来指示自己去看需要的章节，然后就能写出让他老师击节赞赏的论文。针对我的怀疑，格拉汉姆加入到尼克嘲笑我的行列："信了吧，宝贝儿！"他的声音里有种让人不舒服的窃喜。

尼克感觉到我的不快后，回到了我的疑惑上。"认真说吧，有什么区别吗？"格拉汉姆又加入了，他说，"对嘛。我做了阅读的时候反而成绩更糟呢。"

尼克是格拉汉姆过去两年的室友，他嘲弄般地打量他的朋友说："你什么时候做的阅读？"

"还是菜鸟新生的时候嘛。"尼克的怀疑无可争辩。格拉汉姆继续说，"真的。但现在我学得好多了。我可能在网上浏览之后会回过去看书。但这些东西 [网上摘要] 真的帮我找到了应该要找到的东西。每个人都这么干。"

跟我对话的学生算是学校里的"书呆子"——属于其他学生眼里做了最多功课的那类人。就连他们都觉得走捷径完成作业是正常做法。男生更倾向走灰色地带，但女生也对这些捷径毫不避讳。"知道"《贝奥武夫》就够了，无所谓你是怎么知道的或是你认识到什么深度。事实上，自学基本上会被瞧作一个很笨的掌握材料的方法，而且一个人如果通过尼克和格拉汉姆的方法来准备，就能写出不错的论文，因为有足够证据证明他们的学习模式能得到满意的结果。

不只是在人文课上我看到学生们在走捷径。虽然他们应该在数学课中不断练习解题，但我发现有些学生只做要交的那些作业。在语言和科学课上有一样的情况。我很少看到学生"学习"他们的科学教科书，除非要参加测验或是有个实验报告要交。就连那些玩乐器玩得不错的学生也不太练习。如果将有一场音乐会或是一次表演考试，会很明显，因为会有学生忙着发疯似地练乐器的声音传出。

这种对持续、投入、深度的学习的缺乏让我沮丧无比。但尼克和格拉汉姆的回应最终让我稍微能够更自省一些，想到了自己在学校的时光。我会怎么回答格兰汉姆的问题呢？想了一下，作为一个高三学生，我有没有做那个应该随着整个学期的课慢慢写的二十五页创意写作作业？我是在最终截止日期前的二十四个小时里完成的。我开始思考研究生时被指派的任务，还有现在是怎么向自己教的本科生和研究生布置任务的：任务通常有点不可理喻，而学生也不是*真的*要完全完成（或者如果他们做到了，也不要求他们做得非常好）。我真的觉得自己带的研究生能在一个星期里读完一本关于法国社会理论的书？当然不是。我教哥伦比亚大学的核心课程，学生要读西方经典中的"大部头"。大家快速地浏览这些作品，以至于如果逼我说的话，我不相信自己能辩解说学生真的掌握了它们。柏拉图的《理想国》是我们读的第一本书，大约是三百页复杂的哲学想法。大学推荐我们花在这个文献上的时间是多少？两个课时。不可能要求学生在一个星期里就掌握《理想国》的内容，但上过我的课以后，他们能假装已经理解了。

如果回过头想想精英大学是怎么录取高中生的话，我们能想起来他们是如何轻学业成就而重其他因素（"素质"）以偏袒有显赫背景的学生的。虽然学术界经常很看重成绩和学业成就，但大家千万不能忘了，这样一个成就的基准不是世界通用的。事实上这不是灌输在精英行为中的准则。我已经不只一次强调了，重要的不只是要知道别人不知道的事情，而是要对一系列的想法和情况都能保持淡定。使用闪光笔记是这种态度的一种延伸。

我对格拉汉姆和尼克的失望之情渐渐消退了；虽然很失礼，但他们只是在实话实说。我的气愤更加不诚实，至少是一种对他们态度的否定。我问过自己在哥大的学生，是怎么为课堂做准备的，他们的回答说明了圣保罗学生的学习习惯不是什么特例。格拉汉姆和尼克学会了——就像我在圣保罗当学生时学会的一样——过程没有结果重要。唯一的评判标准是老师是否喜欢你的论文。有人可能以为这指的仅是那些对他们的学业甚至是对世界抱着极其功利主义态度的学生。但有趣的是，我没发现这点。大多数学生认可学校的教育理想：他们在学某些会对未来生活很重要的"伟大的东西"。这"伟大的东西"指的不是关于世界的知识，而是一种与之联系的方法。把我以上的观察更进一步，读不读《贝奥武夫》无所谓，或者说至少没那么要紧。谁都能读《贝奥武夫》。当通往知识的屏障变得越来越透明，有些文化知识的价值变得越来越低时，知道《贝奥武夫》，或是乔叟，或是莎士比亚可能在上一代还能制造有意义的差别，那时包围着高雅文化的象征性屏障还相对牢固，但今天几乎每个青少年都要上高中，而每个高中生都要读莎士比亚。在像圣保罗这样的精英学校，学生依赖遍地存在的文学摘要的事实说明，人们早就放弃这些象征性屏障了。当知识变得越发民主，就不值得再利用它在阶级间制造差异，来区分有文化和没文化的人。如今，知识已经不是一种用来甄别个体的手段了，学生反而对知识几乎是无动于衷。正如尼克对我自命不凡地说，"听着，你想我知道《贝奥武夫》有什么？好的。我现在知道书里有什么。"

现有的人文科目大纲，正如我们所见，实际上是在削弱特定知识的重要性。老师们不需要深入了解几个世纪的历史、哲学、政治思想、文学、诗歌、艺术和文化。他们不可能把所有这些领域里发生的事情向学生传达。取而代之的是，作为老师要培养一种理念，就是这些事情都是可以被了解的，而且你能和这些事产生联系，不是通过把它们了解得滚瓜烂熟，而是通过在它们之间偶尔建立联系。我们必须承认，作为老师，无所谓的态度也是挺重要的，《贝奥武夫》能被当作《大白鲨》一样处理。这种无所谓跟贬值不一样。在把《贝奥武夫》当作《大白鲨》处理的同时，教师在平衡文化的平面，把学生培养成文化平等主义者。不是说《贝奥武夫》不重要，它很重要——但没有真正重要的那事情重要。不是用《贝奥武夫》来排挤某些人，而是用它强调这个世界就在那里，等待着你去认识和了解。这才是在这个世界里真正重要的态度，而不是要知道别人不懂的东西。

这种精英行为的矛盾在于，它依赖于一个看上去很均衡的局面。知识世界变平了，更多的人能够获取知识，而上层的人也更少地利用知识作为划分等级的手段。但这种对知识的均衡产生了不平等的结果，因为人们利用、关联、调配和整合这些知识的方式是千差万别的。圣保罗的学生不是利用知识本身来脱颖而出。我们在这个日益民主和崇尚英才的世界里都能共享一样的知识，但与知识间的关系——无动于衷还是淡定，和如何利用知识去创造联系产生了明显的差别。虽然世界发生了许多变化，但精英的痕迹仍然保留在方方面面，从他们的衣着到音乐品位阅读《贝奥武夫》和观看《大白鲨》的方式。而这种淡定，允许新的平等里保留着旧的不平等（同时将它模糊）。

非常无所谓

除了上课以外，学生还有包括参加校外游和迎接来访者等丰富的教育机会。校园像个迎接一系列卓越人士的回转门。最近来做过演讲的人包括作家托拜厄斯·沃尔夫（Tobias Wolff）和瑞克·穆迪（Rick Moody）、唱作俱佳的音乐家帕蒂·拉尔金（Patty Larkin）、学术界的罗纳德·塔卡基（Ronald Takaki）、桂冠诗人比利·考林斯（Billy Collins）和罗伯特·平斯基（Robert Pinsky）、诗人玛娅·安杰洛（Maya Angelou）、音乐家马友友和美岛绿（Midori）、指挥家本·桑德（Ben Zander）、美国联邦调查局局长罗伯特·穆勒(Robert Mueller)，以及像约翰·克里（John Kerry）（最后两个是校友）这样的政客。这些嘉宾不只是来做一场演讲就走，他们几乎总是要花很多时间跟学生在一起。拉尔金带学生做了写歌的工作坊；塔卡基花了几天跟师生探讨校园里的多元文化；平斯基弄了个诗歌工作坊，还朗诵了几首自己的作品；沃尔夫教了几节创意小说和非小说的课；马友友上了几节大师班。

所有这些活动让我觉得特别的地方就是他们没有什么特别的。我还是个学生的时候，马丁·路德·金的遗孀，科瑞塔·斯科特·金（Correta Scott King）在马丁·路德·金日那天来访学校。我的父母问我，是不是他们能来。那时，我觉得这种要求极其别扭，不好意思向学校打听。而当我跟父母一起去参加那个活动时，能感觉到他们看到金夫人演讲时的极度兴奋。对我来说，这只是学校生活的又一天。我不太清楚为什么我的父母要专程来一趟，也不清楚为什么我的父亲还要请一天事假（鲜有的事）。现在我会很惭愧地承认这点。但那时，去看科瑞塔·斯科特·金的演讲对我来说很普通[1]。

在回到校园的这一年里，我在观看一批批有名的美国人在圣保罗来来去去时，追忆着过去。在安排宿舍楼里学生的座位以使得托拜厄斯·沃尔夫能开始他的演讲时，有个学生评论道，"我现在实在没时间在这里耗着。明天还有个实验报告要交呢。"我能听到另一个学生抱怨帕蒂·拉尔金"有点嬉皮士"，还说她的来访打乱了他原来的行程安排。这不只发生在学校里：一个校友为学生买了纽约大都会剧院的演出票，还帮他们买了周六飞往纽约的飞机票。学生们会早早出发，中午到达纽约，在大都会跟歌剧演创人员共进午餐，看歌剧，然后晚上回家。当学生的时候我参加过类似的活动，是去听帕瓦罗蒂演唱威尔第的《假面舞会》。

所有这些活动都有一种不凡中的平凡。你可以简单地乘一架飞机赶上一场在纽约大都会的午场演出，或是在应该在别处（上课）时去听一场波士顿交响乐团的演出，或由罗伯特·平斯基教你如何写诗，瑞克·穆迪跟你聊现代小说的发展，马友友在晨祷时为你演奏大提琴，或是罗纳德·塔卡基帮你理清学校里多元化的思路。在圣保罗，这些活动稀松平常。从某个角度

---

[1] 这不应该被解读成对种族的不敏感。在伟大的英国小提琴手托马斯·鲍维思（Thomas Bowes）回学校的时候，我要为他在一场公开的大师课上演奏一曲，但我基本上没怎么排练。而且，那对我来说也是件普通事。

说，这些活动之所以显得普通，前提是这个社区已经是由一群内在素质不凡的人组成。丰富的非正式学习机会帮助强调了圣保罗人相信的无所不能的世界观（而且你不需要知道细节——特别的知识由专家负责；你的任务是把所有东西整合起来）。这个观念不单是说你可以对精彩的活动抱有期望，而且也可以对它们无动于衷。当美国最伟大的作家之一来与你谈话时，你可以把这当作是一件让你从其他俗事中抽身的另一件俗事，就像写实验报告一样。

当然，这些学生还很年轻，还无法由衷为圣保罗带给他们的每个机会而心生感谢。但对不凡事物的持续的无动于衷令人触目惊心。我宿舍楼里的一个学生史蒂芬从大都会剧院的演出回来时，我激动地问他过得怎么样。他说了一段对女中音演唱的冷静评价（肯定是从哪听来的，因为他对歌剧一窍不通），还说齐费里尼 ① 的组曲挺有意思的。另一个学生在我们谈话时经过，他问，"哦，那你有没有去那些大都会的活动？值得不值得？"史蒂夫回答说，"差不多吧。"那是我听到的关于那次活动的最后一句话。我又一次明白了，不能指望高中生对歌剧演出欣喜若狂（而且就算是，他们也不太可能承认），但此处容易察觉的是那种无动于衷的态度。对当天飞往纽约、与国际知名的音乐家共同进餐、看他们表演、当晚坐飞机返程统统无动于衷。就算这种无所谓的态度是装出来的，演出还是很精彩。

圣保罗学生强调和表现出来的不是对文化知识的获取。正

---

① 齐费里尼：著名意大利电影及歌剧导演。——译注

如以上事例所展现，圣保罗毫不夸张地在向学生灌输大量的文化知识，但大多数学生与这些经历产生关联的方式不是去抓住机会、积极争取、带着好奇心去吸收或是以另一个角度去质疑它，而是学会用一种不冷不热的态度对待这些活动。在一个温暖的春日下午，我路过一群在扔鹅卵石的学生。起初一点儿都没在意，直到发现他们是在向校园里的一座雕塑扔。"你们在干吗?!？"我大叫道，"那是亚历山大·考尔德（Alexander Calder）的作品！"他们抬头看我，有些被吓到了，然后说，"啊，不好意思。"然后换了个方向，把鹅卵石扔到池塘里，不再朝着那个著名雕塑家的作品，他们的态度基本上是不慌不忙的。考尔德的雕塑只是众多精致建筑外众多精心修剪过的草坪上摆着的众多大块头金属中的一个而已。

圣保罗的学生不会刻意去表现文化知识来凸显自己的不同。事实上，那些对知识的表现——譬如大卫在课上提到陀思妥耶夫斯基，或是对衬衫上线脚数的滔滔不绝，或是埃文·威廉姆斯向其他菜鸟新生炫耀"内部"消息的过程，大部分时候都是很失败的。他们的"文化资本"不是要知道一些别人不懂的事情，而是互动的：他们与文化（或雅或俗）及彼此产生关联的方式。学生的无动于衷是淡定的一种特殊表现。淡定是一种姿态，是一种我尝试反复在书中展现的属于青少年精英的姿态。学生不总是无所谓的，他们在意自己的衣着、等级和地位，但总是以一种淡定的姿态这样做。而在课上和在接触高雅文化时的淡定，就是要对一切都无动于衷。你可以一边对无价之宝扔石头，一边对美国名人的打扰而发牢骚。

努力和落后

如我们的发现所示，非凡的神话似乎有一个青睐的对象：白人男生。这一点都不出人意料，因为精英群体向来是由盎格鲁男性主导的，但基于圣保罗的现状及学校尽力在贯彻的英才体系，这还是令人很失望的。我们能看到圣保罗女生的学习成绩普遍要比男生好；年复一年，她们的成绩都在进步，如同在全美高中的姐妹们一样胜男生一筹。然而，至少在圣保罗，女生获得的奖要少一些。她们在礼拜堂里的演讲或表演都没有男生来得频繁，在学生会中也鲜担要职。虽然从 1969 年起女生就进入了学校，但只有过一任女学生会主席。事实上，在我随意向一些学生打听各领域"最好的"学生时，被提名的好像总是男生[①]。最好的艺术家是个男生，最好的运动员是个男生。最好的学生是个男生。就算把学业表现分散到每个科目，每个科目最好的学生也几乎都是男生。物理是例外，公认最好的那个学生是个反串的男生。就算女生的成绩更好，但总是男生占领了非凡的领域。

我指出这点时，学生都惊呆了。无一例外地，他们马上说了一些觉得能够匹敌甚至超越那些最好的男生的女生的名字。

[①] 这种说法不具科学性。但鉴于我问了几个学生时，被提到的往往都是男生，我不怀疑大家觉得男生更具天赋的说法是错的。女生更有可能提到女生的名字，但还是更多地在谈论男生（超过 80% 的情况下是男生被提到，而 70% 的情况是女生在提）。

但我最感兴趣的是学生脑中马上浮现的都是哪些人。除了一个经常提到的黑人运动员和一个亚裔音乐家，这些男生提到的其他人都是白人。虽然超凡的个人散布在圣保罗的各处，但其他人指出的特别个体实际上是一小撮——青少年版的"老男孩俱乐部"成员。我跟老师们说到这个观察时，大多数人马上提醒我，许多位于他们教过的"最好之列"的是非白人学生。我不相信圣保罗是一个公然进行种族歧视和性别歧视的地方，然而在实现特权的过程中有明显的种族和性别差异。

回到之前的主题，我们现在必须仔细剖析一下之前对学生的学习习惯的看法。如果说没有人做作业，是不准确的；在我待在圣保罗的那年里，有几个人非常努力。这些学生——无论是我在的那年还是其他时候——基本上都是非白人，且女生居多。如我之前指出的，亚裔学生在圣保罗获得的成绩是最高的，黑人学生是最低的。我们可能会想起第二章里的黑人学生戴文，他跟我说，"我再也不会去一个这样的地方了。就算我去哈佛，也不会跟这里一样。这是我的机会。我要倾尽全力。现在你应该明白这点了。圣保罗看重的不止是分数。"戴文非常努力，他的很多黑人同学也是。跟白人同学相比，大多数时候他们基本上实在地"做了"要求的作业。但结果却不是他们领先——实际上要糟很多。

戴文斩钉截铁地说自己读了《贝奥武夫》。而如果他真的读了，肯定要比那些用闪光笔记的人要努力更多。与尼克和格拉汉姆不一样，他们说自己"领会"《贝奥武夫》不怎么吃力，部分是因为借助了摘要，但戴文跟我说过，他理解这个故事有点困难。当我告诉他其他人没有做阅读时，他说，"我知道。但这是他们的损失。我知道这样做很重要。"戴文尽其所能在圣保罗收获更多。这代表就算最后没有得到更好的成绩，他也会去努力。成绩远没有学习的经历来得重要，而且达成目标的最好方法就是去做你应该做的事。圣保罗从里到外都是一个目标。但如果大家相信我在这本书里说的关于淡定的重要性的论点的话，可能戴文觉得做阅读很重要的想法就是错的，可能这是他的损失。

对比而言，几个跟我聊过的亚裔学生从来没有跟我说过他们有圣保罗是"最终的目标"这种浪漫的想法。我没听过什么"尽我所能"或是"在圣保罗有比成绩更重要的东西"的说法。王莉莉在香港长大，她来自一个精英家庭，并在香港的英语学校受到教育。我很喜欢跟莉莉聊她在圣保罗的生活，她也经常来我的办公室找我。但只要她坐在我对面的椅子上，我就觉察到一种紧张感，好像她知道自己应该在别的地方。她可能马上会让人想起第四章里的玛丽。但其他学生能意识到莉莉的紧张，进而宽容她，可是玛丽这个白人就没有相同的待遇。学生们似乎接受了亚裔学生表现出的越来越大的压力。可能他们明白，对亚裔来说要进一所精英大学有多难①。玛丽的勤奋说明她对待学校的态度更加接近莉莉和戴文，而不是她的白人同学。但作为一个白人女生，她受到那种其他白人学生永远不会给莉莉和戴文的特别不自在的感觉。毋庸置疑，这是因为白人学生对非白人学生刻薄的时候要更犹豫——小心翼翼地避免被认作

---

① 亚裔学生必须比别人更优秀才能进入精英大学，因为同类的竞争相当激烈，而大学想方设法要限制他们的总录取数。

是种族歧视者。莉莉的紧张没有造成什么社交上的不适，好像大家——还要很惭愧地承认，包括我在内，都能理解。

"压力好大，"莉莉跟我说，"不是在这儿。哎呀，[笑了] *就是在这儿*。但也有家人给的。我知道自己一定要优秀。我的父母每天都提醒我。他们给我发电子邮件、打电话。有时候我很惊讶他们居然没有雇一个人站到我面前来对我唠叨！[又笑了。]我说，我知道为什么我在这里。父母希望我能得到特别的教育。部分是这原因。这是人生重要一步，我在通往那里的路上。"

我问莉莉下一站是哪里时，她笑了，"但愿是哈佛！"圣保罗对她来说不是最终的目标。这是通往精英大学及天知道是不是已经计划好了的未来成功之路的垫脚石。（感谢她的父母，可能还要感谢她自己——她被哈佛录取了）。在莉莉的策略里，圣保罗是过程的一部分，它存在于一盘很大的关于人生规划的棋里。戴文的策略轨迹不一样，对他来说圣保罗本身就具有很大的价值。对莉莉来说，圣保罗是一段充满着规划的人生旅途中的精彩一站，而对戴文而言，圣保罗是人生仅一次的独特经历。在这些因种族而产生的差异中，有某种讽刺性意味，但我们要把它们与之后两个群体获得的机会联系起来看。对亚裔学生来讲，要进顶尖大学很难，申请者间的竞争异常激烈。相比而言，对从像圣保罗这样的地方毕业的黑人学生来说就没那么激烈，竞争者相对弱一些（无悬念，因为竞争从进圣保罗的时候就开始了）[1]。圣保罗的黑人学生在大学申请环节格外顺利。他们普遍

――――――――――――

[1] 当然，这些观点忽略了申请的一些过程。

有一个弱势群体的背景，而从圣保罗毕业的经历使他们学会与更高级的特权院校周旋。寄宿制学校的弱势学生群体给了大学一个讲故事的机会：他们不只在教育精英也在教育那些真正弱势的群体。但与大多数其他有弱势群体背景的学生不同的是，寄宿制学校的学生不太会在一个富有、遍地精英的大学环境中挣扎，因为他们已经表现得知道如何应付这类教育文化。

所以就算成绩分布的两"端"看上去是不一样的——他们的表现不一样，在学校的定位也不一样——但大家都很努力而且会做布置下来的作业。由于黑人学生感激圣保罗提供的独特机会，他们尤其会找机会尽可能多地汲取知识；亚裔学生努力，是因为他们家人对学校的定位和他们要在竞争已经很激烈的大学申请过程中占先机的需要。

但如果学校的白人主体说明了什么的话，这个定位从某种角度来说是错的。不是说莉莉和戴文这些志同道合的非白人学生在圣保罗的行为有什么错，他们俩没做什么坏的抉择——只是比起大多数白人同学来说有不同的限制，所以最后表现得有所差异。对女生和亚裔来说越来越激烈的竞争，和对黑人及拉丁裔来说这份经历的独特，都表明他们会有不同的表现。戴文和卡拉对学校的解读截然不同，后者认为这一切都是"瞎吹"。但对双方来说，表现特权的种族化的问题一直都存在。戴文的勤奋没能让他看起来无动于衷；卡拉认为一切都是瞎吹的感受让其他人觉得她老是在表演，使得跟她建立关系很难也很勉强。

要注意的是，不管是莉莉还是戴文都没有完全取得特权。当他们坐在房间里或是图书馆里、做着功课、做着我觉得尼克和格拉汉姆应该在做的事情时，他们与对特权的淡定及对努力无动于衷的态度背道而驰。不能脱离一切外在因素看戴文和莉莉的策略，是他们和他们家庭面对的限制性的社会结构，导致了两者不同的策略和行为表现，其他学生（及老师）跟他们的来往也影响着他们的所作所为。我们要小心不要将文化个人化，弄得好像这些策略是莉莉和戴文内在拥有的。他们嵌于一个互相影响的环境中，而互动的另一方（学校、父母、朋友或老师）对他们的期望也很重要。特权被种族化，不是因为拥有特权的人是种族主义者，也不是因为非白人学生的决定是错误的，而是因为历史背景和互相影响的环境导致了不同的选择。对戴文和莉莉来说，他们的做法"有理可依"——但在如此表现的时候，他们培养的理解、定位和互动模式与特权及与之相伴的淡定姿态相违背。

精英身边的世界已经改变了。非凡的行为不复存在，平等替代了差异。兼容并包是成为一个新精英的策略，而这种姿态建立在一个基本的世界观之上：淡定。要做到兼容并包，意味着不去制造差异：不必要、不想要、不需要。这甚至能被视为平等的最基本状态。《大白鲨》和《贝奥武夫》都是拿来把玩的文化产物，值得大家给予同等重视。虽然圣保罗的精英们有不同寻常的机会，但他们不是知道得更多，而是知道的方式不同。这种认知的不同方式成为了个体拥有的标记。我们之中的有些人拥有这个标记（而大多数人却没有），这不是不平等的产物——知识的大门是敞开的。但从精英的角度看，是他们的个人素质和特长在必要的等级制度中*制造*不平等，而这定义了人类生活。

圣保罗学生持有的世界观，是一个由可能性而不是由限制定义的世界。如果我们考虑一下别的关于学校的民族志研究——许多是作者自己的在校经历——规则、限制、惩罚的存在是最主要的。然而这些东西在圣保罗的故事中几乎绝迹。在学校里，世界像是一块空白画布，随时等待学生去描绘。将世界视为可能性空间的想法与英才体系的框架相一致：世界是你的；需要的只是天赋和勤奋。学生们相信自己极其勤奋和具有超凡天赋，虽然我不会这样觉得——因为他们经常确实忙得不怎么去做功课。这种忙碌传递了一种勤奋的外相和感觉。是的，在圣保罗的确很多天才——虽然不像学生自以为的那样多，那样万里挑一。

这种学校反复灌输和学生热切倡导的自我认知与世界观，有重要的衍生意义。认为世界永远等着你去描绘，而你的优异又超乎常人的心态，超越了英才体系的基本框架。世界与之包含的无穷无尽的可能性，是一个人可以也应该淡定去探索的空间。贯穿整个故事我们能看到，淡定是一个圣保罗人的基本姿态，而且通常表现成一种对给予他们的非同寻常的机会的冷漠态度。这些学生将超凡视作家常便饭。他们能对着一个无价的雕塑扔石头。想到大都会之行时，他们对这是否有意思所给出的最好的回答是"差不多吧"。在这种无所谓的态度里，这些学生从他们的角度来说却是文化平等主义者。他们看杰里·斯普林格（Jerry Springer）的节目、听嘻哈音乐、看歌剧，无论是在正式聚餐上穿得正儿八经还是在学校舞会上穿得像"皮条客"或"妓女"都心安理得。他们觉得乘飞机去大都会歌剧院是家常便饭，跟走到本地咖啡馆听一个新的创作歌手唱歌没什么两样。

如果这些精英中的新人都是文化平等主义者，那么大家自然要问，文化等级是如何形成与维持的呢？我们听到的标准版本是，精英们获得了一定的文化标记并将之占为己有。于是，我们会觉得歌剧是高雅文化而马球是富人的运动，而剩下的人会以为那些精英生活的内容遥不可及。我没理由去怀疑这种说法。但这里有一个精彩的把戏，无论不平等是否仍然存在，都可以把责任推到底层的那些人——那些*非*文化平等主义者的身上。他们对多元文化的闭塞思想，表示他们没有利用这个更新更平等的世界的果实。精英间生成的景象解释了系统性的不平等不是初始条件的产物而是人们行为的产物。如果世界是一个充满机会的开放空间，为什么有些人失败了？因为他们没有抓住世界上的机会（人人都能有的机会）。

圣保罗教授的是一种学习风格，它会迅速转化为一种*生活风格*——着重于建立关联和联系的方法，而不是对想法和文字的深入。没什么可惊讶的，在这样的教学模式下，结果就是一种无所谓的态度——不只是针对《贝奥武夫》，还针对许多的人生机遇。对生活的淡定不只是特权的标志，还是保护的标志。因为如果精英们真的信奉勤奋，那么可能会被超越。淡定不但是一个隐晦模糊的概念，而且对新兴阶级来说也很难掌握。他们必须努力才能有所收获，而不让这种努力在他们身上留下印记几乎是不可能的。占优势的群体信奉的是面对开放社会兼容并包的手法，但通过淡定的标志，他们发现了在这种开放中限制等级晋升的方法，进而保护了自己的地位。

总　结

> 人与人之间天赋的差别，实际上比我们知道的要少得多。与劳动分工所产生的效果相比，那些将人分配到不同职业的天赋差别显得微不足道。两个迥异角色之间的区别，譬如说一个哲学家和一个街道搬运工，似乎并不来自于天赋，而是来自于习惯、风俗和教育。
>
> ——亚当·斯密

> 让每一个公民拥有自己梦想的那种平等，也使得所有人去实现梦想的能力变得越来越弱。虽然那种平等为公民们提供了更为自由的空间，但它的影响是多面的，它使公民们的每一步都遭遇到未曾预料的巨大障碍。即使他们已经超越了前进道路上的其他人，但也同时开启了与全世界对抗的大门。障碍没有消失，只是换了个模样。
>
> ——托克维尔

我们从这个前不着村、后不着店的小地方学到了什么？圣保罗是一所只有五百名学生的高中，藏匿于新罕布什尔州康科德市的外围。如果有人像我一样对美国经历感兴趣，那这儿不是你了解这种经历的典型地点。而就算现在了解了圣保罗，我们真的对美国式不平等的特征了解更多吗？但愿如此。而且我们尤其了解了关于精英的一些东西：他们是如何适应二十一世纪变化的大背景的。我给读者留下了一些自己待在圣保罗期间的印象，忍住不提任何美国要做的程式化的变化。但这里要说几个简短和激进的观点。我会厚脸皮地思考自己举的案例以外的东西，来理解新精英和新的不平等对新世纪来说意味着什么。

个人的崛起与集体政治的消亡

上世纪六十年代的集体主义运动导致了一个讽刺的结果，就是个人的胜利和集体的消亡。黑人、女性、同志、移民们齐聚一堂，抗议那些把他们放在一起的属性不应是重要的。重要的应该是大家的人力资本；我们都应该拥有机会，机会应该基于能力而不是身上的一些特长。

精英们也普遍采用了这个观点。他们从把自己作为一个凝聚的群体、一个有特别历史和品位的阶级，到把自己看作是美国最有天分和最努力的一群人。他们看上去更多样了。我的意思是，现在的精英群体中包含了之前被排斥的人群。他们抵制那些围绕可能将他们看作一个阶级的特别资源和特质而建的堡垒，还接受了"努力、上进"的基本美国式思路。他们思考的是个人特长、能力、技能、天赋和素质。很明显他们知道这些都是要培养出来的，但培养的过程是通过努力得到的，而权利是通过能力而不是出身获得的。回想一下我在简介里列出的关于特权的三堂课:(1)等级制度是自然的且可以利用;(2)经历和经验比天生的遗传的特质更重要;(3)向别人示意你精英地位的方法,是在所有社会情境下表现出淡定和开放。不平等永远存在,但精英们如今视之为公平。等级制度为人的发展提供条件和机会,而不是加以限制。重要的是一个人的内在,而不是养育的过程、肤色或任何其他过时的集体主义的玩意儿。

当被排斥的又被接纳后,我们相信服务于排斥原则的那些特征的重要性渐渐消失了。社会评论者们预言着崭新的无阶级社会的来临;大家为进入"后种族"时代竞相庆祝。虽然我们的大学表面上接纳这些变化,但还是留了一个心眼。种族在精英中仍旧很重要,就像它在美国很重要一样。开放不代表平等,而社会的不平等持续体现在种族和性别对一个人人生际遇的重要性上。

此处需要重复指出的是,精英院校表面上是以前所未有的尺度敞开了大门,但是在顶尖学校,富孩子要比二十五年前还多,但穷孩子更少。就像在前几章里看到的,美国缺少描述阶级的语言和对阶级的定义,对于对抗我们持续加剧的阶级不平等来说是严峻的考验。可以用类似的方式理解贫富差距。富人比穷人拥有更多钱,他们用那些钱去为自己和后代购买更多福利。其中一个能这样做的地方就是在圣保罗中学。今时今日,这些关于优势的把戏正处于一个自然化过程中。

这绝对不是我们在经历了上世纪六十年代的一系列权利革命后所设想的结果。开放与不平等两者不应是齐头并进的。英才体系的崛起看上去是一个比贵族统治更令人期待的世界。人们也更倾向于开放而不是封闭。我们是怎么走到这一步的？

把多样性和平等相提并论的做法是有问题的。这样做，一部分是因为我们没有将阶级作为一个描述性的、能产生共鸣的社会分类，而需要说明阶级的负面效应的政治团结又基本不存在。新精英们，用美国作家 P.G. 沃德豪斯小说中的角色吉夫斯的话来说，就是"对阶级差异的说法很敏锐"，能跨越阶级组合在一起，但要超过别人往上爬就需要具身化的知识。缺少社会整合的阶级意识的讽刺之处在于，精英被赐予了更有效保持和加强精英地位的工具。这不是一定要解决，也不是有害的，但我希望把这个情况写出来。

谈到这一点，也是出于美国例外论的主要特点之一：个人主义。我们的世界由"我"而不是"我们"构成。集体主义跟乌托邦不一样：前者从定义上就是排他的（有一个"我们"和一个"他们"），而且可能限制创新，但个人主义在美国太受推崇了。而且当它和英才体系结合在一起，便为令美国蒙羞的不平等现象提供了正当理由。对个人的注意，让我们忽略了自己的出身，倾向于认为成功来自于自身的努力（对失败的态度倒不太一样），还有我们的地位与自身的素质相关。这点毫无疑问。但也要注意，我们的地位是社会情境中活动的一部分。我们不是生活在一个平面的世界上，而是在一个有着不同出身设定的可能性的世界。这些出身设定与先天特质高度相关，制造了持久的不平等。

如果把种族、阶级和集体主义政治的消亡结合在一起，大家会严重怀疑教育机构的产出。重要的是，弱势群体的武器形成了一定的数量和规模，但只有通过集体身份和集体行为才能产生影响。个人的成功和集体政治的湮灭或许让种族有了跟阶级一样的命运：成为不平等的持久源头，而一个人挑战这些持续的不平等的能力却在减退。有一些证据能支持这个观点。大多数通过种族和阶级平等而得的成果都停下了脚步。在集体政治当道时，收入不平等的现象减弱了，而且黑人与白人间的工资差异也降低了。但自从上世纪八十年代，这个趋势就没有继续。个人性格和能力造就成功这一点，来自集体主义的灭亡和种族与收入不平等的固化。直到重生社会信任和社会团结以前，我对克服这些问题持不乐观态度。

特权的把戏：新的民主化不平等

所有这些都在说，"新"的不平等是一种不平等的民主化，我们也可称之为民主化不平等。阶级、排外和继承的贵族标记受到抵制。对个体拥有自己公平待遇的民主化进程接近完成，制造的差异将以人与人之间能力的区别来解释。精英接受了彼此角色的差异，甚至还神化了自我与他人间的等级差异。这种趋势造成的困难，我称之为特权的"把戏"，让等级制度看起来是一个自然的而不是持续的系统性进程。这里的解释直接参考了皮埃尔·布迪厄的研究，而且利用具身化和淡定的观点来展示这样一个制造了社会化差异的自然化过程的可能性。

"具身化"这个高级的词，针对的是一个简单的观点：经历随人。我们在世上度过的时间会印刻在自己的身体上。在精英空间里度过的时间很重要，而根据定义，精英空间就是排外的空间。具身化的重要性是，一旦社会经历具身化之后，就显得很自然。这只是你日常的行为举止。我们的行为都遵从着某种方式，你的具身化属于你。新精英独有的具身化形式是淡定。这种淡定的范围极广。在融合了之前受到排挤的人群后，精英们适应了很多之前排斥的文化标记。于是新精英们在一个很广的领域中都能泰然自若。

其中的一个隐喻是，或许文化等级不单是自上而下地通过排外行为强加于人的，也可能是自下而上维持的。如果精英们*普遍*对各种文化符号不感冒（或表现出淡定），那么要维持高端文化标记的"特别"，就不止要靠精英们的排外举动，还要通过没有参与到被标记为精英活动中非精英们的行为。我的研究仅仅能提供一个不是太站得住脚的假设。但如果想想音乐会这样的事，大都会歌剧院的一张票不比一张 U2 演唱会的票贵。圣保罗的学生两者都参加过，而康科德高中的学生（几乎）只参加过后者。所以我们可能会问，文化排外性从何而来——是来自那些在各文化间博采众长的人，还是那些拥有更强倾向的人？这个问题是新精英们会问这个世界的。而答案是，他们的思维开放，而其他人的思维闭塞。

虽然精英们一直都很开放，也将他们自己向世界敞开，但这个世界却不是向所有人敞开的。机会开放与融合不是一码事，而重要的是没有明确排挤某些人在外头。结果要怪非精英自己没有兴趣。我们能看到，这个逻辑的结果很混蛋，因为精英与剩下的人的区别看上去像是一个选择。可以用世界主义来解释精英身份和精英存在，而用闭塞的思想解释那些选择不参与的人的处境。重要的是个人特质和能力，而不是持续的不平等。从这个角度看，那些不成功的人不一定是弱势群体，他们只是没有抓住这个新的开放性社会的机会的人而已。

　　淡定的具身化是这种开放性的身体表现，而它使得差异显得自然。制造了不平等的是你是谁，而不是你从哪里来。社会在精英眼中再也不是制造社会问题的源泉。社会变得越来越仁慈，作为背景看着我们在一个公平的平面上耗费光阴。世界是平的，所以故事在继续。这是一个错觉，一个精英们这样告诉自己和别人，以含糊自己持续的统治与传承的传说。需要反复强调的是，一个人社会地位最好的指南针是他的父母。我希望觉得是自己的智慧让我得到了在常春藤大学的工作，但故事有另一半，我父母的财富足以让我不用受苦并发展天赋。一旦在中学里没有名列前茅，家里就会请家教。在智慧不够用的时候，我能借助在精英院校的安适——通过一个昂贵的教育而购买安全感。这些过程通常是隐晦的，精英们单纯是通过具身化昂贵的经历来获取所得。

民主的难题

　　特权不是精英们一贯的经历。对很多学校里的学生来说都存在矛盾。在黑人学生和女性学生中这个现象尤为明显。我们可能还记得卡拉，这位认为学校是瞎扯的学生；或是玛丽，她孜孜不倦地努力着；或是戴文，他把圣保罗当作一生仅一次的良机；或是李，她尽可能避免穿得像是去参加毕业舞会、站街的或是一个商界人士；又或者是巴克莱楼的女生们，"性存在"是整蛊仪式的核心。对这些学生来说，特权的经历以及种族和性别都产生了矛盾。所有我以上强调的都是社会分类对圣保罗学生的经历施加切实影响的例子，而且持续的（分类上的）不平等会从这些互相矛盾的经历中产生。对女生来说，占主导的"性存在"为表达淡定制造了难题；长远看，这种"性存在"可能会一生都限制她们的成功，尤其是在"性存在"和青春紧密相连的这段时期。对黑人学生来说，崇拜或抵制学校的行为都意味着在学校的生活不是那么"自然"——要么是虚伪的瞎扯，要么是那种你再也没有机会经历的事。

当有关种族、性别和阶级的语言越来越被定义为是学术上自由的迎合，或是实用性已经过时的传统社会分类时，学生们开始失去理解自己经历的工具，挑战这持续的不平等也变得越来越难。不仅是一部分人的成就被自然化，而且其他人的失败也被内化了。

是你自己无能。伴随着民主化不平等的是一个民主的难题。新精英们"接受一切"的主张和在一个愈发开放的世界中如此这般的行为，使得任何形式的社会转型所需的集体主义变得更加具有挑战性，而这导致了一个古怪甚至可能讽刺性的结果：通过变得更民主，精英们削弱了美国弱势群体的能力。

关于个人成就的精英版本到此为止；或者说，这是个谜。就算前者在学校里打败了后者，女人赚的钱还是要比男人少，黑人的收入还是要比白人少，而圣保罗毕业的学生进的大学也要比那些同等素质但没上精英学校的学生要好。这些"新精英"没有诸如切斯·阿博特这样的"旧精英"前辈们来得诚实。我不想在此暗示某种不公。但精英们在告诉我们，成就来自于付出的努力而不是他们的财富，来自于天赋而不是他们的血统时，是在捏造事实。在今天这个开放、却模糊了精英身份的社会与昨日封闭、却更透明的社会之间，我会更青睐前者吗？毋庸置疑。在像圣保罗和对等的常春藤学校中发生的变化翻天覆地，也应该让任何看重平等的人保持乐观态度。英才体系就像其他的社会制度一样：是一套不成形的规定，可以在被改编后用来模糊某些人的优势，同时在集体价值的基础上证明这些人的成功。

所以我的乐观有点虚。如果经济照这趋势发展下去，如果许多人努力的成果持续被少数人享有，那么精英的变革可能是持久的。就是说，我们可能会有一个多样化的精英阶层。而这无疑会被精英拿来自圆其说，号称我们有一个人人公平的开放社会。但多样性不意味着流动性，也绝对不代表平等。这是一个在愈发不平等的世界中越来越多样的精英群体。民主化不平等造成的结果是，特权的产生会继续制造不平等，与此同时还告诉我们，世界是平等的；弱者的武器被剥夺，而对不平等的指责则是放到了那些被民主承诺辜负了的人的肩膀上。

研究方法与理论反思

　　本书是一份针对不平等的文化研究，使用的是经典的民族志研究方法。这种方法代表了学者要将自身置于研究所涉及的关系之中，花长时间与研究对象相处。于我而言，这意味着在圣保罗中学找份工作、搬到校内的公寓里、给网球队和壁球队当教练、教书、辅导寝室楼里的学生，还有最重要的是，观察学校的日常生活。在圣保罗待了一年后，我多次重返并找一些校友，采访他们并与之探讨我的发现。把这些观察和讨论放在一起就是我的数据。

　　这种民族志方法的目的是为了呈现在特定地点人与人之间彼此共同生活的方式。进入圣保罗时，我对自己的研究项目完全开诚布公。我告诉了学校自己的目的——"理解美国精英"，告诉了他们我的方法——通过住在学校、观察它的运作方式、以及与人对话。在做研究的这年里，我不断向社区里的人传达这个目的。这样的坦诚对民族志项目来说是至关重要的，而不只是对研究对象的道德义务。在对象面前表演、含糊其辞、欺骗或掩藏某些东西，都与成为研究所涉及的关系的一部分这一点相违背。毫无疑问会有读者担心这一点，不仅因为我也是圣保罗的校友，而且我不断将自己置于研究对象的话语与生活之中。我能做一个客观的观察者吗？

我不能。但客观性往往是研究者藏匿其后、借以断言他们科学权威的虚假面具。脱离人群，用一种好像他们在实验室或水晶球里的方式打量他们的生活，并不能理解他们。在刚到圣保罗的前几个星期，我很难获得任何发现。大家都不相信我，人际交往都很别扭。我试着不把自己放在学校里的任何一个位置，觉得成为一分子可能会造成巨大的盲点。但我发现，如果抱着这种唯目的论的姿态，几乎什么都看不到。

幸运的是，我转而把自己放在了学校的关系网络中。学年伊始，在大家为一个讨论整蛊风波的教师大会做准备时，学校的律师让大家传阅一份报告，以帮助我们理解关于整蛊风波的调查。那份调查糟透了。我发了封邮件抨击它，指出这不能作为任何政策的依据。我马上从其他老师那里收到了回复，他们调笑说把我开除只是时间问题，还说会帮我一起打包的。我对这样的反应感到吃惊，而且也担心会发生什么结果。虽然管理层的人因为我质疑他们聘请的律师一事对我咆哮，但大家很快开始跟我聊起来。他们知道我的立场了，这让关系的建立变得可能。虽然我和管理层的关系有点闹僵了，但就连他们也开始跟我讨论一些之前绝口不提的事。就是通过站稳立场，我才能成为一个成功的民族志学者，而不是某种意义上的"外人"或"客观的人"。这不是说我信仰一种后现代的认知论。我从内核上是个唯实论者和经验主义者，单纯觉得要研究人与人之间的关系，研究者就必须参与其中；如果假装研究和现实中的关系无关，其所失远超所得。

我们在认识的人中展现和成为自己。民族志学者的任务只有通过深度的参与才能达成。客观性可以被牺牲，因为在一开始就不可能完全客观。重要的是，你获得了更有意义的东西：理解。这不是说深度参与不会遇到任何挑战。挑战之一就是，对象成了朋友。你会告诉朋友一些不会跟一个每天结束后都要勤勤恳恳写下所有东西的研究者说的事情。一个有责任心的民族志学者要常常提醒自己的对象，他们是研究对象——那些被爆出来的私密、热辣的细节可能会出现在一篇文章或一本书里。从这个意义上讲，研究对象的知情同意权是一个过程，而不是一次性事件。而且在此过程中可能发生摩擦，感情可能受到伤害。你提醒自己的朋友，你是他们生活的一部分，是因为要研究他们，而不仅仅单纯是朋友。学生这才想起来，他们的私密时刻可能会曝光于众。

由于这个原因，有许多东西没法写在书里。在我提醒别人我的身份或是之后联系他们确认我对彼此交谈记录的准确性时，有时候会被要求不要去写我看到或听到的事情。我尊重这些要求。这不是说有哪些信息会完全颠覆我写的东西，或是说我可能忘了这些事件，而事实上我总是记得很清楚，而且利用它们来建立论点。但我很尊重和研究对象之间建立的信任关系，也小心谨慎地对待他们的要求。

此外，我改了每个学生的姓名和很多我认为无关紧要的生活细节（一个康涅狄格州的学生实际上可能是纽约州或马萨诸塞州来的；一个高一的可能是高二的；诸如此类）。对教师和员工来说也一样。开始我还想改掉学校的名字，但马上意识到这可能是不可行的，因为关于这个地方的细节和我个人的经历会暴露这个地方。学年之中，我向学校高级管理层申请使用学校名字，并获得了批准。在写书的时候，我开始愈发支持米切尔·杜涅艾（Mitchell Duneier）的说法，就是匿名通常是一种保护研究者而不是研究对象的方法。我"求实"的强烈义务似乎因为透露了圣保罗的名字而更为必要了。很明显要保护年轻学生和在学校工作的人。

我有些想法想在民族志研究过程中"验证"，也花了很多时间在没有特别目的的观察上。我不希望把自己归类在任何认为民族志一定要验证理论，或是只能观察、关系不受理论化问题干扰的方法流派中。我在实际操作中杂糅了两者，觉得最好的民族志是能记录下人们真实的生活，能准确描述一个地方或一个学校，而且所产生的观点对理解我们身边的世界能起到帮助的。就我对具身化的侧重，对一个地方的感知是关键的。你可以说这是一种"身体社会学"，或说是借鉴了女权主义认识论中传统、类似的观点，即情景经历和立场很重要。无论是哪种，自己"经历过"一遍——作为圣保罗的学生和老师，帮助我理解在这所学校的生活。

理论上讲，我写书过程中依赖了文化社会学的悠久传统，以及精英社会学这个新兴领域。这个研究项目中最主要的对话者是一个我永远没机会跟他聊聊我的想法的人：皮埃尔·布迪厄。在这个项目的构思阶段，我想象自己是在问那些布迪厄在《国家贵族》一书中问的问题，同时运用了类似于保罗·威利斯（Paul

Willis）在《学做工》中研究英格兰工人阶级"小伙"的民族志方法。我一开始想象的标题是"学会统治"。但一个故事如果只是重现布迪厄和威利斯过去的成果，好像不太合适。我的数据反而引导我发现了新精英拥有淡定姿态这个观点。

对布迪厄的解读总是引导我去思考文化，而不是把文化作为行动者*拥有*的某种东西。所以把文化资本等同于"你口袋里的钱"的比喻有点误导性。我倒是最常从一个有关联的角度来思考文化。我的观察引导我去以一种行为实践的角度思考文化，而不是一种所有物。特权在互动上的淡定（将等级制度作为阶梯，而不是天花板）是这种思考角度的一个范例。另一个角度是，只有别人从你这里接受资本（好比拿了你的钱）的时候，这个资本才算是花了出去。我可能拼尽全力去融入一场纳斯卡赛车比赛，但如果没有很多在那个场景中的经验的话，别人很难接受我对这项运动的认识。（我属于一个幻想纳斯卡赛车联盟——第二次到圣保罗后跟好友们一起加入的，所以我*了解*纳斯卡比赛，但我没法正确地具身化这段经历。）

把文化当作一种互动，意味着强调文化资本这个观点的不同方面。重点是行动者*做*了什么。在互动中，那样的行为要么被他人接受要么被排斥。要理解文化，需要的不只是看行动者的信仰或事后的解释，而是要观察他们是如何与彼此和与学校互动的。我们必须要看到这些信仰和理由在真实场景下的表现，否则就只是看到了文化的前因和后果，而不是文化在互动中产生的瞬间。如此一来，使用这样的民族志方法能让我们看到访谈和调查问卷所反映不了的文化。

　　这本书之所以能存在，是因为有别人在精英一事上花功夫，尤其是有精英学校的存在。书中的洞见指引我目睹了学校教育的制度化安排（更通俗地说是养育孩子）是如何维护不平等的。希望大家能开始注意具身化的互动机制，尤其是在等级制度中周旋的淡定表现，以及这样的机制模糊了持续存在的不平等的把戏。

　　我做这份关于精英的社会学研究的目的，是为了让大家对不平等有更深刻的理解。这个领域中的大多数研究都是针对贫困群体的——而且是出于好的理由，但我把注意点放到精英上，是希望提醒读者们，贫穷不是穷人的一个特点或属性，而是穷人之于社会中其他人的一种关系。精英也是同样的道理。精英之所以为精英，不是因为他们是谁，而是因为他们和社会中其他行动者与机构之间的关系。精英是被创造出来的。如果这本书从某个程度上呈现了这一点，那我就觉得是一种成功了。

致　谢

　　圣保罗中学向我敞开了大门，允许我来这里质问它的内在运作，是一种大胆无畏的举动。学校给了我一屋以工作、一檐以避身、食以果腹和漫步校园的自由。我希望他们不会后悔。我对学校的描写不都是正面的，但对母校的尊敬之情是明显的。我尤其欠学生们一句特别的感谢。青春期困难重重，而如果有人在那里记录你的一言一行，就更难了。我感谢他们与我共度时光、解答我的问题以及在觉得我没有理解他们生活的时候逼我往新的方向思考。教职人员将自己献给了教育这群高中生的事业———一份我尊敬和羡慕的感召。他们对学生的爱与关心是我希望通过文字体现出来的东西，有一种我始终为之惊叹不已的奉献精神。这第二次涉足圣保罗的经历让我有机会交到很多终身密友，我希望他们在书中既能找到熟悉的部分又能发现惊喜。

　　好几年来，威斯康星大学都是我的家。这里的社会学系对这个研究项目来说是一个出人意料的完美孵化地。如果没有这些人花了无数个小时帮助和指导我成为一个年轻学者的话，我的研究就不可能实现。参与其中的教师数不胜数，无法一一列举，但我希望特别感谢这两拨智识上的家人：女权主义者研讨会和政治、文化与社会小组。还有威斯康星的研究生们，他们刺激我思考，还有更重要的，让我保持愉快的心情。特别要感谢安吉拉·巴利安（Angela Barian）、杰西卡·布朗（Jessica Brown）和埃里克·施耐德汉（Erik Schneiderhan）。长期项目是磨人的，他们对我的爱让我挺了过来。鲍勃·豪泽（Bob Hauser）和哈利·布里格豪斯（Harry Brighouse）指引了项目的完成；帕特里克·巴莱特（Patrick Barrett）教会了我如何做一个富有同情心和投入的学者；米拉·马克思·费里（Myra Marx Ferree）照顾我、逼我挑战自己的极限；而埃里克·赖特（Erik Wright）对学生永无止息的奉献和洞见直到现在还给我留下深刻的印象。埃里克是我在学术上的榜样。最后的话一定要留给穆斯塔法·艾莫白（Mustafa Emirbayer）。虽然很少有人（包括我自己）这样，但他对我这个人和对这个项目都很有信心。这份研究因他而起，而且对我来说最重要的是从中滋生的友谊。

哥伦比亚大学的社会学系给了我一次机会。我来的时候还只有一套半成型的想法。在过去的两年中，我的同事和手下的研究生都与我并肩作战让这个研究定型。系里给了我发展的空间，而同僚们极度慷慨地阅读和评论我的工作成果。为此我亏欠他们许多。

很多不同章节里的观点我都在哥伦比亚大学、宾夕法尼亚大学、哈维福德学院、纽约大学、耶鲁大学、科罗拉多大学波德校区和密歇根大学安娜堡校区演讲过。这些观众助我想得更得更深入。我在普林斯顿大学出版社的编辑,埃里克·施瓦茨（Eric Schwartz）,全程引导我出版了我的第一本书。他的洞见和建议对最终成品来说是无价的。我永远都感谢他。大卫·罗本斯坦（David Lobenstine）与我紧密合作以清楚呈现我的想法。他鼓励我从艰涩的学术术语中走出来。我相信,结果是有了一本好得多（而且更有洞见）的书。我也受惠于简妮·拜克尔（Jenny Backer）绝妙的修改,感谢她努力与细心的工作。

玛丽娅·艾巴斯卡（Maria Abascal）、凯伦·巴尔基（Karen Barkey）、鲁迪·巴茨尔（Rudi Batzell）、彼得·彼尔曼（Peter Bearman）、霍华德·贝克尔（Howard Becker）、克劳迪奥·本泽克里（Claudio Benzecry）、伊农·科恩（Yinon Cohen）、马特·德斯蒙德（Matt Desmond）、米奇·邓奈尔（Mitch Duneier）、穆斯塔法·艾莫白（Mustafa Emirbayer）、达娜·费舍尔（Dana Fisher）、艾卜·甘斯（Herb Gans）、菲尔·高斯基（Phil Gorski）、帕特里克·因格利斯（Patrick Inglis）、考林·杰洛麦克（Colin Jerolmack）、米歇尔·拉蒙特（Michéle Lamont）、丹·纳冯（Dan Navon）、帕姆·奥利弗（Pam Oliver）、亚伦·巴顿（Aaron Patton）、杰瑞米·舒瓦茨（Jeremy Schulz）、理查德·塞内特（Richard Sennett）、哈雷尔·夏皮拉（Harel Shapira）、卡拉·谢德（Carla Shedd）、大卫·史塔克（David Stark）、米切尔·斯蒂文斯（Mitchell Stevens）、麦迪哈·塔希尔（Madiha Tahir）、戴安·冯（Diane Vaughan）、苏蒂尔·凡卡泰什（Sudhir Venkatesh）和乔什·维特福德（Josh Whitford）都读了这本书倒数第二稿的一部分或所有章节并给予了我无价的反馈,希望

这份最终成品是对他们付出的努力的致敬。库克·凯尔西（Cooke Kelsey）值得我特别地感谢。我这本书非常早期的一个版本，他读了又读，不断地推迟截稿时间让我在草稿上又多花了一年。我的作品因此变得更好。

回到纽约后我又开始玩音乐。与理查德·塞内特（Richard Sennett）、拉里·吴（Larry Wu）、苏珊娜·普劳（Susanna Prough）和霍华德·布理怀斯（Howard Bliwise）一起，我费力地通过室内乐和无数瓶葡萄酒熬了过来。这些周三的夜晚成为了每周的亮点，对捱过写作来说，给了我至关重要的快乐时光和成就感。

就像他对许多其他学生做的那样，马可·古尔德（Mark Gould）领我走入了社会学的大门。我因为马可而成为了一个社会学家。在我写作时，他的指点如余音绕梁。再多的话也不足以表达我的感恩之情，他给了我一个人可以给一个年轻的头脑最珍贵的东西：时间。我至今敬佩他对学生的付出。

这个项目期间，我的视力开始下降。苏黎世的法哈德·哈菲茨（Farhad Hafezi）医生为我做了让我重见光明的手术，而纽约的史蒂芬·特洛克尔（Stephen Trokel）医生付出了无尽的努力帮我恢复视力。我尤其对特洛克尔医生的善良、智慧、洞察力和耐心亏欠良多。没有这两位医者，很多事情都不可能实现。

约翰逊街的一帮人在我读研究生时就助我在精神和身体上保持健康，直至今时今日亦如此。开始只是周日晚上的聚餐，后来转变成更多其他内容。通过他们的爱，他们让我懂得生活不是通过工作衡量的，而是通过友谊。我想对本、乔尼、莎

拉、格蕾丝、蒂姆、玛丽和所有其他人说：我的生命因你而无比
精彩。

最后几句，是对我的家人说的。成长中的大部分时光都让
我觉得，好像在这个广袤的国家只有我们四个人——家里的其
他人都安居在遥远的彼岸。我希望奥马尔和迪芙娅知道，他们
对我来说意味着什么。还有要对妈妈和爸爸说：因为太多的理
由，这本书是属于你们的。

参考文献

Aldrich, Nelson. 1988. *Old Money*. New York: Alfred A. Knopf.

Aries, Philippe. 1962. *Centuries of Childhood: A Social History of Family Life*. Trans. Robert Baldick. New York: Vintage.

Baltzell, E. Digby. 1962. *An American Business Aristocracy*. New Haven: Yale University Press.

———. 1987. *The Protestant Establishment: Aristocracy and Caste in America*. New Haven: Yale University Press.

Bamford, T. W. 1967. *Rise of the Public Schools: A Study of Boys' Public Boarding Schools in England and Wales from 1837 to the Present Day*. London: Nelson.

Becker, Gary S. 1988. "Family Economics and Macro Behavior." *American Economic Review* 78(1):1–13.

Becker, Howard S. 1963. *Outsiders*. New York: Free Press.

Beckert, Sven. 2001. *The Monied Metropolis: New York City and the Consolidation of the American Bourgeoisie, 1850–1896*. Cambridge: Cambridge University Press.

Beisel, Nicola. 1997. *Imperiled Innocents: Anthony Comstock and Family Reproduction in Victorian America*. Princeton: Princeton University Press.

Bourdieu, Pierre. 1984. *Distinction: A Social Critique of the Judgment of Taste*. Cambridge, MA: Harvard University Press.

———. 1996. *The State Nobility*. Trans. R. Nice. Stanford: Stanford University Press.

———. 2000. *Pascalian Meditations*. Trans. R. Nice. Stanford: Stanford University Press.

———. 2001. *Masculine Domination*. Trans. R. Nice. Stanford: Stanford University Press.

Bourdieu, Pierre, and Jean-Claude Passeron. 1977. *Reproduction in Education, So-*

ciety, and Culture. Thousand Oaks, CA: Sage.

Bowen, William G., and Derek Bok. 2000. *The Shape of the River: Long-Term Consequences of Considering Race in College and University Admissions*. Princeton: Princeton University Press.

Bowen, William G., Martin Kurzweil, and Eugene Tobin. 2005. *Equity and Excellence in American Higher Education*. Charlottesville: University of Virginia Press.

Brandeis, Louis. [1914] 1995. *Other People's Money, and How the Bankers Use It*. New York: St. Martin's Press.

Brim, Orville Gilbert, et al. 1969. *American Beliefs and Attitudes about Intelligence*. New York: Russell Sage Foundation.

Brooks, David. 2001. *Bobos in Paradise: The New Upper Class and How They Got There*. New York: Simon and Schuster.

Bryson, Bethany. 1996. "'Anything But Heavy Metal': Symbolic Exclusion and Musical Dislikes." *American Sociological Review* 61:884–99.

Buchmann, Claudia, and Thomas DiPrete. 2006. "The Growing Female Advantage in College Completion: The Role of Parental Education, Family Structure, and Academic Achievement." *American Sociological Review* 71:515–41.

Buchmann, Claudia, Thomas DiPrete, and Anne McDaniel. 2008. "Gender Inequalities in Education." *Annual Review of Sociology* 34:319–37.

Burawoy, Michael. 1998. "The Extended Case Method." *Sociological Theory* 16(11):4–33.

Butler, Judith. 1990. *Gender Trouble: Feminism and the Subversion of Identity*. Berkeley: University of California Press.

Chan, Tak Wing, and John H. Goldthorpe. 2007. "Social Stratification and Cultural Consumption: Music in England." *European Sociological Review* 23(1):1–19.

Cookson, Peter W. Jr., and Caroline Hodges Persell. 1985. *Preparing for Power: America's Elite Boarding Schools*. New York: Basic Books.

Copley, Terence. 2002. *Black Tom: Arnold of Rugby: The Myth and the Man*. New York: Continuum.

Dale, Stacy Berg, and Alan B. Krueger. 2002. "Estimating the Payoff to Attending a More Selective College." *Quarterly Journal of Economics* 117(4):1491–1527.

Delbanco, Andrew. 2007. "Scandals of Higher Education." *New York Review of Books* 54(5):March 29.

Domhoff, G. William. 1974. *The Bohemian Grove and Other Retreats: A Study of Ruling Class Cohesiveness*. New York: Harper Collins.

Duncan, Greg, Ariel Kalil, Susan Mayer, Robin Tepper, and Monique Payne. 2005.

"The Apple Does Not Fall Far from the Tree." Pp. 23–79 in *Unequal Chances: Family Background and Economic Success*, ed. Samuel Bowles, Herbert Gintis, and Melissa Osborne Groves. Princeton: Princeton University Press.

Duneier, Mitchell. 2000. *Sidewalk*. New York: Farrar, Straus, and Giroux.

Durkheim, Emile. [1912] 1995. *Elementary Forms of Religious Life*. Trans. Karen Fields. New York: Free Press.

Emmison, Michael. 2003. "Social Class and Cultural Mobility: Reconfiguring the Cultural Omnivore." *Journal of Sociology* 39:211–30.

Erikson, Kai. 1966. *Wayward Puritans: A Study in the Sociology of Deviance*. New York: Macmillan.

Espenshade, Thomas, and Alexandria Radford. 2009. *No Longer Separate, Not Yet Equal: Race and Class in Elite College Admission and Campus Life*. Princeton: Princeton University Press.

Ferguson, Ann. 2000. *Bad Boys: Public Schools in the Making of Black Masculinity*. Ann Arbor: University of Michigan Press.

Fischer, Karen. 2006. "Elite Colleges Lag in Serving the Needy." *Chronicle of Higher Education,* May 12.

Foucault, Michel. 1995. *Discipline and Punish: The Birth of the Prison*. New York: Vintage.

Friedland, Roger, and Robert Alford. 1991. "Bringing Society Back In." In *The New Institutionalism in Organizational Analysis*, ed. Paul DiMaggio and Walter Powell. Chicago: University of Chicago Press.

Gans, Herbert. 1974. *Popular Culture and High Culture*. New York: Basic Books.

Garfinkel, Harold. 1984. *Studies in Ethnomethodology*. Malden, MA: Polity Press.

Gaztambide-Fernandez, Rubén. 2009. *The Best of the Best: Becoming Elite at an American Boarding School*. Cambridge, MA: Harvard University Press.

Goffman, Erving. 1961. *Asylums: Essays on the Social Situation of Mental Patients and Other Inmates*. New York: Anchor.

Golden, Daniel. 2006. *The Price of Admission: How America's Ruling Class Buys Its Way into Elite Colleges—and Who Gets Left outside the Gates*. New York: Crown Publishers.

Gramsci, Antonio. 1971. *Selections from the Prison Notebooks*. New York: International Publishers.

Harding, Sandra. 1986. *The Science Question in Feminism*. Ithaca: Cornell University Press.

———, ed. 1987. *Feminism and Methodology: Social Science Issues*. Bloomington: Indiana University Press.

Heckscher, August. 1996. *A Brief History of St. Paul's School*. Concord, NH: Trust-ees of St. Paul's School.

Hobsbawm, Eric. 1989. *The Age of Revolution: 1789–1848*. New York: Vintage.

Hochschild, Arlie Russel. 1979. "Emotion Work, Feeling Rules and Social Struc-ture." *American Journal of Sociology* 85(3):551–75.

Jencks, Christopher. 2002. "Does Inequality Matter?" *Deadalus* 131(1):49–65.

Jerolmack, Colin, and Shamus Khan. 2010. "Culture in Interaction." Unpub-lished manuscript.

Karabel, Jerome. 2006. *The Chosen: The Hidden History of Admission and Exclusion at Harvard, Yale, and Princeton*. New York: Mariner Books.

Lamont, Michèle. 1992. *Money, Morals, and Manners: The Culture of the French and American Upper-Middle Class*. Chicago: University of Chicago Press.

Lareau, Annette. 2003. *Unequal Childhoods: Class, Race, and Family Life*. Berke-ley: University of California Press.

Lemann, Nicholas. 2000. *The Big Test: The Secret History of the American Meritoc-racy.* New York: Farrar, Straus and Giroux.

Levine, Lawrence. 1990. *Highbrow/Lowbrow: The Emergence of Cultural Hierarchy in America*. Cambridge, MA: Harvard University Press.

Levine, Steven. 1980. "The Rise of American Boarding Schools and the Develop-ment of a National Upper Class." *Social Problems* 28:63–94.

Lipset, Seymour Martin. 1996. *American Exceptionalism: A Double-Edged Sword*. New York: W. W. Norton.

Lipset, Seymour Martin, and Gary Wolfe Marks. 2001. *It Didn't Happen Here: Why Socialism Failed in the United States*. New York: W. W. Norton.

Mannheim, Karl. 1967. *Man and Society in an Age of Reconstruction: Studies in Modern Social Structure*. New York: Harcourt Brace.

Mansbridge, Jane, and Aldon Morris. 2001. *Oppositional Consciousness: The Sub-jective Roots of Social Protest*. Chicago: University of Chicago Press.

Massey, Douglas S., and Nancy A. Denton. 1998. *American Apartheid: Segregation and the Making of the Underclass*. Cambridge, MA: Harvard University Press.

Matsueda, Ross. 1992. "Reflected Appraisals, Parental Labeling, and Delin-quency: Specifying a Symbolic Interactionist Theory." *American Journal of Sociology* 97(6):1577–1611.

Mazumder, Bhashkar. 2005. "The Apple Falls Even Closer to the Tree than We Thought." Pp. 80–99 in *Unequal Chances: Family Background and Economic Success*, ed. Samuel Bowles, Herbert Gintis, and Melissa Osborne Groves. Princeton: Princeton University Press.

McLachlan, James. 1970. *American Boarding Schools: A Historical Study*. New

York: Scribner.

Meadows, Sarah, Kenneth Land, and Vicki Lamb. 2005. "Assessing Gilligan vs. Sommers: Gender-Specific Trends in Child and Youth Well-Being in the United States, 1985–2001." *Social Indicators Research* 70(1):1–52.

Merton, Robert K. 1968. *Social Theory and Social Structure.* New York: Free Press.

Mills, C. Wright. 1940. "Situated Actions and Vocabularies of Motive." *American Sociological Review* 13:904–9.

———. 1956. *The Power Elite.* New York: Oxford University Press.

Pager, Devah. 2007. *Marked: Race, Crime, and Finding Work in an Era of Mass Incarceration.* Chicago: University of Chicago Press.

Pager, Devah, Bruce Western, and Bart Bonikowski. 2009. "Discrimination in a Low-Wage Labor Market: A Field Experiment." *American Sociological Review* 74:777–99.

Peterson, Richard A., and Roger M. Kern. 1996. "Changing Highbrow Taste: From Snob to Omnivore." *American Sociological Review* 61:900–907.

Piketty, Thomas, and Emmanuel Saez. 2003. "Income Inequality in the United States: 1913–1998." *Quarterly Journal of Economics* 118:1–39.

Plato. 1991. *Republic.* Trans. Alan Bloom. New York: Basic Books.

Putney, Clifford. 2001. *Muscular Christianity: Manhood and Sports in Protestant America, 1880–1920.* Cambridge, MA: Harvard University Press.

Rafaeli, A., and R. I. Sutton. 1987. "Expression of Emotion as Part of the Work Role." *Academy of Management Review* 12:23–37.

Rousseau, Jean-Jacques. [1762] 1979. *Emile, or On Education.* Trans. Allan Bloom. New York: Basic Books.

Sax, Leonard. 2007. *Boys Adrift: The Five Factors Driving the Growing Epidemic of Unmotivated Boys and Underachieving Young Men.* New York: Basic Books.

Schmidt, Peter. 2007. *Color and Money: How Rich White Kids Are Winning the War over College Affirmative Action.* New York: Palgrave Macmillan.

Sen, Amartya. 1999. "Merit and Justice." In *Meritocracy and Economic Inequality,* ed. Ken Arrow, Sam Bowles, and Steven Durlauf. Princeton: Princeton University Press.

Sintas, Jordi Lopez, and Ercilia Garcia Alvarez. 2002. "Omnivores Show up Again: The Segmentation of Cultural Consumers in Spanish Social Space." *European Sociological Review* 18(3):353–68.

Skrentny, John D. 2002. *The Minority Rights Revolution.* Cambridge, MA: Harvard University Press.

Smith, Rogers. 1993. "Beyond Tocqueville, Myrdal, and Hartz." *American Political Science Review* 83(3):549–66.

————. 1997. *Civic Ideals: Conflicting Visions of Citizenship in U.S. History.* New Haven: Yale University Press.

Soares, J. A. 2007. *The Power of Privilege: Yale and America's Elite Colleges.* Stanford: Stanford University Press.

Sombart, Werner. [1906] 1976. *Why Is There No Socialism in the United States?* New York: Sharpe.

Sommers, Christina Hoff. 2000. *The War against Boys: How Misguided Feminism Is Harming Our Young Men.* New York: Simon and Schuster.

Stevens, Mitchell. 2007. *Creating a Class: College Admissions and the Education of Elites.* Cambridge, MA: Harvard University Press.

Thomas, William I., and Dorothy Swaine Thomas. 1928. *The Child in America: Behavior Problems and Programs.* New York: Alfred Knopf.

Tilly, Charles. 1999. *Durable Inequality.* Berkeley: University of California Press.

Tocqueville, Alexis de. [1831] 2003. *Democracy in America.* Trans. Gerald Bevan. New York: Penguin.

Tsay, Angela, Michèle Lamont, Andrew Abbott, and Joshua Guetzkow. 2003. "From Character to Intellect: Changing Conceptions of Merit in the Social Sciences and Humanities, 1951–1971." *Poetics* 31:23–49.

Wacquant, Loïc J. D. 2004. *Body and Soul: Notebooks of an Apprentice Boxer.* Oxford: Oxford University Press.

Weber, Max. 1958. *The Protestant Ethic and the Spirit of Capitalism.* Trans. Talcott Parsons. New York: Scribner.

Wilkinson, Richard, and Kate Pickett. 2009. *The Spirit Level: Why More Equal Societies Almost Always Do Better.* New York: Bloomsbury Press.

Willis, Paul. 1982. *Learning to Labour: How Working Class Kids Get Working Class Jobs.* New York: Columbia University Press.

Wilson, William Julius. 1978. *The Declining Significance of Race: Blacks and Changing American Institutions.* Chicago: University of Chicago Press.

Young, Michael. 1994. *The Rise of the Meritocracy.* New York: Transaction Publishers.